작업복을 입은
하나님 나라

The Kingdom of God in Working Clothes
by R. Paul Stevens

Copyright ⓒ 2022 R. Paul Stevens,
of the English original version published by Cascade Books,
an imprint of Wipf and Stock Publishers.
www.wipfandstock.com

This Korean edition copyright ⓒ 2024 Word of Life Press, Seoul, Korea,
licensed by special permission of Wipf and Stock Publishers,
arranged through rMaeng2, Seoul, Republic of Korea.

이 한국어판 저작권은 알맹2를 통하여
Wipf and Stock Publishers와 독점 계약한 생명의말씀사에 있습니다.
신저작권법에 의하여 한국 내에서 보호받는 저작물이므로
무단 전재와 무단 복제를 금합니다.

작업복을 입은 하나님 나라
ⓒ 생명의말씀사 2024

2024년 8월 30일 1판 1쇄 발행

펴낸이 | 김창영
펴낸곳 | 생명의말씀사

등록 | 1962. 1. 10. No.300-1962-1
주소 | 서울시 종로구 경희궁1길 6 (03176)
전화 | 02)738-6555(본사) · 02)3159-7979(영업)
팩스 | 02)739-3824(본사) · 080-022-8585(영업)

기획편집 | 박경순, 김지은
디자인 | 김혜신
인쇄 | 영진문원
제본 | 다온바인텍

ISBN 978-89-04-16891-0 (03230)

저작권자의 허락 없이 이 책의 일부 또는 전체를
무단 복제, 전재, 발췌하면 저작권법에 의해 처벌을 받습니다.

The Kingdom of God in Working Clothes

하나님 나라 관점으로
정립하는 일의 신학

작업복을 입은 하나님 나라

폴 스티븐스 지음
홍병룡 옮김

추천의 말

폴 스티븐스 교수는 일터 사역에 대해서 아직 잘 모르던 시대에 한국 교회에 일터 신학을 제일 먼저 소개한 분이다. 아마도 이 책은 일터에 관한 그의 신학을 총정리하는 것이 되지 않을까 생각된다. 그런 의미에서 이 사역에 종사하거나 관심이 있는 사람들은 꼭 읽었으면 좋겠다. 이 책을 강력하게 추천하는 또 하나의 이유가 있다. 나는 일터 사역을 해 오면서 하나님 나라가 바로 일터 신학의 기초가 된다고 생각했는데 이 주제를 연결한 책을 찾기 어려웠다. 그런데 이 책이 바로 그 중요한 일을 해냈다. 이 책은 일터 현장에 있는 사역자들에게 하나님 나라의 신학적 기초를 든든하게 해 주며, 동시에 하나님 나라를 사모하는 사람들이 그것을 일터에서 실천하는 데 필요한 구체적인 대안을 제시해 줄 것이다.

방선기 / 일터개발원 이사장, 『출근하는 작은 예수』 저자

책의 원래 부제가 유독 눈에 들어온다. "일터와 하나님의 통치"(The Marketplace and the Reign of God)라. 갑자기 이미지 두 개가 떠오른다. 하나는, 교회 건물 안에서는 밝고 신나게 신앙생활하다가도, 교회 건물 바깥 특히 일터 현장으로 나가면 표정이 어두워지고 연일 고전을 면치 못하는 적잖은 그리스도인의 일상이다. 또 하나는, 지역교회에서 일터 영성에 관해 강의하며 "여러분, 인류 역사가 끝난 뒤에도 우리는 영원한 하나님 나라에서 계속해서 일을 하고 있을 겁니다"라고 말하면, 꽤 많은 이가 당황스런 표정을 짓던 모습이다. '여기서도 노동 때문에 고통받는데, 그 나라에서도 또 노동이라니!' 그만큼 시장 한복판과 하나님 나라 사이에는 남다른 긴장이 존재한다. 대부분 우리네 신앙생활 곳곳에 스며든 성속이원론과 연관되어 있다. 그런 면에서, 책의 첫 페이지부터 마지막 페이지까지 모든 내용이 한국교회 성도들에게 꼭 필요하다. 이제 새로이 시장, 일터, 노동, 돈에 대

해 배우며 사회생활을 시작하는 대학생, 청년들에게는 더더욱 그렇다. 한국교회 젊은 세대에게 이 책을 추천한다.

이다니엘 / IBA 사무총장, 『복음, 시장 한복판에 서다』 저자

많은 그리스도인 직장인은 일터를 선교지로 여기지 못한다. 갈등과 혼돈의 일터에서 신앙적 결기는 일터를 떠나 언젠가 선교지로 향해야 한다는 이원론적 소명을 부추기기도 한다. 이는 신앙의 문제가 아니라 신학의 부족에서 비롯된다고 본다. 폴 스티븐스는 일터 신학을 통해 주일과 평일 사이의 간극에서 괴로워하는 직장인들에게 믿음과 일상을 통합하는 길을 안내한다. 이 책은 일터 속 그리스도인은 '의미 없음'과 '타협과 순응'의 언어가 익숙한 일터에 '의미'와 '희망'의 새로운 언어를 가져오는 사람임을 가르쳐 준다. 이 책 속의 한 문장이 모든 그리스도인 직장인들의 월요일 아침 출근길에 힘이 되기를 바란다. "우리는 [이중 스파이] 라합처럼 하늘과 땅이 하나 되었다는 징표와 지표를 찾을 것이다."

김남호 / 9FRUITSMEDIA 대표, 『소셜벤처로 가는 길』 공저자

일이 과연 무엇인가 하는 질문에 "빵과 함께 매일의 의미를 추구하는 행위이고 돈과 함께 인정을 얻기 위한 행위이며 무기력함이 아닌 경이로움을 찾는 행위"라고 답했던 미국의 저널리스트 스터즈 터클(Studs Terkel, 1912-2008)의 답이 참 인상 깊지 뭔가. '경이로움'(astonishment)이라는 말이 성경의 언어로는 나른 뜻풀이가 있겠지만 내 표현으로는 '재미있다'가 더 그럴싸하다. 이원론적 사고로 세상은 악하니 교회 안으로 피신하고 공동체 안에서 헌신하라는 가르침이 오히려 나를 '무

기력'하게 만들었다면, 그 '경이로운 재미'는 척박하고 부조리가 가득하며 생존의 몸부림으로 피곤한 일터에서 더 생생한 기회로 널려 있다. 부자연스러운 종교적 제사보다 회의 시간에 밝게 웃으며 고백하는 일이 자연스런 영적 행위이며, 힘든 자를 위로하며 한정된 자원을 부자처럼 나누는 일은 '그의 나라'를 이 땅에서 매일 매일 누리는 '일=예배' 아니던가. 이 책은 그 나라를 제대로 소개한다. 정말 감탄이 흐르는 책이다.

한명수 / 우아한형제들(배민) CCO, 『말랑말랑 생각법』 저자

서구 세계에서 심각한 도전을 받고 있는 교회가 하나님 나라 또는 하나님의 통치를 깊이 있게 성경적이고 매력 있게 실천적으로 설명하는 이 책의 지혜를 받아들인다면, 새로운 교회가 탄생할 수 있을 것이다. 이 책은 폴 스티븐스의 가장 근본적이고 도전적인 책이 될 것이다. 새로운 종교개혁을 위한 선언문이 될 수도 있다.

찰스 링마 Charles Ringma / 리젠트 칼리지 명예교수

이 책은 하나님 나라에서 '전임으로' 하나님을 섬기기 위한 평생의 성찰과 충실한 여정의 결과다. 폴은 교회, 기업, 기독교 단체의 번영을 위한 하나님 나라의 관점을 제시한다. 교회는 하나님 나라의 노출부이고, 사업은 선교지이며, 팔복의 가르침은 사업과 마찬가지로 교회와도 관련이 있다.

클라이브 림 Clive Lim / 리젠트 칼리지

하나님 나라의 관점은 그리스도 안에서 신실하게 살려고 노력하는 모든 그리스도인에게 필수적이다. 『작업복을 입은 하나님 나라』는 하나님의 통치 영역과 그리스도인의 일터의 위치에 대한 풍부한 관점을 제공한다. 이 책은 우리에게 하나님 나라의 가치를 실천할 뿐 아니라 교회를 하나님 나라 사람들의 공동체로서 선교적으로 올바르게 보도록 도전한다. 모두가 꼭 읽어야 할 책이다.

진 리 Jean Lee / 홍콩 중국신학연구원

폴은 의심할 바 없이 신앙과 일의 선구자다. 이 책은 신앙과 일의 다양한 차원을 하나님 나라의 관점과 통합하여 일과 일꾼과 일터에 임하는 우리 왕의 임재를 분명히 설명한다. 일상의 업무를 이해하고 그것이 어떻게 그 나라를 발전시킬 수 있는지 알고 싶어 하는 모든 사람이 반드시 읽어야 할 책이다.

내털리 찬 Natalie Chan / 홍콩 베델성경신학교

하나님 나라는 처음부터 끝까지 장엄한 이야기다. 이 책은 우리의 신앙과 일을 통합해 현재 일터에서 우리의 이야기를 장엄한 이야기로 다시 연결하도록 이끈다. 사업과 산업의 모든 부분에서 우리는 이미 하나님 나라에서 일하고 있고, 그 나라 투자를 위해 일하도록 영감을 받아야 하며, 구현된 나라로서 일해야 한다는 것을 깨닫는다.

안드레 첸 Andre Chen / 덴햄 진스 글로벌 CEO

CONTENTS

추천의 말 — **4**
서문: 톰 넬슨 — **10**
서론 — **14**

PART. 1 일터와 하나님 나라의 이미지들

01 하나님 나라가 일터에서 번영하다 — **30**
02 일터에서 이중 스파이가 되다 — **48**
03 그러면 그 내부는 어떤 모습인가? — **64**

PART. 2 일터에 하나님 나라를 도입하라

04 하나님 나라는 어떻게 오는가? – 하나님의 주도권 — **80**
05 하나님 나라는 어떻게 오는가? – 인류의 주도권 — **98**
06 작업복을 입은 왕 — **116**

PART. 3 일터와 하나님 나라의 가치와 미덕

07 가장 소중한 하나님 나라의 가치 — 136
08 하나님 나라의 역설적인 가치 – 팔복과 일터 — 150

PART. 4 일터에서 하나님 나라를 섬기라

09 하나님 나라의 사역 – 일터에서 성직주의 초월하기 — 172
10 하나님 나라의 선교 – 비즈니스를 통한 선교를 넘어서 — 192
11 하나님 나라의 리더십 – 단순한 실용주의를 넘어서 — 212

PART. 5 하나님 나라에 대한 저항

12 일터와 그 나라를 반대하는 세력 — 232
13 교회는 어떻게 볼 것인가? – 하나님 나라의 백성 — 254
14 일하면서 하늘로 가는 여정 — 270

주 — 286
참고문헌 — 297

서문

고백이 영혼에는 좋을지 몰라도 목사들에게는 어렵다. 목회 사역을 시작한 지 여러 해가 지난 후 나는 목회자로서 과오를 범하고 있다는 뼈아픈 결론에 도달했다. 빈약한 신학과 그에 따른 왜곡된 목회 패러다임으로 인해 나는 교인들의 일상생활 중 극히 일부만 준비시키기 위해 대부분의 시간을 쓰고 있었다. 솔직히 말하면 나는 교인들이 월요일에 영위하는 삶보다 주일에 영위하는 삶에 관심이 더 많았다. 슬프게도 내 신학적 사유와 목회 행습에서 주일과 월요일 간의 간격은 무척 컸던 것이다. 많은 목사처럼 나도 어떤 일을 다른 일보다 높이는 비성경적인 이원론을 받아들였다. 나는 일관된 하나님 나라의 비전보다는 성-속 이분법의 흐린 렌즈를 통해 보고 있었다. 교인들의 영성을 훈련해서 하나님 나라 사역을 위한 전선에 배치했어야 하는데 그러지 못했던 과거를 돌이키며 전율을 느끼고 하나님의 자비를 구하게 된다.

성-속 이분법이야말로 오늘날 교회에서 가장 유해하고 만연한 이단 교리 중 하나라는 것이 예리하게 지적되어 왔다. 폴 스티븐스는 이 그릇된 이분법을 깨뜨릴 뿐 아니라 더욱 통합되고, 일관되고, 하나님을 경외하는 믿음으로 나아가는 길을 잘 닦아 준다. 폴 스티븐스는 하나님 나라, 신자의 제사장직, 그리고 탄탄한 직업 선교학이라는 강력한 신학적 주제들을 다 함께 묶고 비성경적인 이원론의 끈질긴 따개비를 설득력 있게 벗겨 버린다. 그는 심오한 신학적 성찰과 폭넓은 인생 경험에서 비롯된 통찰력으로 우리의 눈과 마음을 열어 삶의 모든 영역에서 누릴 수 있는 선하고 참되고 아름다운 하나님 나라의 삶을 보게 해 준다.

폴 스티븐스는 겸손한 확신과 희망찬 현실주의를 겸비한 자세로 우리가 평일 세계에서 영위할 수 있는, '이미' 왔으나 '아직' 완성되지 않은 하나님 나라의 삶의 멋진 그림을 그려 준다. 그는 노련한 문학적 필치로 시의적절하고 초시간적인 선지자적 목소리를 드높인다. "하나님 나라의 일은 우리가 집, 일터, 또는 교육 기관에서 행하는 모든 것을 묶어서 하나의 성례로 만들고, 공동선을 위해 은혜를 세상과 사람들에게 가져오는 수단이다. 이것이 작업복을 입은 하나님 나라다"(5장에서 인용).

주일과 월요일의 간격을 좁히는 데 폴 스티븐스가 가장 크게 공헌한 것은 하나님의 선교에서 차지하는 일터의 우선적 위상을 설득력 있게 변호한 일일 것이다. 1세기와 21세기에는 놀라운 유사점이 있다. 로마의 평화는 강압적일지언정 1세기 세계에 분명 폭넓은 안정을 가져왔다. 로마는 평화와 더불어 방대한 도로 건설 사업을 통해 여행과 의사소통과 상업을 더욱 역동적이고 광범위하게 만들었다. 일터와 일터가 만나는 이런 폭넓은 1세기 환경에서 하나님 나라의 복음이 놀랍게 전파되어 나간 것이다. 오늘날 21세기에는 인터넷과 글로벌 경제와 함께 온 세계가 일터의 교차점에서 이보다 더 잘 연결된 적이 없었다. 우리 교인들만 봐도 그들이 같은 도시나 이웃에 사는 사람과 상호작용하는 것보다 월요일의 일터에서 인도에 사는 동역자와 상호작용하는 것이 더 흔하다. 그러나 우리의 선교적 사유 및 전략은 흩어진 교회를 평일의 글로벌한 일터 세계를 위해 준비시키는 일의 중요성을 사실상 무시하고 있다. 이 책은 예수님의 21세기 견습생이 글로벌한 일터에서 좀 더 선교의식을 갖게 하는 데 필요한 촉매제가 될 수 있다.

옛 시편 저자는 지혜로운 삶을 철을 따라 열매 맺는 생수의 강가에 심긴 무성한 나무에 비유한다. 폴 스티븐스는 그의 인생의 이 계절에 장차 몇십 년 동안 남을 많은 열매를 맺고 있는 것이 분명하다. 그는 복음주의 지평에서 그의 저술을 통해 진리와 은혜와 지혜의 열매를 맺은 거목으로 우뚝 서 있다. 교회 리더십을 맡은 초창기에 빈약한 신학과 그에 따른 목회적 과오를 붙들고 씨름했던 목사로서 나는 이 훌륭한 책을 더 일찍 읽었더라면 좋았을 것이라는 생각이 든다.

이 책은 아마 폴 스티븐스의 최고의 저서일 것이다. 책장을 넘기면서 그 옛날 가나의 혼인 잔치에서 연회장이 했던 말이 생각났다. "[그런데] 그대는 지금까지 좋은 포도주를 두었도다." 이 책을 서둘러 읽지 말라. 시간을 들여서 일터에서의 신실한 삶에 관해 알려 주는 노련한 지혜의 향긋한 포도주, 신학적 성찰의 짙은 향기, 현실성을 담은 어조를 충분히 음미하라. 당신이 영적 여정 어디에 있든 이 책은 이 세상에서 기쁨과 보람이 있고 하나님을 높이는 선교적 삶을 영위하도록 이끌어 줄 것이다.

톰 넬슨 Tom Nelson
Made to Flourish 회장, 복음연합 이사
『주일 신앙이 평일로 이어질 때』 저자

서론

38년 전 나는 말 그대로 작업복을 입었다. 청바지, 발가락 부분이 금속으로 된 공업용 부츠, 안전모와 공구 벨트를 구입해서 밴쿠버에 있는 소규모 주택건설 및 개조 회사의 목수 견습생으로 첫발을 내디뎠다. 사실 나는 도구를 잡을 만큼 자랐을 때부터 이런저런 것들을 만들곤 했다. 십 대 때는 가구는 말할 것도 없고 해마다 보트 한 척씩 건조했으나 목수 일은 무언가 달랐다. 내게 생소한 영역이었다. 값비싼 캘리포니아 삼나무 목재를 톱으로 자르기 전에 많이 기도해야 했다. 목사 시절보다 목수 시절에 더 많이 기도했던 것 같다. 나는 벤쿠버에서 지역 대학의 수백 명의 학생과 젊은 직장인들이 몸담은 멋진 교회에서 목회를 하고 있었다. 거기에 있는 것이 꿈만 같았다. 그런데 일 년에 걸쳐 하나님은 나와 아내 게일의 마음에 또 다른 소명을 심어 주셨다. 세상에서 일하는 것이었다. 그것은 뜬금없는 소명이 아니었다.

하나님 나라 사람으로 지내 온 이야기

나는 대학교에 입학하기 열흘 전에 예수님의 제자가 되었다. 그 즉시 전임으로 하나님을 섬기고 싶은 마음이 생겼다. 그래서 선교 사역이나 목회 사역을 위해 준비하기 시작했다. 슬프게도 당시에는 전임으로 하나님을 섬기기 위해 굳이 목사가 될 필요는 없다고 말해 주는 사람이 없었다. 그렇다고 지난 삶을 후회하는 것은 아니다. 예수님의 제자들에게 시간제 옵션은 없다는 것을 곧 깨달았지만, 내게는 세상 속에서 일한 경험, 우리가 여기서 "작업복을 입은 하나님 나라"라고 부르는 것에 대한 경험이 거의 없었다. 다른 측면에서도 이것은 쉬운 전환이 아니었다.

"자네는 사역을 떠났어"라고 목사 친구들은 나를 놀렸다. 이와 대조적으로 아내와 부모님은 나를 놀랍도록 지지해 주었다. 내가 섬기던 교회는 내 소명 의식을 충분히 이해하지 못했다. 내가 자비량 목사로서 그해 여름 밴쿠버로 몰려들어 주로 바닷가에서 숙박하던 수천 명의 젊은이들 가운데 멋진 교회를 세우는 일을 도왔는데도 그랬다. "자네는 사역을 떠났어"라는 노래에 친구들이 합류했다. 그러나 나는 여전히 교회뿐 아니라 하나님 나라에서 사역한다고 주장했다. 마침내 나는 그 사업에 뛰어들어서 목수 겸 매니저가 되었다. 여러 해 동안 이 사업에 몸담았으나 작업복을 입은 하나님 나라에 관한 책을 쓰게 되리라 기대한 적은 없다.

작업복은 물론 일에 따라 바뀐다. 고등학교 체육 선생은 트레이닝 바지를, 변호사는 스리피스 정장을, 경찰은 현란한 제복을, 간호사와 외과 의사는 수술복을, 학생은 티셔츠와 청바지를, 그리고 어부는 우의를 입는다(내 조부는 뉴펀들랜드에서 어부였다). 그러나 그들은 모두 일터에서 일한다. 이 책에서 나는 '일터'(marketplace)를 기업 면에서 좁게 정의

하지 않고 교환이 일어나고, 아이디어가 공유되고, 인간 에너지가 창조성과 혁신으로 표현되는 모든 인간 사업으로 정의한다. 따라서 여기에는 집안일, 목회 사역, 물품 배달, 그리고 상품의 생산 등이 포함된다. 아울러 음악가와 예술가와 청소부가 포함된다. 이 책이 출간되는 시점에 나는 84세이겠지만 여전히 일하고 있다. 글을 쓰고 가르칠 뿐 아니라 일터변혁연구소(Institute for Marketplace Transformation, IMT)에서도 섬기는 중이다. 그런데 일터와 하나님의 통치에 관한 글을 왜 쓰는가? 이 둘을 왜 함께 묶는가? 내 대답은 이렇다. 하나님 나라는 바로 일터 안에 있고, 거기서 선언되고 도입될 수 있기 때문이다.

새로운 세계가 온다

언젠가 비행기에서 내리다가 한 글로벌 은행이 탑승교에 붙인, 세계가 지향하는 곳을 표현하는 흥미로운 광고를 본 적이 있다. "새로운 세계가 온다"라는 제목이었다. 바로 이거야, 생각했다. 그것은 예수님의 중심 메시지였다. 그것이 좋은 소식, '복음'의 핵심이다. 예수님에 따르면, 하나님 나라가 왔고 또 오는 중이다. 정말로 새로운 세계가 오고 있다.

예수님의 첫 메시지는 "하나님 나라가 너희 손이 닿는 곳에 있으니 회개하라"(마 4:17, N. T. 라이트의 번역)였다. 예수님이 승천하시기 전에 전한 마지막 메시지도 하나님 나라에 관한 것이었다(행 1:3). 내 계산에 따르면 예수님은 복음서 기사에서 하나님 나라에 관해 129번을, 교회에 관해서는 단 3번만 말씀하셨다. 하나님 나라는 예수님의 으뜸 개념, 기독교가 무엇인지를 파악하는 열쇠, 우리가 이 세상에서 일상의 일에 대해 품는 희망의 기원이다. 앤디 크라우치는 『컬처 메이킹』(Culture Making)에서 예수님의 사역을 분명히 그 나라의 용어로 표현한다. "그분의 좋은 소식은 한 군주가 다른 군주의 뒤를 이을 때 백성이 경험하는 것에 비견할 수 있는 사회생활의 포괄적 구조조정을 예고했다. 하나님 나라는 문화의 모든 영역과 모든 등급을 건드릴 것이고 … 비즈니스에서의 온전함과 기도에서의 정직함을 … 재구성할 것이다."[1]

우리는 지금 오는 이 새로운 세계를 경험하기 시작한다. 그러나 모든 것이 완전히 새롭게 되는 일은 종말이 왔을 때, 예수님이 재림하실 때 완수될 것이다(마 19:28; 계 21:5). 기독교 복음은 우리의 영혼이 구원받고 죽어서 천국에 들어가는 티켓을 얻는 소식에 불과한 것이 아니다. 물론 그 소식도 복음의 일부다. 놀랍게도 전 교황 베네딕토 16세 요제프 라칭거는 그의 책, 『그리스도인이 된다는 것의 의미』(What It Means to Be a Christian)에서 이 축소된 복음에 관해 논평한 바 있다. "기독교 신학은 … 세월이 흐르면서 하나님 나라를 이생 너머에 있는 하늘나라로 바꾸었다. 사람들의 안녕이 영혼의 구원, 즉 이생을 지나서 오는, 죽음 이후에 오는 구원이 되고 말았다." 라칭거에 따르면, 이처럼 영성화(spiritualization)되는 경향은 예수 그리스도의 메시지가 아니다.[2] 그러므로 온전한 복음은 삶의 모든 영역과 온 창조세계를 위한 것으로서 우리의 일, 일꾼, 그리고 일터를 통합하고 새롭게 하는 것이다. 그런데 그 나라가 현재를 위한 것이라면 우리는 그 나라에 어떻게 들어가는가?

그 나라의 아름다움과 고통에 들어가다

> 진실로 진실로 네게 이르노니 사람이 거듭나지 아니하면
> 하나님의 나라를 볼 수 없느니라 _ 예수, 요 3:3

그 나라의 아름다움은 N. T. 라이트가 즐겨 말하듯, '바로잡힌' 세계다. 본래 의도된 대로의 삶이다. 그런데 그 나라에는 아름다움뿐 아니라 거기에 들어가는 고통도 있다. 우리는 회개함으로써, 자아에서 하나님과 그분의 통치로 돌이킴으로써 그 나라에 들어간다(마 3:2; 4:17). 이것은 하나님의 통치가 예수님을 통해 우리에게 가까이 다가왔고 우리의 손이 닿는 곳에 있다는 좋은 소식을 듣고 반응함으로써 이루어진다. 전심으로 자아와 이 시대의 삶에서 예수님으로 방향 전환을 하는 것이다. 이로써 우리는 우리 자신의 의로움을 버리고 어린이처럼 겸손하게 왕에게 나아간다. 그러나 그 나라에 대한 우리의 반응 배후에는 하나님의 부르심과 주도권이 있다. 바울은 "[하나님이] 너희를 부르사 자기 나라와 영광에 이르게"(살전 2:12) 하신다고 하는데, 이는 모든 사람에게 주어지는 부르심을 말한다. 우리의 반응은 일차적으로 그 나라를 구하는 것, 예수님 안에서 하나님과 그분의 통치를 열망하는 것, 하나님 나라를 삶의 최우선 목표로 삼고 구하는 것이다(마 6:33).

우리는 겸손과 어린이 같음, 즉 겸손한 의존을 통해 그 나라에 들어간다(마 18:3). 그래서 예수님은 그 나라는 어린이들(마 19:14)과 어린이 같은 자들에게 속한다고 말씀하신다. 이런 사람들을 향해 "너희 아버지께서 그 나라를 너희에게 주시기를 기뻐하시느니라"(눅 12:32)고 말씀하신 것이다. 그 나라에 관한 말은 해도 아버지의 뜻에 순종하지 않고 그분께 의존하지 않는 다수는 그 나라에 들어가지 못할 것이다(마 7:21-23). 그 나라에 들어갈 사람들은 실제로 아버지의 뜻을 행하고 주님을 알고 그분과 교제하는 이들이다. 마태복음 7장 23절의 "내가 너희를 도무지 알지 못하니"라는 예수님의 무서운 말씀은 선행을 했음에도 예수님과 관계가 없는 사람들을 위해 준비되어 있다. 아이러니하게도 많은 국외자가 그 나라에 들어가서 아브라함과 이삭과 야곱과 함께 잔치를 즐길 것이지만, 그 나라에 있도록 되어 있던 자들은 국외자 신세가 될 것이다(마 8:11-12). 매춘부들과 세리들이 소위 '의로운' 사람들보다 먼저 들어가는 것은 그들이 회개하기 때문이다(마 21:31-32). 그러므로 들어가느냐의 문제 배후에는 자격의 문제가 있다.

예수님은 우리의 의가 서기관과 바리새인의 의를 능가해야 그 나라에 들어갈 수 있다고 말씀하셨다(마 5:20). 우리의 자격이 종교적 행위나 선행에 있지 않고 그 왕과 다가오는 세계에 대한 전심 어린 신뢰에 있다는 뜻이다. 그리스도는 자신의 죽음과 부활을 통해 자신의 의를 우리에게 전가하신다. 마르틴 루터는 이를 '이중 교환'이라고 불렀다. 우리의 믿음을 통해 십자가에서 우리의 죄가 예수님께, 그분의 의가 우리에게 전가되는 것이다. 이를 경험하면 우리가 구속과 죄 사함을 받게 된다.

바울은 이렇게 말한다. "그가 우리를 흑암의 권세에서 건져내사 그의 사랑의 아들의 나라로 옮기셨으니 그 아들 안에서 우리가 속량 곧 죄 사함을 얻었도다"(골 1:13-14). 사실 이것은 쉬운 문제가 아니다. 이것은 '값싼 은혜'가 아니다. 우리가 이 시대만을 위해("육체로") 살던 삶에서 성령님 안에서 그리고 다가오는 시대를 위해 사는 삶으로 찢겨 옮겨지는 고통이 수반된다. 그래서 바울은 우리가 하나님 나라에 들어가려면 많은 환난을 겪어야 한다고 설파한 것이다(행 14:22). 그러나 그것은 기쁨이 섞인 고난이다. 그것은 하나의 미스터리이지만 인류의 눈에서 오랫동안 감춰져 있다 이제야 밝히 드러난 미스터리다. [3]

그러면 이미 교회에 관한 책, 성령 안에서 사는 삶에 관한 책, 예수님을 따르는 법에 관한 실용적인 책이 많은데 왜 굳이 하나님 나라에 관한 글을 쓰는 것일까?

하나님 나라의 관점

이 책을 쓰는 이유는 다음 두 가지다. 첫째, 하나님 나라는 복음과 일터에 관한 메시지를 전할 때 흔히 빠지는 요소다. 하지만 하나님 나라는 예수님을 완전히 사로잡은 주제였다. 그 나라는 성경 전체를 통합하는 주제다(이에 대해서는 4, 5, 6장을 보라). 처음부터 하나님은 창조세계 전역에 자신의 주권을 행사하려 하셨고, 그분을 닮은 피조물(인류)에게 삶의 모든 영역과 모든 창조세계에 걸친 자신의 목적을 구현하라는, 달리 말해 그 나라를 가져오라는 사명을 주셨다. 중요한 구절인 창세기 1장 28절과 2장 15절의 "땅에 충만하라, 땅을 정복하라 … 다스리라 … 경작하며 지키게 하시고"는 사실상 하나님이 인류에게 나와 함께 일하되 그 나라를 가져오고, 창조세계의 잠재력을 개발하고, 곳곳에서 인간을 번영하게 하려는 나의 목적에 걸맞게 일하자고 말씀하시는 것이다. 그런데 내가 일터에 대해 하나님 나라의 관점을 취하는 두 번째 이유도 있다.

하나님 나라는 통전적이어서 (영혼만이 아니라) 전인과 인간의 삶 전체와 모든 창조세계와 관련이 있고 일과 일꾼과 일터까지 포함한다. 죄가 그 프로그램을 방해했다. 그러나 은혜가 완전한 변화를 가져오려는 하나님의 의도를 대부분 회복했다. 이를 위해 하나님은 자신의 통치를 영적-사회적-정치적 현실에 구현하도록 한 가족에 이어 한 민족을 부르셨다. 이는 매력적인 생활방식을 통해 이스라엘로 열방에 빛이 되게 하려는 것이었다. 그러나 신약을 통해 우리는 다가오는 나라의 새로운 국면으로 접어든다. 왕은 작업복을 입고 오셨고, 노동자 계급인 블루칼라 집안에서 태어나셨고, 그 자신이 기술자이셨다.

예수님은 이중적 의미에서 반(反)종교적-문화적 인물이었다. 그는 주변 사람들에게 수수께끼 같은 사람이었다. 예컨대, 예수님이 떡 다섯 덩이와 물고기 두 마리로 오천 명을 먹일 만한 양식을 만드신 후 군중은 억지로 그를 데려다가 왕으로 삼길 원했다(요 6:15). 그러나 예수님은 그들이 로마인을 무력으로 약속의 땅에서 축출할 왕을 마음속으로 원하고 있음을 아셨다. 그들은 루터가 오른손의 힘이라고 불렀던 폭력, 항복시키는 무력을 사용하기를 원했던 것이다. 훗날 예수님이 빌라도에게 재판받으실 때 흥미로운 상호 교환이 일어난다. 로마 총독 빌라도가 예수님께 "네가 유대인의 왕이냐"(요 18:33)고 물었다. 예수님은 "내 나라는 이 세상에 속한 것이 아니니라 … 이제 내 나라는 여기에 속한 것이 아니니라"(요 18:36)는 말로 응답하신다. "그러면 네가 왕이 아니냐"(요 18:37)라고 빌라도가 물었다. 예수님의 답변은 아리송하다. 사실 나는 왕이지만 네가 생각하는 그런 왕은 아니라고 말하는 셈이다. 아이러니하게도 빌라도는 십자가 위에 "나사렛 예수 유대인의 왕"이란 명패를 붙이게 했다.

내친김에, 예수님을 왕으로 부르는 것은 그분을 주님 또는 만주의 주 또는 메시아로, 결국에는 누구나 부르게 될 그 호칭(빌 2:11)으로 부르는 것과 같다는 사실을 주목할 필요가 있다. 그러면 그분은 어떤 왕인가? 그분의 사역은 모든 경계를 허물고 가난한 자, 잃어버린 자, 버림받은 자, 매춘부, 그리고 세금 강탈자에게 다가가는 것이었다. 그분은 실로 반문화적이었다. 왜 그랬을까? 내 목사님이 종려주일 설교에서 예수님이 새끼 나귀를 타고 예루살렘에 들어가시는 장면에 대해 이렇게 성찰한 것과 같다. "그분의 초점은 결코 교회가 아니라 그 나라에 있었기 때문이다."[4]

그러나 우리는 먼저 그 나라가 일터와 무슨 관계가 있는지 물어야 한다.

일터의 관점

웨이 옌 밀리 찬은 말레이시아인 변호사이자 일터변혁연구소의 이사다. 그녀의 경험을 들으면서 그녀의 마음의 소리에 귀 기울여 보라.

일터는 불공평하고 비인간적인 행습과 기대, 불의, 부패로 얼룩진 (주로 이익 중심적인) 조직 문화에 젖어 있는 험준한 풍경이다. 그럼에도 나는 일에 대한 긍정적 견해를 갖고 (당시에는 비그리스도인으로서) 법률 업무를 시작했다. 그런 견해는 일은 공동체를 번영시키고 모든 급여는 직원뿐 아니라 가족도 먹여 살린다는 내 아버지의 관점에 큰 영향을 받은 것이었다.

밀리는 이어서 자신이 그 나라에 들어가서 왕을 만났을 때 일어난 일을 이야기한다.

내가 40대 초반에 그리스도를 영접했을 때, 그리스도 안에서의 삶에 관한 질문들이 쏟아지면서 수문이 활짝 열렸다. 그중 일터에 관한 이슈가 종종 중앙 무대를 차지했다. 하지만 일터에서의 일과 관련된 설교는 단 한 편도 기억나지 않는다. 내가 옛 사고방식과 새로운 사고방식 사이에서 고민할 때 때로는 비그리스도인에게 직장 생활이 더 쉬울 것이라고 느꼈다. 아울러 기독교 가정에서 자란 동료들이 일터의 도전을 다루기에 더 잘 준비되어 있다는 인상을 받기도 했다. 그것은 오해였다. 지금도 내가 2세대와 3세대 그리스도인들에게 일터변혁연구소의 사명을 언급하면 다수가 성경이 실제로 이런 이슈에 관해 가르친다는 것을 믿기 어려워한다. 일부는 우리가 일터에 들어갈 때는 우리의 믿음이 무음 모드로 바뀌어야 한다는 신념을 유지하는 한편, 다른 이들은 일터 문제가 너무 엄청나서 도무지 해결할 수 없다는 절망감을 표출한다.[5]

인간의 모든 선한 사업은 그 나라의 일이다. 그 나라의 일은 세속적인 일도 아니고 종교적인 일도 아니다. 그것은 하나님의 정부, 곧 하나님의 통치를 증진하고 사람들을 번영케 하는 일이다. 그래서 일터는 우리가 그 나라를 볼 수 있는 영역, 그 나라를 섬길 수 있는 영역, 그 나라를 위해 성례전적(sacramental) 존재가 될 수 있는 영역 중 하나다.

일터변혁연구소의 기본 원리[6] 여덟 가지는 수십 년에 걸친 연구와 섬김과 논의를 통해 정립된 것이다.

1. 재화와 서비스의 공급을 통해, 조직 문화와 공동체 세우기를 통해, 동료와 고객과 거래처와의 관계를 통해 일터에서 섬기는 일은 하나님이 이 세상에서 이루고자 하시는 하나님 나라 사역의 일부다.
2. 예수님이 주로 일터에서 말씀하시고 섬기시고 계셨던 것처럼, 오늘날 하나님의 선교가 이행될 주요 장소는 지역 일터와 글로벌 일터다.

3. 영리든 비영리든 비즈니스는 하나님 나라의 소금 같은 가치인 신뢰와 정직이 요구되는, 암묵적인 도덕적 요구가 있는 도덕적으로 진지한 소명이다.

4. 사회에는 그리스도인이 부름받지 못할 만큼 악마화되고 타락한 장소는 없다. 하나님 나라는 선과 악이 뒤섞인 세상 속에 심긴다. 마태복음 13장 24-30절의 가라지 비유를 보라.

5. 일터에서 그리스도인의 사명은 하나님 나라의 좋은 소식을 선포하는 것(케리그마, *kerygma*)뿐 아니라 공동체를 세우는 것(코이노니아, *koinonia*), 서비스를 제공하는 것(디아코니아, *diakonia*), 공의와 정의를 위해 일하는 것(선지자적 역할)이 포함된다.

6. 우리의 일터는 영적 성장의 장소가 될 수 있고, 하나님 나라의 일은 우리를 더욱 성숙하게 하는 일종의 영적 훈련이다.

7. 일터에서 일하고 섬기는 것은 통치자들과 권세들, '세상과 육신과 마귀'와 싸우는 것을 포함한다. 이 권세들은 기도, 고난, 무력함, 성육신적 싸움, 그리고 개인적 및 구조적 죄에 대한 책망 등 다양한 수단을 동원해 다뤄야(그리고 씨름해야) 한다.

8. 일터변혁연구소는 하나님 나라의 선교로서 하나님의 통치가 여기에 있고/여기에 없고, 도래했고/도래하는 중인 복합적인 성격을 받아들인다. 이는 일터변혁연구소가 예수님과 함께 인격의 변화, 인간 필요의 돌봄, 권세들과의 싸움, 창조세계의 청지기직을 포함하는 통전적이고 통합적인 선교를 수용한다는 뜻이다.

이 책의 요약

그래서 우리는 하나님 나라가 무엇인지, 특히 그 나라가 우리의 일과 어떤 관계에 있는지를 성경에서 살펴볼 것이다. 먼저 일터에 나타나는 하나님 나라의 이미지들과 함께 시작한다. 예수님이 고향 회당에서 행한 첫 설교와 훗날의 가르침에 나오는 인간 번영에 관한 은유와 차원들을 다룰 것이다. 성경에 등장하는 사람들, 곧 세ㄹ상에서 살고 일하는 동안 그 나라를 위한 이중 스파이였던 라합과 같은 인물을 만날 것이다(1-3장). 둘째, '하나님 나라가 어떻게 오는가'라는 중요한 질문으로 이동해, 그것이 완전히 하나님의 일(이것이 창세기에서 요한계시록까지의 성경 개관이다)인지, 아니면 우리가 하나님과의 공동 창조자로서 참여할 부분이 있는지 살펴볼 것이다. 그리고 골로새서에 나오는 작업복을 입은 왕(이 용어가 실제로 사용되진 않지만)에 관한 사도 바울의 말에 대해 탐구할 것이다(4-6장). 셋째, 성경에 나오는 하나님 나라의 가치와 미덕, 그 나라의 미스터리, 그리고 주로 그 나라의 타이밍에 주목할 예정이다(7-8장).

넷째, 사역, 선교, 리더십을 통해 하나님 나라와 일터에서 섬기는 일에 대해 탐구할 것이다(9-11장). 또한 리더십의 발휘를 통한 영적 성장에 대해 생각하면서, 우리가 하나님 나라와 일터에서 어떻게, 어째서 영적 성장을 이룰 수 있는지 살펴볼 것이다. 다섯째, 일터에서 접하는 하나님 나라에 대한 영적 저항, 교회 및 교회와 그 나라의 관계에 대해 언급한 후 새 하늘과 새 땅으로 완전히 임하는 하나님 나라의 환상을 다루려 한다. 여기서는 이 땅에서의 우리의 일 중에 영구히 남을 것이 있는지, 과연 하늘에서도 우리가 일을 할 것인지에 대해 물을 것이다 (12-14장).

■ ■ ■

내 친구이자 동료인 찰스 링마는 하나님 나라에 대해 이렇게 말한다. "하나님 나라는 하나님이 세계에서 지탱하시고, 새롭게 하시고, 성취하시는 모든 활동이고, 우리는 그 활동에 참여하고, 그것을 증언하고, 그 현현을 기뻐하도록 초대받았다."[7] 그러니 계속 읽으라. 이것이 큰 모험이라는 것을 당신이 알게 되길 바란다.

PART. 1

일터와
하나님 나라의
이미지들

01
하나님 나라가
일터에서 번영하다

현대 문화의 가장 두드러진 특징은
초월성을 향한 해갈되지 않은 갈증이다.
앤드루 델방코 [1]

유대 성경과 기독교 성경이 선포하는 메시지는
아브라함과 이삭과 야곱의 하나님이자
예수 그리스도(의 아버지)이신 분이
이 세상에서 얻을 수 있는, 유일하고 참되고 온전하고
영구적인 인간 번영을 제공한다는 것이다.
조너선 페닝턴 [2]

점심 때 내 아내 게일이 식탁에서 몸을 내밀며 말했다. "비료를 꺼내 줄래요? 실내 꽃들이 겨우 생존하고 있는데 잘 자랄 필요가 있어요." 하나님 나라가 이렇다. 꽃만이 아니라 사람과 장소도 그래야 한다. 번영이야말로 하나님 나라가 불러일으키는 것이다. 예수님을 통해 선포되고 구현된 큰 복음은 겨우 생존하는 모습과 대조되는, 원기 왕성한 삶을 가져온다.

하나님 나라는 이 세상에서 그리고 영원히 인간이 되는 새로운 방식에 관한 것이다. 누가복음에서 예수님이 고향과 고향의 회당으로 돌아가시는 장면은 광야에서 시험받으신 이야기 직후에 나온다. 즉, 사역 초기에 일어난 일이다. 그분은 나사렛에서 성장하셨는데, 그곳은 사람들이 "나사렛에서 무슨 선한 것이 날 수 있느냐?"라고들 했던 작고 낙후된 동네였다. 그분은 가버나움에서 가르침과 치유를 약간 베푸셨고 그 소문이 옛 이웃들과 그분의 가족의 귀에 들어갔다. 예수님이 고향 교회로 돌아가신다. 나는 그것이 어떤 경험인지를 안다. 조금 두려운 일이다.

예수님, 고향 교회에 가시다

나는 캐나다 토론토의 대형 교회에서 성장했는데 안내자들이 턱시도를 입을 만큼 격식을 중시하는 곳이었다. 목사님들은 학위 가운을 입고 후드를 둘렀다. 누구나 옷을 잘 차려입었고 잘 손질된 머리였다. 교인들은 고급차인 패커드를 타고 왔고 소수는 운전기사가 딸린 자동차로 도착했다. 우리에게는 죽은 자까지 깨울 만한 거대한 파이프오르간이 있었고 유급 독창자가 네 명이나 있었다. 나는 그 교회에서 십 대 시절을 보냈기 때문에 교인들은 나를 십 대로(그리고 그것이 의미하는 것으로) 기억했다. 그런데 나는 십 대 후반에 예수님을 알게 되었고 교회에서는 매우 오랜만에 신학을 공부해서 목사가 되는 첫 번째 사람이 되었다. 오랜 시간이 흐른 후 나는 그 교회에서 설교를 해 달라는 초청을 받았다. 그래서 나는 그 느낌이 어떤지를 안다!

그날 토요일에 나사렛에서 읽으신 텍스트는 이사야 61장 1-7절이었다.

> 주 여호와의 영이 내게 내리셨으니 이는 여호와께서 내게 기름을 부으사 가난한 자에게 아름다운 소식을 전하게 하려 하심이라 나를 보내사 마음이 상한 자를 고치며 포로된 자에게 자유를, 갇힌 자에게 놓임을 선포하며 여호와의 은혜의 해…를 선포하여(사 61:1-2)

예수님은 이 대목 전체를 읽은 후 "이 성경 말씀이 너희가 듣는 가운데서 오늘 이루어졌다"(눅 4:21, 새번역)고 말씀하셨다. 사실상 "바로 이런 일을 하려고 내가 왔다. 내가 온 것은 그들이 생명을 얻게 하고 더 풍성히 얻게 하기 위해서(요 10:10)다"라고 말씀하신 셈이다.

사람들은 깜짝 놀랐다. 그 대목은 구원과 갱신을 가져올 하나님의 특별한 메신저, 하나님의 메시아, 기름 부음 받은 자를 가리켰다. '메시아'란 용어는 그 왕과 그 나라에 대해 사용되었다. 그 대목은 또한 희년에 관한 레위기 25장의 놀라운 예언이 정말 이루어졌음을 시사했다. 종들이 자유로워지고, 땅이 본래의 주인에게 돌아가고, 사람들이 번성할 것이다. 이 모든 것이 나사렛 출신 청년의 삶과 사역에 구현되어 있었다. 이것이 왜 중요할까?

창세기부터 요한계시록까지 성경은 온통 하나님 나라에 관한 것이다. 로버트 페어러 케이펀에 따르면, 성경은 일차적으로 "그 나라의 미스터리"에 관한 책이고 미스터리란 "정의상 잘 감춰져 있어서 타당성을 사랑하는 마음이 파악할 가능성이 없는 그 무엇"이다.[3] 그는 이어서 성경은 "하나님의 능력이 이 세계를 거룩한 도시, 곧 남편을 위해 치장한 신부로 준비되어 하나님으로부터 하늘에서 내려오는 새 예루살렘으로 만들기 위해 일하시는 그 미스터리에 관한" 책이라고 주장한다.[4] 여기에 사실상 그 나라가 나를 통해 왔다고 말하는 고향 청년이 있다! 스위스의 신학자인 오스카 쿨만은 예수님이 달리신 십자가 위에 붙은 호칭인 "유대인의 왕"에 관해 말하면서, 그 명문을 "예수님이 어떤 식으로든 자신을 곧 도래할 하나님 나라에 관한 설교의 주제

로 삼으셨다는 거의 확실한 증거"로 간주한다.[5]

스웨덴 교수 크리스 카라구니스의 글에 따르면, 예수님의 하나님 나라 개념은 역동적이다. 영토만 의미하지 않고 하나님이 왕으로서 지니신 활동적이고 새롭게 하는 영향력이었다. 그는 예수님의 견해가 어떻게 구약의 약속의 연속선상에 있는지, 그리고 어떻게 종말에 나타날 묵시적 나라와 몇몇 특징을 공유할 뿐 아니라 "여러 중요한 측면에서 그것들을 초월했는지"를 신중하게 보여 준다.

1. 하나님 나라는 본질적으로 지리적 실체라기보다 역동적인 실체였다.
2. 그 나라는 [예수님이 선호한 자기 호칭인] 인자의 운명과 연결되어 있었다.
3. 그 나라에 들어가는 것은 언약에 기반을 두거나 유대인의 참여에 국한되지 않을 테고,
4. 묵시 사상에서는 막연한 미래의 희망이었던 데 비해, 예수님 안에서는 확실하고 임박한 것이다. 사실 하나님 나라는 즉각적인 반응을 요구한다.[6]

그래서 예수님은 사역을 시작하면서 그 나라가 무엇을 가져오는지 선언하신다. 지금은 부분적이지만 그리스도가 재림하시는 역사의 종말에는 완전해질, 온전한 삶이다. 인간의 삶을 최대한 회복하고 창조 세계를 안전히 새롭게 하는 것이다. 여기에는 다양한 측면이 있다.

경제적 번영

첫째 사항은 공급과 관련이 있다. 이사야서에서는 주님의 영이 메시아에게 임해 기름을 부은 것은 "가난한 자에게 복음을 전하게"(눅 4:18) 하시려는 것이라고 한다. '가난한 자'에 해당하는 히브리어 단어 '아나윈'(anawin)은 억압받는 자와 불우한 자, 환경이나 다른 사람들에 의해 번영이 저지된 사람을 의미한다. 아내와 나는 많은 아나윈을 알아 왔고 그들 가운데 지내곤 했다. 동아프리카에 사는 한 친구는 세 자녀를 둔 싱글맘이다. 그녀의 남편은 다른 여자를 만나서 떠났다. 그녀는 큰 도시에서 중고 의복을 사서 지역 시장에서 판매하며, 가족을 먹여 살리고 자녀들의 학비를 벌기 위해 고생한다. 그녀에게 좋은 소식을 듣고 또 경험한다는 것은 무슨 의미일까?

그건 간단하다. 그녀가 번영할 만큼 충분히 갖는 것이다. 기근이 들었을 때 사르밧의 과부에게 일어났던 일이다. 선지자 엘리야가 하나님의 지시로 그녀를 방문했다. 만나는 동안 엘리야는 그녀에게 떡과 물을 달라고 했다. 그러나 그녀가 가진 것은 한 줌의 밀가루와 약간의 올리브기름이 전부였다. 그때 좋은 소식이 있었다. 엘리야가 있는 자리에서 "여호와께서 엘리야를 통하여 하신 말씀 같이 통의 가루가 떨어지지 아니하고 병의 기름이 없어지지"(왕상 17:16) 않게 되었다. 그렇다. 때로는 기적적으로 공급받는다. 때로 전쟁, 기근 또는 전염병 같은 극심한 위기가 닥칠 때는 그저 주는 것이 필요하지만, 장기적으로는 사람들이 번영할 수 있는 수단을 제공하는 것이 필요하다. 중세의 유대인 마이모니데스(모세 벤 마이몬, 1135-1204)는 구제의 여덟 단계를 이렇게 나누었다.

1. 가난한 자가 요청할 때만 베푼다.
2. 무뚝뚝하게 베푼다.
3. 기쁘게 베풀지만 주어야 할 것보다 적게 준다.
4. 요청받지 않고도 베풀지만 가난한 자에게 직접 준다. 가난한 사람은 자기가 누구에게 빚졌는지를 알고 베푼 사람도 자기가 누구를 도왔는지를 안다.
5. 가난한 사람의 집에 돈을 던져넣는다. 가난한 사람은 자기가 누구에게 빚졌는지를 모르지만 베푼 사람은 자기가 누구를 도왔는지를 안다.
6. 정해진 곳에 기부금을 주고 등을 돌린다. 베푼 사람은 자기가 가난한 사람들 중 누구를 도왔는지 모르지만 가난한 사람은 자기가 누구에게 빚졌는지를 안다.
7. 익명으로 가난한 사람들을 위한 기금에 기부한다. 가난한 사람은 자기가 누구에게 빚졌는지를 모르고, 베푼 사람도 자기가 누구를 도왔는지를 모른다.

그러나 최고 단계는 이것이라고 이 유대인 랍비는 말한다.

8. 다른 사람이 가난해지는 것을 막기 위해 기부한다. 예컨대, 그에

게 일거리를 제공하는 것, 기술을 가르치는 것, 또는 그가 장사를 시작하게 해서 구제해 달라고 손을 내밀지 않게 하는 것이다. 이것이 구제의 황금사다리 중 최고 단계이자 정점이다.[7]

하나님 나라에서 사람들은 우리가 살펴본 것처럼 소규모와 중간 규모의 경제적 발전을 위해 다른 사람을 도울 것이다. 그래서 초기 교부 요하네스 크리소스토무스는 이 문제에 대해 "우리의 팔다리가 성령님의 팔다리와 기관이 된다"라고 말했다.[8] 그러나 때로 갱신의 필요성은 외부가 아니라 내부에 있다.

정서적 번영

이사야 61장을 보면 종(the Servant)이기도 한 메시아 왕이 정서적 번영을 가져온다. "여호와께서 … 나를 보내사 마음이 상한 자를 고치며"(사 61:1). 마음이 상하는 이유는 배척을 당하거나 소중한 관계가 단절되거나 극심한 상실을 경험하는 것 등 다양하다. 그러나 때로는 다른 사람이 우리에게 행한 것이 아니라 우리가 스스로에게 행한 것 때문에 마음이 상한다. 자신의 행위에 크게 실망하고 슬퍼한 나머지 정서적 쇠약을 경험하거나 죄를 자각하게 된다. 죄책감은 무언가 질못을 범했다는 느낌이다. 이는 모든 것을 삼킬 수 있다. 수치심은 성경에 언급된 최초의 감정으로, 죄책감보다 더 깊고 서양보다 아시아에서 이것을 더 잘 이해한다. 죄책감이 "내가 무언가 잘못을 **저질렀다**"라면 수치는 "**내**가 틀렸다"다. 이는 심각한 장애 요인이다. 이를 시각화해 보겠다.

인도네시아의 한 호텔에서 나는 수치를 경험하는 사람의 조각상을 본 적이 있다. 머리는 다리 사이에 묻히고, 내부로 집중된 살덩어리처럼 바닥을 향해 웅크리고, 고개 들길 꺼리며 스스로를 내성(inwardness)에서 해방시킬 수 없는 모습이었다. 그러나 하나님 나라는 이 문제를 다룬다. 사람들은 시간이 모든 것을 치유한다고 말하지만 사실은 그렇지 않다. 치유하는 것은 바로 사랑이다. 하나님은 끈질기게, 과분하게, 구속적으로 사랑하시고, 상한 마음을 싸매시고 위로하셔서 온전하게 회복시키신다.[9] 하지만 어떤 구속은 외부의 속박에서 해방되는 것을 포함한다.

개인적 번영

선지자가 메시아를 대신해 성령의 기름 부음을 받은 이가 '포로 된 자에게 자유를 선포할 것'이라고 말할 때는 사람들을 노예 상태에서 해방시킬 것을 선언하는 것이다. '해방'(manumission)은 노예들이 자유롭게 될 때 사용되는 특별한 단어다. 여기서 희년이 실제로 이루어진다(레 25;10; 렘 34:8). 희년 동안에는 노예들이 해방되고 모든 빚이 탕감된다. 소유자의 생존을 위해 저당 잡히거나 팔렸던 모든 땅이 가족에게로 돌아가야 했다. 이곳 나사렛에서 선포된 것은 예수님 안에서 구현된 희년이다. 그 나라가 오고 있다. 해방은 외부와 내부에서 일어날 수 있다. 정부의 권력, 전쟁, 이스라엘의 바벨론 유수 등 외부 세력은 우리를 포로 상태로 끌고 갈 수 있다. 이런 일은 이스라엘처럼 사람들이 억지로 조국에서 쫓겨날 때, 사람들이 오늘날 강제로 성매매를 당할 때 일어난다. 하지만 모든 노예 상태가 다 외적인 물리적 포로 상태를 포함하는 것은 아니다. 어떤 노예 상태, 예컨대 마약, 섹스, 권력, 도박, 인종주의, 일, 또는 무의미함에 중독된 상태는 내적이다. 그러나 자유가 있다. 그 나라가 오는 중이다. 그리고 그 이상이다.

정신적 번영

명백히 예수님이 인용하신 다음 어구는 구약의 헬라어 역본에 '갇힌 자에게 어둠으로부터의 해방'(히브리어)으로 번역되지 않고 '눈먼 자에게 다시 보게 함'(헬라어)으로 번역되어 있다. 히브리어 단어는 사실상 '묶인 자[사람들]에게 활짝 열림'[10]이란 뜻이다. 예수님이 일부 사람의 시력을 회복시키심으로써 실제로 성취하셨던 것처럼, 눈을 크게 뜨거나 눈이 맑아지는 것을 시사한다. 사실 그 나라는 바깥 시력(out-sight, 물리적 시력의 명료함)과 안쪽 시력(insight, 인식의 명료함)을 모두 회복시킨다. 그런데 두 시력 중 어느 하나가 없으면 눈먼 상태가 된다. 바깥 시력과 관련해서 예수님은 그 나라가 모든 사람을 위해 행할 일의 유력한 징표로서 맹인의 눈을 열어 주셨다(요 9장). 선천적인 맹인을 고치신 예수님과 그분을 조사하는 바리새인들 간에 역동적인 상호작용이 일어나는데, 그 이유는 예수님이 안식일에 치유를 행하셨기 때문이다. 예수님은 왜 안식일에 당시 일로 간주되었던 행동을 하셨을까? 그분이 사용할 수 있었던 다른 엿새가 있었다. 이것이 비판자들이 주장했던 논점이다. 안식일에 이런 일을 행하는 사람은 죄인밖에 없다는 주장이다. 이후 그들이 병 고침 받은 당사자에게 묻자 그는 이렇게 말했다. "한 가지 아는 것은 내가 맹인으로 있다가 지금 보는 그것이니이다"(요 9:25). 주님과 비판자들 간의 상호작용이 끝날 무렵 바리새인들이 "우리도 맹인인가"라고 묻는다. 이 교환은 예수님이 영적 맹인 상태에 관해 바리새인들에게 하신 단호한 진술로 마감된다. "너희가 눈이 먼 사람들이라면, 도리어 죄가 없을 것이다. 그러나, 너희가 지금 본다고 말하니, 너희의 죄가 그대로 남아 있다"(요 9:41, 새번역). 바리새인들과 오늘날의 사람들에게 치유가 필요한 부분은 바깥 시력뿐 아니라 안쪽 시력이다.

C. S. 루이스는 언젠가 이렇게 말했다. "나는 해가 떠오르는 것을 믿듯이 기독교를 믿는다. 내가 해를 보기 때문만이 아니라 해를 통해 다른 모든 것을 보기 때문이다."[11] 맑고 열린 안쪽 시력을 갖는다는 것은 모든 것을 그 본연의 모습으로 보는 것, 인간을 하나님의 형상을 지닌 피조물로 보는 것, 세상을 하나님의 피조물이되 하나님께 등 돌린 것으로 보는 것, 하나님 나라를 이생과 이 세상의 반죽 속에 접힌 누룩처럼 보는 것을 의미한다. 이것이 영국 시인 윌리엄 블레이크가 눈과 함

께(with) 보는 것이 아니라 눈을 통해(through) 보는 것에 관해 말할 때 전하려 했던 뜻이다. 즉, 만일 우리의 인식이 참으로 맑아진다면, 우리는 모든 것을 그 본연의 모습으로(무한한 것으로) 보게 되리라고 암시했다. 블레이크는 해를 볼 때 동전 같은 불덩어리가 보이는지 질문을 받았다. 그는 "아, 아니오, 아니오, 나는 헤아릴 수 없는 천군 천사들이 '거룩, 거룩, 거룩, 전능하신 주여' 하고 외치는 모습을 본다오"라고 말했다.[12] 그런데 번영은 인간의 영과 관련이 있다. 성령님이 우리 안에서 열망하시는 바는 하나님의 은총 가운데 있는 참된 행복이다.

영적 번영

행복은 보편적 욕망이다. 그것은 고대 그리스 철학자들의 주 관심사였다. '행복'을 뜻하는 헬라어 단어 '에우다이모니아'(*eudaimonia*)는 스토아주의, 에피쿠로스주의, 신플라톤주의, 아리스토텔레스주의 등에서 발견된다.[13] 그러나 하나님 나라에서의 번영은 고대 그리스 철학자들의 번영 개념과 다르다. 인간 행복의 추구는 보편적이고 그 추구가 모든 종교에 존재하지만, 조너선 페닝턴에 따르면 인간 번영에 대한 성경적 관점은 네 개의 차이점이 있다. 첫째, '가치관'이 다르다. 무엇이 칭송할 만하고 덕스러운 것으로 간주되는지에 차이점이 있다. 둘째, 번영을 경험하는 '사람'에 차이점이 있다. 교육받은 철학자와 부자만이 아니라 모든 사람이 경험할 수 있다고 한다. 셋째, '목표'가 다르다. 번영은 오직 살아 계신 하나님과의 관계를 통해서만 경험할 수 있다. 넷째, 특히 '수단'이 다르다. 사람들은 성령님의 사역을 통해 '우리 바깥'으로부터 오는 무언가를 받는다.[14] 그러므로 당신은 자신이 원하는 무엇이든 될 수 있다는 진술과 대조적으로, N. T. 라이트는 이렇게 표현한다. "당신이 장차 될 모습은 당신이 이미 그리스도 안에 있는 모습이다." 이것은 온통 은혜에 관한 것이다.[15] 그런데 이 대목에서 이사야는 이에 대해 특별한 단어를 사용한다. 행복이 아니라 "은혜"(favor)다.

이는 "여호와의 은혜의 해"(사 61:2)라고 선지자가 말한다. 중요한 점은 예수님이 이사야서 61장을 인용할 때 그다음 어구인 "우리 하나님의 보복의 날"을 일부러 빠뜨리셨다는 것이다. 이유인즉 예수님은 심판하러 오신 것이 아니라 구원하러 오셨기 때문이다.[16] 그러나 그분은 다시 오실 테고 그때에는 보편적인 심판이 있을 것이다. 그래서 예수님은 이 예언이 사람들이 하나님과 올바른 관계를 맺게 하기 위해 자신이 초림했을 때 절반만 성취되었고, 장차 자신이 재림할 때 최종적으로 성취되리라고 보신 것이다. 어떤 경우든 하나님의 은총을 받는 것은 얼마나 좋은 소식인지 모른다.

원가족의 총애를 받는 것은 종종 굉장히 어렵다. 아버지의 인정을 받고 싶은 한 젊은이가 "아빠, 저는 최선을 다하고 있어요"라고 말한다. 이에 아버지는 "너의 최선은 충분치 않아"라고 응답한다. 그러나 하나님의 은총을 받는 것, 하나님의 용납을 받는 것은 더 깊은 문제다. 사도행전 9장에 나오는 사울의 이야기, 즉 율법을 맹목적으로 고수하며 살기등등하게 (위험한 이단으로 보았던) 그리스도인을 공격했던 그 이야기가 딱 들어맞는 사례다. 그리스도인이 되기 전 사울의 삶은 하나님의 은총을 찾는 여정이었다고 할 수 있다. 다메섹 도상에서 예수님을 만나기 전까지 그는 자신의 종교적 행위에 기초해 하나님의 용납을 받으려고 '쫓기는' 사람이었다. 그러나 예수님을 만났을 때 그는 '부름받은' 사람이 되었다. 동일한 성격, 동일한 에너지를 지닌 동일한 사람일지라도 이제는 매우 다른 동기와 인생 목적을 지닌 사람이다. 왜 그럴까? 그는 하나님의 은총을 받았고, 그것도 오직 하나님의 은혜와 십자가에서 이루어진 예수님의 화해 사역을 근거로 그렇게 되었기 때문이다. 마르틴 루터는 이것을 위대한 교환이라 불렀다. 그 결과 바울은 (그리고 우리는) 이렇게 말할 수 있었다. "하나님이 죄를 알지도 못하신 이를 우리를 대신하여 죄로 삼으신 것은 우리로 하여금 그 안에서 하나님의 의가 되게 하려 하심이라"(고후 5:21). 이와 같이 우리는 은총을 받았다. 빌리 그레이엄이 언젠가 말했듯이 "마치 내가 죄를 짓지 않은 것처럼" 된 것이다. 확실히 이것이 번영의 핵심이다. 당신이 하나님의 은총을 받았다는 것을 알고, 당신이 딸이나 아들로서 하나님의 가족에 속해 있다는 증거, 성령님의 안아 주심을 마음속에 품는 것이다(롬 8:15-16). 하지만 다른 차원도 있다.

일터의 번영

"그들은 오래 황폐하였던 곳을 다시 쌓을 것이며 옛부터 무너진 곳을 다시 일으킬 것이며 황폐한 성읍 곧 대대로 무너져 있던 것들을 중수할 것이며"(사 61:4). 우리는 우리의 일을 통해 하나님 나라에서 번영할 것이다. 일은 구속적인 것, 즉 깨어지거나 훼손된 것을 회복하는 것이 되고, 예배적인 것이 될 것이다. 매슈 캐밍크와 코리 윌슨은 그들의 흥미롭고 독특한 책에서 우리의 일을 전례와 다시 연결시키되 하나님 백성의 공동 예배 내에서와 일터 안에서 그렇게 한다.[17] 이는 로마서 12장 1-2절과 완전히 일맥상통한다. 이 대목은 우리에게 하나님의 자비에 비추어 우리의 일을 포함한 몸의 모든 활동을 하나님께 영적 예배로 드리도록 권면하기 때문이다. 그래서 이제는 세계적 운동[18]이 된, 신앙과 일을 다시 연결하는 것은 이사야가 예언했듯이 우리의 일을 예배로 보는 것을 포함해야 한다. 이사야는 번영하는 사람들을 "찬송의 옷"을 입은 모습으로, 의의 나무가 "[하나님의] 영광을 나타낼" 모습으로 묘사한다(사 61:3). 그런데 폐허를 재건할 "그들"은 누구를 가리키는가?

'그들'은 기름 부음을 받은 이가 다 함께 불러온 사람들, "너희 양 떼를 칠" "외인"과 "너희 농부와 포도원지기가 될" "이방 사람"으로 완곡하게 언급된 이들을 말한다. 장차 메시아는 보통은 서로 아무 관계도 없을 사람들을 한데 불러올 것이다. 신약에서 우리가 알게 되는 바는 유대인과 이방인, 그리고 서로 관계 없던 다른 집단들을 가르던 담이 예수님의 십자가에 의해 무너져서 평화를 이루게 된다는 것이다(엡 2:14-18). 이제는 우리가 "다 그리스도 예수 안에서 하나"이기 때문에 유대인이나 헬라인, 종이나 자유인, 남자나 여자가 없는 것이다(갈

3:28). 이에 대해 마르 오스타티오스는 "계급 없는 사회의 신학적 기초는 계급 없는 핵가족이신 계급 없는 하나님 자체이다"[19]라고 말한다. 이제 예수님이 고향 교회에서 곤경에 빠지신 대목으로 돌아가자.

예수님은 선지자 엘리야와 엘리사가 유대 공동체 밖의 사람들에게 보내져서 그들에게 번영을 가져다주었다고 지적하시면서 다양성을 '통해'(다양성에도 '불구하고'가 아니라) 통일을 이루는 하나님 나라 백성의 풍부한 다양성을 내다보았다는 이유로 거의 죽임을 당하실 뻔했다. 그들은 너무나 거슬린 나머지 그들이 예수님을 낭떠러지까지 몰고 가 내던지려고 했으나 그분은 성난 군중 사이를 뚫고 나가 몸을 피했다.

한때 소외되었던 사람들, 이제는 그 상처가 치유된 사람들이 장차 사회를 재건하려고 다 함께 일할 것이다. 그들은 자신들의 일을 통해 재건 사업을 수행할 것이다. 우리는 현재 일터에서 잠정적으로 이런 일을 할 수 있다. 이것이 또한 새 하늘과 새 땅의 모습, 하나님 나라가 완전히 도래해서 '만물이 새롭게 되는' 모습이 아닐까? 아마 온 하늘이 성장과 치유와 갱신일 것이다. 그러면 우리는 하나님 나라에서 번영하는 사람들로서 어떤 역할을 하는가?

사역의 번영

"오직 너희는 여호와의 제사장이라 일컬음을 받을 것이라 사람들이 너희를 우리 하나님의 봉사자라 할 것이며"(사 61:6). 모든 신자의 제사장직은 프로테스탄트 종교개혁에서 창안된 것이 아니다. 그것은 이미 온 이스라엘을 왕 같은 제사장이 되도록 부르신 하나님의 명령 속에 있었다(출 19:6). 그것은 여기 희년이 번성하는 그림에서도 찾아볼 수 있다. 그것은 공식적인 사역자뿐 아니라 모든 백성과 관계가 있다. 이는 모든 사람이 전임 사역에 종사한다는 뜻이다. 제사장은 다리를 놓는 사람들이고, 다리가 대부분 양방향으로 통행하듯이 제사장 백성도 그렇다. 그들은 기도와 탄원으로 사람과 장소를 하나님께 데려가고, 또한 봉사와 선교를 통해 하나님을 사람과 장소로 모셔 간다. 따라서 양방향이다. 예배와 선교는 제사장의 동전의 양면이다. 이 둘은 일상의 삶 안에서 하나님의 임재를 담고 감사의 성례로서 일상생활을 하나님께 나른다.

인간 번영은 그 나라의 도래가 지닌 가장 멋진 측면 중 하나임에 틀림없다. 지금은 부분적이나 마침내는 완전히 도래할 것이다. 그 번영은 총체적이어서, 경제적, 정서적, 개인적, 영적 차원, 그리고 일터와 사역의 차원을 모두 포괄한다. 이것이 좋은 소식이 아니라면 무엇이 좋은 소식인지 나는 상상할 수 없다! 따라서 이사야 61장에서 이 대목의 지배적 분위기가 기쁨인 것은 놀랄 일이 아니다. 기쁨이 거듭 언급된다. 현 상황에 대해 슬퍼하는 자들이 '기쁨의 기름'을 받을 테고 "[너희에게] 영원한 기쁨이 있으리라"(사 61:3, 7). 기쁨은 하나님이 주입하시는 유쾌함이고 하나님의 손길이며 하나님 나라에 속한 백성의 독특한 경험이다. 그러니 그 나라가 그토록 좋다면 당연히 그곳에 살고, 그곳을 위해 살며, 그곳에서 일하지 않겠는가?

기도

은혜로우신 하나님, 당신은 우리가 그저 생존하지 않고 번영하길 원하시니 감사합니다. 주님은 우리에게 생명을, 풍성한 생명을 누리게 하시려고 예수님으로 오셨습니다.

주님, 우리 중 일부는 당신의 손길이 필요합니다. 우리는 당신이 우리 삶의 문을 두드리는 소리와 당신의 목소리를 듣고 … 문을 엽니다. 부디 들어오셔서 우리와 교제해 주십시오. 우리 중 일부는 반쯤 구원받고, 반쯤 치유되고, 반쯤 회복되고, 반쯤 갱신되었다고 느낍니다. … 만일 당신이 기뻐하신다면, 우리를 새롭게 하시는 그 놀랍고 은혜로운 일을 계속해 주시기를 바랍니다.

우리에게 은총을 베푸셔서 우리를 용납하시고 우리를 축복하시니 감사합니다. 비록 우리가 상처받은 치유자이고, 아직 바라는 만큼 온전하지는 못해도 우리를 제사장이 되도록 불러 주셔서 감사드립니다. 당신이 다시 오실 때 우리는 온전해질 것입니다. 아멘.

02
일터에서
이중 스파이가 되다

[그리스도인은] 또 다른 나라의 시민이라서
거기서 생각하고 판단하고 느끼는 방식을 끌어온다.
그의 마음과 생각은 다른 곳에 있다. 그는 또 다른 국가의 국민이다. …
그는 또한 스파이로 파견될 수도 있다.
자크 엘륄 [1]

낯선 곳에서 성도들을 발견한다. 예수님은 그들을 매춘부와 세리 가운데서 찾았다! 구약의 인물인 라합은 신약에서 믿음의 영웅으로 인정받고 있다(약 2:25; 히 11:31). 그녀는 매춘부이지만 이중 스파이처럼 행동했다. 여호수아서에 나오는 이 묘한 인물은 자신의 집을 여관으로 사용한 것 같다. 그녀는 그 나라의 지혜를 갖고 있었던 것이 확실하다. 훗날 예수님은 "너희는 뱀 같이 지혜롭고 비둘기 같이 순결하라"(마 10:16)고 말씀하셨다. 이런 지혜는 이스라엘이 차지할 땅을 정탐하도록 여호수아가 보낸 두 스파이와 라합 모두 보여 준 것이다.

라합은 이스라엘의 약속의 땅의 경계에 위치한 옛 여리고의 성벽 위나 성벽 안에 있는 집에서 살았다(수 2:1-24). 스파이들은 왜 매춘부의 집으로 가기로 결정했을까? 그들이 그 집에 있는 것이 안전할 테고 오늘날 대다수의 여성과 남성에게 서비스를 제공하는 미용사나 이발사처럼 그 땅에서 일어나는 일을 그녀보다 더 잘 알 사람이 없을 것이기 때문이다. 그녀는 그곳 주민들이 이스라엘 사람을 두려워해서 간담이 녹고 있다는 것을 알았다. 당시는 이스라엘 백성이 한 세대 내내 광야에서 방황한 후 자신들에게 약속된 땅을 차지하려는 시점이었다. 이스라엘의 두 스파이는 그 땅의 모습이 어떤지, 그곳을 차지하는 것이 얼마나 어려울지, 어떤 반대에 직면할지, 그리고 어느 곳의 방어가 가장 약한지 등을 염탐하도록 파견되었다. 그러나 이번이 스파이를 처음 보낸 사례는 아니다.

그 나라를 위해 정탐하다

한 세대 전에 열두 명의 스파이가 약속의 땅에 파견되었다가 돌아와서 안 좋은 보고를 했다. 거기에 사는 주민들은 거인이라고 했다. 스파이들은 스스로 그들에 비해 메뚜기와 같다고 느꼈다. 이스라엘이 완전히 압도될 것이라고 했다. 모두가 두려움에 떨었다. 두 명의 스파이만 빼고. 이 둘은 하나님의 도우심으로 그들이 약속의 땅의 주민들을 이길 수 있다고 말했다(민 13장). 반면 안 좋은 보고를 한 열 명은 광야에 머무는 백성에게 안전한 이집트로 돌아가자고 설득하려고 애썼다. 모세의 보좌관 여호수아와 여분네의 아들 갈렙을 제외한 20세 이상의 모든 백성은 광야에서 죽었다. 한 세대가 간 후 이번에는 두 명의 스파이를 파견하는 두 번째 정탐 작전이 수행된다. 이 대목에서 라합이 등장한다.

내가 왜 이 이야기를 들려줄까? 그것은 이 세상에서 살고 일하면서도 하나님 나라에 속해 있는 모습을 보여 주는 하나의 비유이기 때문이다. 우리는 동시에 두 나라[2]를 섬기는 이중 첩자들이다. 현대 프랑스 철학자이자 신학자인 자크 엘륄이 제시한 하나님 나라 인물의 모델은 한 나라에서 살며 일하고 있으나 결국에는 완전히 인수할 또 다른 나라의 지표와 잠재력을 정탐하는 사람이다.

사실 이것이 그리스도인이 처한 상황이다. 주님을 위해 세상 한복판에서 은밀히 일하는 것, 주님의 승리를 위해 내부에서 준비하는 것, 이 세상에서 핵을 만들고 그 비밀을 발견하는 것, 이 모두가 하나님 나라가 영광 가운데 갑자기 뚫고 들어오게 하기 위해서다.[3]

라합은 가나안 사람이고 여리고의 주민이었다. 그녀는 사업가였다. 그녀는 이스라엘의 두 스파이를 자기 집으로 들이고 왕 중의 왕이신 여호와에 대한 믿음을 받아들였다. 한 주석가는 이렇게 말한다. "명예로운 의도를 품고 그녀의 집에 들어갔던 두 사람이 이런 결정에 기여했을지 모른다. 그들의 행실 역시 그녀로 하여금 이스라엘의 하나님에 대한 존경심을 품게 했음이 틀림없기 때문이다."[4] 그런데 그녀가 약속의 땅 경계에 있는 광야에 머무는 수천 명의 이스라엘 사람을 보았을 때, 하나님이 그들 가운데 계시다는 것을 알았을 때, 하나님이 40년 전에 홍해를 가르셨던 일, 그들이 약속의 땅으로 오는 중에 하나님이 시혼 왕과 옥 왕에게 행하신 일에 대해 그녀가 들었을 때, 그녀는 스파이들을 숨겨 주며 "너희의 하나님 여호와는 위로는 하늘에서도 아래로는 땅에서도 하나님이시니라"(수 2:11)고 말했다. 한마디로, 그녀는 하나님 나라를 받아들였고 그녀의 운명을 스파이들과 함께 던졌다. 여리고의 왕이 히브리인 스파이들이 라합의 집에 있다는 소식을 듣고는 그녀에게 그들을 끌어내라고 요구했다. 여기서 그녀는 믿음으로 충만한 지혜를 밝히 보여 준다.

라합의 빈틈없는 행동

라합은 스파이들을 지붕 위에 널어놓은 아마 줄기 아래 숨겨서 보호했다. 왕이 보낸 사람들이 와서 이스라엘 스파이들에 관해 묻자 그녀는 이렇게 둘러댔다. "과연 그 사람들이 내게 왔었으나 그들이 어디에서 왔는지 나는 알지 못하였고 그 사람들이 어두워 성문을 닫을 때쯤 되어 나갔으니 어디로 갔는지 내가 알지 못하나 급히 따라가라 그리하면 그들을 따라잡으리라"(수 2:4-5). 왕이 보낸 이들은 이 말을 따랐다. 그녀가 그 사람들에게 거짓말을 한 것, 일부러 둘러댄 것은 그릇된 행위인가, 옳은 행위인가?[5] 이 가나안 사람들이 이스라엘 스파이들을 붙잡으려고 요단강 여울까지 황급히 가는 동안, 라합은 지붕에 올라가서 두 스파이들에게 (하나님은 이스라엘의 하나님이란 뜻을 지닌) "여호와"란 단어를 사용하며 이렇게 말한다. "여호와께서 이 땅을 너희에게 주신 줄을 내가 아노라 우리가 너희를 심히 두려워[한다]"(수 2:9). 그녀가 지혜롭게 언약 언어를 사용한 것은 그녀가 신자이고 또 분명한 증표를 요청하기 위해서다. "내가 너희를 선대하였은즉[헤세드(hesed), 언약의 접착제인 사랑과 신실함을 뜻하는 히브리어] 너희도 내 아버지의 집을 선대하도록 여호와로 내게 맹세하고 내게 증표를 내라"(수 2:12). 이에 스파이들은 "우리의 목숨으로 너희를 대신할 것"이라고 응답했다. 라합이 그들이 행하고 있는 일을 아무에게도 누설하지 않는다면 그들도 이 합의를 지킬 것이다. 그녀는 밧줄로 그들을 성벽에서 달아 내렸고 그들에게 산에서 삼 일 동안 숨어 있다가 여호수아에게 돌아가라고 일러 주었다. 그들은 그대로 했다. 그런데 합의에는 조건이 달려 있었다.

라합은 온 가족을 그녀의 집으로 모으고, 침략하는 이스라엘 사람들에게 보일 증표로 붉은 줄을 창문에 매달아야 한다. 그래서 그녀는 붉은 줄을 창문에 맸다(수 2:21). 아마 위대한 구출의 날을 준비하기 위해 줄을 묶었을 것이다. 실제로 이스라엘 사람들이 여리고를 점령하고 매달린 줄을 보았을 때, 라합과 그 가족이 모두 구출되었다. 그녀는 이제 하나님 나라와 하나님께 속했고 가나안의 신들과 분명히 결별했다.

그런데 누가 누구를 구원했는가?

라합이 이스라엘에 의해 구원받았으나 그녀 또한 이스라엘을 구원했다. 그녀는 믿음의 사람으로서 포괄적 세계관을 가졌다. 그녀는 이스라엘의 하나님이 모든 것의 중심이라고 인정했다. 라합은 하늘과 땅이 하나가 되기 시작하는 모습, 달리 말해 하나님 나라를 볼 수 있었다. 그녀는 하늘 시민권을 받아들였다(빌 3:20). 그녀는 그 나라의 의식을 갖고 있었다.

이스라엘 스파이들은 하나님 지향적인 공동체에만 속한 단일한 신분밖에 없었는데, 라합은 옛 시대와 새 시대에 동시에 속한 이중 신분을 갖고 있었다고 생각하면 참으로 흥미롭다. 그래서 어떤 의미에서는 완전히 새 시대에 속한 두 명의 히브리인 스파이보다 라합이 오늘날 세상에 몸담은 그리스도인에게는 더 나은 모델이다.

그리고 이 세상에서 살며 일하는 오늘날의 그리스도인에게 정말로 중요한 것은 하나님 나라, 곧 다가오는 하나님의 새로운 세계다. 그러면 하나님 나라의 실재를 보는 것이 우리의 일, 일꾼, 그리고 일터에는 무슨 의미가 있을까? 그 나라의 의식을 품으며 일한다는 것은 어떤 것일까?

일터에서 그 나라를 의식하다

우리는 라합처럼 하늘과 땅이 하나 되었다는 징표와 지표를 찾을 것이다. 이제 앞장으로부터, 그리고 비록 이름이 바뀌기는 했지만 내가 아는 사람들과 장소들로부터 몇 개의 본보기를 들어 보겠다. 첫째, 그 나라는 '가난한 자를 위한 좋은 소식'을 의미한다. 나는 방금 론으로부터 이메일을 받았다. 론은 다수 세계에 있는 한 신학교에 속한 사람들을 돕기 위해 기금을 모았다. 그들은 팬데믹 동안 월급이 삭감되었음에도 병원에 입원할 수 없는 이들을 위해 산소 탱크와 텐트를 구입하는 사람들이었다. 그들의 일은 바로 그 나라가 임하는 모습이다. 둘째, 그 나라는 '정서적 번영'을 의미한다. 가까운 친구 두 명이 함께 사업을 시작했으나 그들의 관계에 큰 장애물이 생겼다. 한 사람이 자기 안에 있는 줄도 몰랐던 언어로 다른 사람에게 폭력을 행사하는 바람에 그 자신도 놀랐고, 다른 사람은 유감스럽게도 사임하고 사업에서 손을 떼고 말았다. 둘 다 마음이 상했다. 그러나 하나님의 은혜로 그들은 결국 화해했고 마음의 상처도 치유되었다(나는 이 이야기가 사실임을 안다. 왜냐하면 내가 전자였기 때문이다). 이것도 그 나라가 임하는 모습이다. 셋째, 그 나라는 '개인적 번영', 즉 '포로 된 자에게 자유를 주는 것'을 의미한다. 조앤은 알코올에 중독되어 직업을 유지할 수 없었다. 남편이 때로 그녀의 일을 대신 처리해 주었으나 이것은 뜻하지 않게 그녀의 중독을 북돋우는 결과를 초래했다. 그러나 하나님의 은혜로 알코올 중독자 모임을 통해 그녀는 구출되었고 유급으로 고용되어 번영하고 있다. 이것도 그 나라가 임하는 모습이다.

넷째, 그 나라는 맹인의 눈이 (바깥 시력과 안쪽 시력 모두) 열리는 것 같은 '정신적 번영'을 의미한다. 미국의 그리스도인 판사인 제이컵은 그가 행하는 일이 하나님 나라를 가져올 뿐 아니라 하나님과 이웃을 사랑하는 일임을 보지 못한 채 수십 년 동안 충실하게 판사의 일을 수행했다. 그러다가 어느 세미나를 통해 그는 자신의 일상적 업무가 하나의 사역이란 것을 알기 시작했다. 그래서 그는 일하러 갈 때 하나님을 찬양했고 그의 마음이 노래를 불렀다. "내가 이 일을 시작하던 30년 전에 이것을 알았더라면 얼마나 좋았을까. 그래도 지금 나는 얼마나 기쁘게 일하는지 모른다"라고 탄성을 질렀다. 이것도 그 나라가 임하는 모습이다.

다섯째, 그 나라는 '영적 번영', 즉 "주님의 은혜의 해"를 의미한다. 이 지역 대학교의 박사과정 학생인 제임스가 월요일 아침 이른 시간에 전화를 해 왔다. "저는 어젯밤 교회에서 당신의 설교를 들었습니다. 당신은 그리스도인이 되는 것에 관한 내 모든 질문에 하나만 빼놓고 다 응답해 주셨습니다." 이를 계기로 매주 폭넓은 대화가 시작되었고, 이 뛰어난 사람은 마침내 예수를 따르는 자가 되어 자신의 고국으로 돌아가 대규모 단체의 지도자가 되어 오늘까지 이르렀다. 이것도 그 나라가 임하는 모습이다.

여섯째, 그 나라는 '일터의 번영'을 의미한다. "그들은 오래 황폐하였던 곳을 다시 쌓을 것이며"(사 61:4). 젊은 수련의 천 웨이는 그 도시에서 HIV에 걸린 사람들을 받는 유일한 병원인 로마가톨릭 병원에서 한 에이즈 환자의 병상에 앉아 있다. 그녀는 장차 우리 몸의 부활이 있을 것이라고 설명한다. 이것도 그 나라가 임하는 모습이다. 엄마인 샌드라는 가정 환경, 식사, 대화에 신경을 쓰며 자녀들이 잘 자랄 수 있는 환경을 만든다. 이것도 그 나라가 임하는 모습이다. 신학교를 졸업한 프랭크는 아버지의 자동차 대리점을 물려받아 그곳의 조직 문화, 경영 방식, 직원 교육, 그리고 고객 서비스 등 여러 분야에서 그 나라의 사업다운 모습을 일구어 냈다. 프랭크는 "나는 하나님께 영광을 돌리는 사업체를 운명하고 싶습니다"라고 말한다. 이것도 그 나라가 임하는 모습이다.

일곱째, 그 나라는 '사역의 번영'을 의미한다. "너희는 여호와의 제사장이라 일컬음을 받을 것이라"(사 61:6). 짐은 목회적인 마음을 지닌 사람이다. 그는 IBM에서 경영진으로 올라갈 승진 기회를 잡지 않는 바람에 그의 보스를 놀라게 했다. 그는 "내가 이 회사에 기여할 부분은 사람들을 돌보는 일이기" 때문이라고 설명했다. 마침내 그는 IBM에서 은퇴하고 모든 시간을 도시의 자전거 배달원들과 함께 보내면서 그들을 사랑하고 그들의 말을 경청했다. 그가 늙고 건강이 나빠져서 타 도시에서 사는 가족과 가까운 곳으로 이사해야 했을 때 자전거 배달원들이 수백 명씩 몰려와 축하와 감사 행사를 열었다. 이것도 그 나라가 임하는 모습이다.

하나님 나라의 징표에 대해 주목할 점은 그것이 종교적인 삶에서만 일어나지 않고 일반적인 삶에서 발견된다는 것이다. 그 나라는 성스러운 것과 세속적인 것 사이의 선이 지워지는 것을 의미한다.[6] 모든 것이 하나님의 주권이 미치는 영역 안에 있다[7](7장에서 이원론의 해로운 영향을 다룰 예정이다). 예수님을 따르는 것에 정말로 진지하다면 목사나 선교사가 될 것이라는 생각은 이미 폐기되었다. 하나님 나라의 일은 세속적인 일이 아니다. 그래서 사람들이 "나는 세속적인 일을 떠나서 주님의 일을 하러 간다"고 말할 때 나는 보통 이렇게 말한다. "그런데 당신은 이전에 무슨 일을 했소? 그건 주님의 일이었소. 물론 하나님이 당신을 한 종류의 주님의 일에서 다른 종류의 주님의 일로 인도하신다면, 그건 좋소. 그러나 당신이 이제 '전임' 사역을 하러 간다고 하진 마시오. 예수님을 따르는 자들에게는 시간제 옵션이 없기 때문이오." 그 나라의 일이 세속적인 일이 아니라면 종교적인 일도 아니다. 예수님은 대부분 종교적인 사람들 때문에 어려움을 겪으셨다. 그 나라의 일은 이 세상과 사람들 속에서 하나님 나라를 증진하려고 하는 선한 일이다.

모든 선한 일은 그 나라의 일이다. 꽃에 물을 주는 것, 설교하는 것, 협상하는 것이나 식사를 준비하는 것 등 이 모두는 그 나라를 의식하며 행할 수 있고 하나님과 이웃을 섬기는 일이다. 내 친구 스티브 가버는 우리에게 이원론으로 기우는 선천적 경향이 있다고 한다. 이원론은 어떤 것은 거룩한 것으로, 어떤 것은 세속적인 것으로 보는 경향이다. 하나님 나라의 좋은 소식은 우리가 하나님을 위해 모든 것을 빈틈없이 행하게 한다. 우리가 햄버거를 알맞게 굽든지, 낯선 사람에게 새로운 세계가 예수님 안에서 왔고 또 오고 있다고 이야기하든지, 모두가 거룩하고 모두가 그 나라를 섬기는 일이다. 라합은 이스라엘 사람이 가나안으로 들어올 때 하나님 나라와 그들을 인도하는 하나님을 의식하고 있었다. 그러나 더 나은 것에 대한 희망이 없지 않다. 아울러 문제가 없는 것도 아니다. 우리는 이 세상에 그 나라를 반대하는 세력이 있다는 것도 의식해야 한다. 우리는 그 나라와 그 왕을 영접하기 때문에 어려움과 저항과 곤경을 경험하게 될 것이다.

일터에서 직면하는 그 나라를 반대하는 의식

사도행전 14장 22절에서 바울과 바나바는 자신들이 교회를 개척했던 도시(루스드라, 이고니온, 안디옥)로 돌아가는 길에 이렇게 말했다. "우리가 하나님 나라에 들어가려면 많은 환난을 겪어야 할 것이라." 그래서 우리는 라합이 그랬듯이 반(反)문화적으로 살며 일하게 될 것이다. 우리는 죄 많은 사람들은 물론 통치자들과 권세들과 씨름한다. 예수님도 그러셨고 또 반응을 얻으셨다. 도널드 크레이빌은 예수님이 수건과 세숫대야를 가지고 섬기신 모습(요 13장)을 이렇게 묘사한다.

> 예수님은 가난한 자를 억압한 부자를 꾸짖었다. 안식일에 치유하고 곡물 껍질을 벗겼다. 죄인들과 함께 음식을 먹고 세리들을 용납했다. 하나님을 "아빠"로 부르고 희생제물 없이 죄를 용서함으로써 신성모독을 범했다. 구전 율법을 위반하고 정죄했다. 매춘부가 기름을 붓는 손길을 환영했다. 공개적으로 여자들과 함께 여행했다. 그의 비유들은 종교 지도자들을 자극했다. 사마리아인과 이방인과 자유롭게 이야기했다. 병든 자를 고쳤다. 무력한 자를 축복했다. 나병환자를 만졌다. 이방인의 집에 들어갔다. 거룩한 성전을 청소했다. 큰 군중을 선동했다. 이것이 행동으로 나타난 예수님의 운동이었다. 이런 행동들, 이런 세숫대야 정치가 바로 십자가로 이어졌다.[8]

12장에서 그 나라를 반대하는 세력, 통치자들과 권세들과 싸우는 것, 세상과 육신과 마귀와 씨름하는 것에 대해 다룰 것이다. 여기서는 예수님이 제자들에게 하신 말씀을 듣는 것으로 충분하다. "누구든지 나를 따라오려거든 자기를 부인하고 자기 십자가를 지고 나를 따를 것이니라 누구든지 제 목숨을 구원하고자 하면 잃을 것이요 누구든지 나를 위하여 제 목숨을 잃으면 찾으리라"(마 16:24-25). 나는 평생 동안 이 본문을 고민해 왔고, 몇 가지 결론에 도달했다.

예수님은 우리의 장애나 질병 또는 우리가 통제할 수 없는 것에 대해 말씀하시는 것이 아니다. 우리는 그저 십자가를 견디는 것이 아니라 '십자가를 지도록' 부름받았다. 스파이로 사는 것은 위험천만한 일이다. 대다수가 생각하는 것과는 달리, '십자가를 지는 것'은 단지 삶의 변화무쌍함(엉성한 직업, 어려운 배우자, 문제 있는 자녀, 질병 등)에 순복한다는 뜻이 아니다. 사람들이 "그게 내 십자가야"라고 말하지만, 사실은 그렇지 않다. 그러면 그것은 무슨 뜻인가? 두 가지 의미가 있다.

첫째, 그것은 예수님이 십자가에서 이루신 일을 우리에게 충분한 것으로 받아들이고 예수님의 완수된 사역과 우리 자신을 동일시하는 것을 의미한다. "거기 너 있었는가 그때에 주님 그 십자가에 달릴 때"라고 옛 찬송가는 시작된다. 그렇다. 나는 거기에 있었다. "하나님이 죄를 알지도 못하신 이를 우리를 대신하여 죄로 삼으신 것은 우리로 하여금 그 안에서 하나님의 의가 되게 하려 하심이라"(고후 5:21). 루터는 이를 '이중 전가'라고 불렀다. 내 죄가 그분에게 전가되었다. 그분의 의가 나에게 전가되었다. 예수님이 말씀하셨다. 네 목숨을 잃으면 찾을 것이다. (자동적으로) 네 목숨을 찾으면 잃을 것이다. 당신의 마음속에 구원자를 향한 열정이 없으면 당신은 죽은 것이다. 하지만 아이러니하게도 바울은 이렇게 말한다. "우리 살아 있는 자가 항상 예수를 위하여 죽음에 넘겨짐은 예수의 생명이 또한 우리 죽을 육체에 나타나게 하려 함이라"(고후 4:11). "내가 그리스도와 함께 십자가에 못 박혔나니"(갈 2:20). 여기에 아이러니한 "나이지만, 내가 아니다"가 있다. 더 이상 나는 살지 않는다. 내 안의 그리스도가 사신다.

그러므로 그리스도의 죽음과 부활의 이러한 일치는 초기 교부들이 말했듯이, 우리를 더 인간답게 만든다. 그리고 궁극적으로 우리의 최종 죽음과 부활이 우리를 '완전한' 인간으로 만든다.

그러나 좀 더 깊은 차원으로 보면, 둘째, 우리의 십자가를 지는 것은 구원자를 향한 열정을 품을 뿐 아니라 '그리스도의 수난에 참여하는 것'을 의미한다. 바울은 "그리스도의 남은 고난"(골 1:24)을 채우는 것을 거론했다. 그 나라의 복음을 위해 감옥에서 이 글을 쓴 바울은, 마치 우리가 성찬을 받을 때 그리스도의 희생에 대해 그저 감사하는 것보다 더 필요한 것이 있는 것처럼, 다른 사람을 위해, 특히 하나님의 백성을 위해 자신이 겪는 고난을 가리켜 이 말을 했다. 예수님 안에서 우리가 받는 고난은 우리가 희생적으로 살고 일함으로써 예수님의 수난에 참여하는 것이다. 앤드루 머리는 이런 주장을 폈다. "예수님께는 그분의 십자가를 사랑하는 사람이 많으나 그것을 지는 사람은 별로 없다. 성찬의 잔을 마시는 데는 그분을 따르는 사람은 다수이나 그분이 마신 잔을 마시려는 사람은 소수다."[9]

그러면 우리가 어떻게 그 잔을 마실 수 있는가? 우리는 십자가의 경험 안에 들어감으로써 그렇게 한다. 그것은 '우리의' 십자가라도 예수님과의 교제를 통해 지는 것이다. 우리는 세상의 고난에 참여함으로써, 교회의 환난 속에 들어감으로써, 그리고 다른 사람의 고통을 경험함으로써 그렇게 한다. 그렇게 함으로써 우리는 사람들을 위해, 가족을 위해, 나라를 위해, 세상을 위해, 그리고 일터를 위해 예수님의 구속적 고난에 참여하게 된다. 그러니 루터가 언젠가 말했듯이, 일터에서도 짊어질 십자가가 있는 것이다.

  누군가는 불교가 고난에 대한 초자연적 '치료책'을 찾는 것과 달리, 기독교는 예수님의 십자가와 부활에 참여함으로써 고난에 대한 초자연적 '용법'을 찾는다고 말했다. 성찬 식탁에서 우리는 예수님의 구속적이고, 성공적이고, 변혁적인 고난 속으로 들어간다. 우리는 그저 떡을 씹고 포도 주스나 포도주를 마시는 것이 아니다. 우리는 예수님을 마음속으로 받아들인다. 우리는 그분을 먹는다. 우리는 우리의 십자가를 진다. 우리는 십자가형의 삶을 받아들인다. 그리고 우리는 식탁의 성례에서뿐 아니라 일상생활의 성례에서도 이를 행한다. 말하자면 일, 관계, 우정, 적대감, 배척을 수반하는 삶에서도 그렇게 한다. 우리는 예수님의 십자가와 부활을 통해 그분을 영접하고, 우리는 그분이 행하신 일을 조금이나마 경험한다. 이것이 바로 이중 첩자가 된다는 말의 의미다. 현실 속에서 살며 일하되 하나님 나라를 위해 살며 일하는 것이다. 마치 라합처럼.

  우리 결혼식에서 주례를 서 주신 목사님은 스코틀랜드 글래스고에 있던 교회의 지하실에서 토요일 저녁 커피숍을 운영하곤 했다. 어느 날 저녁 목사님은 한 매춘부와 오랫동안 대화를 나눴다. 그녀의 어둡고 더러운 이야기가 실타래같이 풀려 나왔다. 대화가 끝나고 그는 한 사람에게 그녀를 집까지 태워다 주도록 주선했다. 그는 더러운 느낌을 안고 집으로 갔다. 더러운 느낌은 샤워를 한 뒤에도 여전히 가시지 않았다. 그는 그날 잠을 설쳤고 깨어날 때도 그녀의 삶의 무게, 즉 더러움을 느꼈다. 반면 매춘부는 자신을 집까지 태워 준 신사에게 "그분에게 이야기하고 나니 내가 깨끗해진 듯했습니다"라고 말했다. 목사님은 그 경험에 대해 말하면서 "나는 예수님이 십자가에서 하신 일을 약간 경험한 것 같다"고 했다.

그러니 그 나라의 의식을 품은 우리는 라합처럼 문화 안에서 살며 반문화적으로 일할 것이다. 예수님은 요한복음에서 이런 삶에 대해, 우리가 세상 '속에서' 일하되 세상에 '속하지' 말아야 한다고 아리송하고 적절하고 도전적으로 말씀하셨다. 사실 그분은 우리를 세상에서 데려가지 않게 해 달라고 기도하시는데(요 17:15-16), 많은 그리스도인이 바로 그렇게 되려고 애쓰고 있다. 그러나 그 나라에는 기쁨도 있다. 이제 이 주제를 다루어 보자.

03
그러면 그 내부는 어떤 모습인가?

성경에서 샬롬은 보편적 번영, 온전함, 그리고 기쁨을 의미한다.
코닐리어스 플랜팅가 [1]

우리는 증거를 경험하길 요구한다.
R. D. 랭 [2]

여러 해 전에 나는 캐나다 동부의 대학 캠퍼스들을 대상으로 사역한 적이 있다. 당시에 캠퍼스 중 한 곳에서 교목에게 그의 업무에 관해 익살스럽게 물어본 것을 기억한다. 그는 "의도를 품고 어슬렁거리는 것!"이라고 대답했다. 실제로 나는 어슬렁거리지는 않았지만 학생들의 이야기를 듣고, 곰곰이 생각하고, 그들의 인생 목적에 대해 대화하는 등 그들과 많은 시간을 보냈다. 특히 어떤 학생이 기독교의 방식에 호기심이 있는 것 같았다. 그는 내게 큰 도전을 제안하며 이렇게 말했다. "며칠 동안 당신과 함께 시간을 보내도록 허락해 주시겠어요? 그냥 당신과 함께 있고 싶어요. 저는 헌신하기 전에 기독교 가정과 하나님 나라 안에 있는 것이 어떤 모습인지 알고 싶어요." 그는 증거를 경험하고 싶었던 것이다.

하나님 나라는 샬롬을 가져오는 하나님의 역동적인 통치가 이 삶과 이 세상 속으로 침입하는 것이다. 그것은 이 세상에 상호침투적인 삶이 도래하는 것이다. 그것은 새로운 세계가 오는 것이다. 그 나라는 현재 오는 중이고 또 미래에 올 세계다. 그것은 예수님을 중심에 모시는 새로운 실체다. 그러나 그것은 단지 사람들, 즉 사도 요한이 "나라…에 동참하는 자"(계 1:9)라 부르는 사람들로만 구성되지 않는다. 그것은 사람들로 이루어질 뿐 아니라 하나의 장소이기도 하다. 그렇다. 물리적이고 사회적인 실재다. 그것은 사실 한 장소, 한 백성, 그리고 한 현존(하나님의 현존)이다. 그래서 그것은 왕이신 예수님의 지배 아래 있는 세계와 사람들의 변화와 관련이 있다.

하나님 나라는 하나님의 선물인 샬롬이다. '샬롬'(shalom)은 마음의 평안이나 갈등의 종식 이상의 뜻을 지닌 아름다운 성경 용어다. 샬롬은 인간과 사회와 창조세계의 번영이다. 코닐리어스 플랜팅가는 샬롬을 이렇게 정의한다.

> 하나님, 인간, 그리고 모든 창조세계를 정의와 성취와 기쁨으로 다 함께 묶은 것이 히브리 선지자들이 '샬롬'이라 부르는 것이다. 우리는 그것을 평화라고 부르지만 그것은 단순한 마음의 평안이나 적들과의 휴전 이상의 뜻을 갖고 있다. 성경에서 샬롬은 '보편적 번영', '온전함', 그리고 '기쁨'을 의미한다. 자연적 욕구가 충족되고 자연적 선물이 충분히 활용되는 풍성한 상황, 창조주와 구원자가 문을 열고 자신들이 기뻐하는 피조물들을 환영함으로써 기쁨의 경이를 불러일으키는 상황이다. 샬롬은 달리 말해 사물의 마땅한 모습이다.[3]

그런데 하나님 나라가 실제로 어떤 모습인지 알기 위해 내 옆에 붙어 있길 원했던 그 학생처럼 우리도 그 나라에 들어가기 전에 그것이 어떤 모습인지를 알고 싶다. 이것은 예수님이 이해하시고 또 말씀하셨던 것이다. 예수님은 이 새로운 실재를 거론하기 위해 은유를 사용하셨다. 은유란 한 실재에서 의미를 끌어내어 다른 실재에 적용해 더 깊은 의미를 도출하는 방식이다.

파티에 참여하기

나는 파티에 자주 참석하는 사람은 아니지만 내가 참석했던 파티는 즐거웠다고 말할 수 있다. 예컨대, 우리는 리젠트 칼리지의 안마당에서 내 장인과 장모의 결혼 70주년 기념 파티를 열었다. 싱글맘에게 일자리를 제공하는 지역 사회적 기업이 베푼 음식은 정말 풍성했다. 모든 확대 가족과 오랜 친구들이 참여했고 일부는 그곳에 오기 위해 캐나다 절반을 여행했다. 몇 번의 축사가 있었고 유머도 풍부했다. 어린 손주들이 엘리베이터로 오르락내리락하면서 즐겁게 놀았다. 당시에 찍은 사진들을 지금도 보관하고 있는데, 특히 아버지가 옷깃에 꽃을 꽂고 미소 짓는 모습과 늘 그렇듯이 옷을 말끔하게 차려입고 안경을 낀(하지만 시력은 나빠지고 있었던) 어머니의 모습이 멋지게 담겨 있다. 우리는 모두 마음이 들뜬 상태로 집으로 돌아갔다. 하나님 나라가 그와 같다. 또는 우리의 결혼 60주년 기념 파티와 비슷하다. 모든 자녀와 손주가, 그 가운데 다수는 배우자와 함께 와서 우리 부부와 맛있게 식사하며 기뻐했다. 그래서 예수님은 하나님 나라가 왕이 그의 아들의 혼인식에서 베푸는 잔치와 같다고 말씀하신다(마 22:2). 모든 시대의 사람들이 다 거기에 있다(마 8:11). 정말로 흥미로운 잔치다!

이는 십일조로 무엇을 할 것인지를 묘사하는 구약의 대목에 암시되어 있다. 그 본문에 따르면, 만일 어떤 사람이 예루살렘에서 먼 곳에 살고 있어서 예루살렘에서 열리는 즐거운 축제에 짐승과 새를 가져올 수 없다면, "[십일조를] 돈으로 바꾸어 … 네 마음에 원하는 모든 것을 그 돈으로 사되 소나 양이나 포도주나 독주 등 네 마음에 원하는 모든 것을 구하고 거기 네 하나님 여호와 앞에서 너와 네 권속이 함께 먹고 즐거워"하라고 한다(신 14:24-26). 이것은 보통 교회에서 헌금을 거두기 전에 읽는 본문은 아니다.

그러나 그 나라의 잔치는, 예수님이 한 비유에서 말씀하시듯이, "악한 자나 선한 자나"(마 22:10) 포함하는 잡다한 그룹으로 구성되어 있다. 이들 중 일부는 도시의 뒷골목과 거리에서 강권하여 데려온 사람들이다. 초대받은 사람들 중 다수가 오길 원치 않았으나 그 잔치는 사람들로 가득 차야 했다.

(지금 같은) 처음부터 (모든 것이 정리되는) 끝까지 예수님은 그 나라가 잔치와 같다고 말씀하셨다. 예수님의 첫 기적은 갈릴리 가나의 혼인 잔치에서 물을 포도주로 바꾸는 것이었다. 그분은 정말로 맛있는 포도주를 잔뜩 만드셨는데, 어떤 계산에 따르면 약 300리터나 되는 최상급 포도주였다고 한다. 그 나라의 최종 이미지는 요한계시록에 나온다. 거기서도 다시금 새 하늘과 새 땅에서의 삶을 묘사하는 그림인 혼인 잔치다. "할렐루야 주 우리 하나님 곧 전능하신 이가 통치하시도다 우리가 즐거워하고 크게 기뻐하며 그에게 영광을 돌리세 어린 양[예수

님에 대한 은유]의 혼인 기약이 이르렀고 그의 아내[교회에 대한 은유]가 자신을 준비하였으므로"(계 19:6-7). 장차 하늘(새 하늘과 새 땅)에서 우리는 예수님과 함께 먹고 마시는 '지속적인' 잔치를 경험할 것이다(마 26:29). 예수님은 첫 제자들에게(그리고 우리에게) "내 아버지께서 나라를 내게 맡기신 것 같이 나도 너희에게 맡겨 너희로 내 나라에 있어 내 상에서 먹고 마시…게 하려 하노라"(눅 22:29)고 말씀하셨다. 거기에 오길 원치 않는 사람이 있을까? 그런데 몇 사람은 있을지 모른다.

귀한 보물을 찾기

한 가톨릭 신학자는 슬프게도, 천국에 가는 것을 생각하면 지루해진다고 말했다. 이해할 수 있다. 하나님 나라로도 불리는 천국이 만일 영혼이 공중을 떠다니면서 똑같은 경배 찬송을 600만 번 거듭해서 부르는 곳이라면, 나 역시 그곳에 가고 싶어질지 모르겠다. 그러나 그것은 새 하늘과 새 땅에 대한, 그리고 현재의 그 나라에 대한 심각한 오해다. 그래서 예수님은 천국에 대해 이렇게 말씀하신다. 어떤 사람이 이웃의 밭을 갈던 중에 쟁기가 땅속에 묻힌 상자에 부딪혔다. 농부가 쟁기질을 멈추고 자세히 살펴보았다. 그렇다, 그건 상자였다. 그는 주위를 파서 상자를 끌어내고 걸쇠를 열었다. 황금이 가득했다. 야아! 그래서 그는 어떻게 했을까? 그는 다시 보물을 묻고 가서 그의 모든 소유물을 팔아(예수님을 따르는 제자도의 대가를 가리키는 은유) 현금으로 바꾸고, 보물을 얻기 위해 그 현금으로 밭을 샀다(마 13:44). 보물은 그 모든 것의 가치였다. 그런데 이것이 예수님이 사용하신 유일한 발견의 이미지가 아니다.

하나님 나라를 발견하는 것은 진주 장사가 되는 것과 같다. 이 보석 전문가는 최상의 보석을 사서 나중에 팔 목적으로 이곳에서 저곳으로 이 시장에서 저 시장으로 두루 다니며 보석을 찾는다. 나는 마닐라에 있는 진주 시장에 가서 아내를 위해 최상급 반지를 찾은 적이 있다(예수님의 비유 중 다수가 교환의 영역인 시장에서 일어나는 것은 놀랄 일이 아니다. 그분 자신이 집이나 요람이나 테이블을 설계하고 만드는 능력을 파는 상인이었기 때문이다. 일터는 그분의 가르침의 대부분은 아니라도 상당 부분에 나온다). 그런데 이 진주 상인이 이전에 본 적이 없는 어떤 것, 색상과 밀도, 모양과 색깔이 너무나 근사한 진주를 발견한다. 그 진주는 여태껏 본 것 중에 가장 컸다. 그가 이 분야에서 일하는 동안 줄곧 찾던 것이다. 바로 그것이 여기 그의 눈앞에 있다. 그는 그 진주를 가질 수 있을까? 만일 그가 소유한 모든 것을 팔고 그것을 산다면 가능하다(마 13:45-46). 그는 그렇게 한다. 그는 최상의 것을 얻기 위해 모든 것을 포기하고도 만족했을까? 그렇다.

그러면 하나님 나라는 어째서 그리고 무엇을 위해서 한 사람이 그것을 얻기 위해 자신의 옛 생활방식과 모든 소유를 포기할 만큼 귀한 보물일까? 그 나라는 역사상 가장 좋은 것이기 때문이다. 우리는 더 인간다워진다. 사람들이 번영한다. '안쪽에는' 우리에게 평안과 용서와 기쁨, 그리고 믿어질지, 만족이 있다. '바깥쪽에는' 우리에게 목적이 있다. 우리에게는 우리 각자가 창조주의 손으로 창조된 특별한 방식으로 하나님과 이웃을 사랑할 놀라운 소명이 있다. 그리고 그 발견의 기쁨은 결코 사라지지 않는다. 날마다 더 나아진다. 이것을 원치 않을 사람이 과연 있을까? 그런데 이보다 더 많은 것이 있다.

선의 폭발을 경험하는 것

예수님은 그 나라가 유력한 변화, 좋은 변화, 그리고 끊임없는 변화를 가져온다고 말씀하셨다. 그것은 반죽 속에 넣은 누룩, 반죽을 폭발시키되 놀랍게도 소화할 수 있는 빵을 만드는 누룩과 같다(마 13:33). 당신은 그 현상은 볼 수 없어도 그 결과를 본다. 반죽은 누룩을 사용하지 않은 플랫브레드가 아니라 아름다운 빵 덩어리가 된다. 내 할아버지가 빵 굽는 사람이었기에 나는 이 은유를 특히 좋아한다. 예수님은 또 그 나라가 열쇠를 자물쇠에 넣어 문을 여는 것과 같다고 말씀하셨다(마 16:19). 그것은 불씨를 덤불숲에 던지는 것과 같으며, 당신도 짐작하다시피 그 작은 불똥은 산불을 일으켰다(눅 12:49). 그것은 '막 변하고' 있어서 거의 먹을 수 없으나 소금이 있으면 맛있게 먹을 수 있는 고기에 소금을 치는 것과 같다(마 5:13). 그 나라는 완전히 캄캄한 방에 기름 램프를 켜서(또는 창고에서 LED 전등을 켜서) 그 빛으로 모든 것을 볼 수 있는 것과 같다(마 5:14-16). 그것은 당신이 작은 씨앗이 가득 든 자루를 허리춤에 차고 밭에 나가서 갈아엎은 땅에 뿌리고, 몇 주 뒤에 엄청나게 자란 모습을 보는 것과 같다. 그 가운데 일부는 새들이 깃들일 만큼 크다

(마 13:1-9, 31-32).

그러니 사도 바울이 "하나님의 나라는 말에 있지 아니하고 오직 능력에 있음이라"(고전 4:20)고 말하는 것이 놀랍지 않다. 하지만 이 강력한 변화에도 불구하고 그 나라를 아직 완전히 볼 수 없다(눅 17:20). 바울이 말하듯이, 그것은 "천국"이다(딤후 4:18). "내 나라는 이 세상에 속한 것이 아니니라"고 예수님이 말씀하신다(요 18:36). 그래서 이 시대에는 그 나라가 반대 세력(밀밭에 있는 가라지)과 섞여 있다가 마지막 날에야 분리되고 심판을 받을 것이다. 농부가 양과 염소를 나누는 것과 같을 것이다(마 25:31-46).

그러나 교회를 제외하고 대체로 보이지 않아도 그 나라는 지금 당장 반응을 요구하고 현상 유지와 충돌한다. 그 도전에 대해 설명하기 위해 예수님은 한 왕의 이야기를 들려주신다. 한 왕이 종들과 결산하면서 한 채무자에게 자비를 베풀어 거액을 탕감해 주었는데, 그 채무자가 자기에게 소액을 빚진 자에게 무자비하게 대하자 결국 그 종을 배척한다는 이야기다(마 18:23-35). 예수님은 그 나라가 일부 품꾼이 더 오래 일했지만 놀라운 관대함을 베풀어서 모든 품꾼에게 똑같은 임금을 지불하는 집 주인과 같다고 말씀하셨다(마 20:1-16). 그 나라는 상당한 금을 종들에게 투자해서 그들이 어떻게 할지를 살펴보는 어떤 사람과 같은데(마 25:14-30), 다섯 달란트를 받은 사람은 다섯 달란트를 더 벌어서 큰 열매를 맺었다. 그러므로 하나님 나라는 현 상태를 동요시키는 힘이다.

그 나라는 현재의 종교적, 사회적, 정치적, 경제적, 물리적 질서를 뒤흔든다. 세상을 거꾸로 뒤집고, 실제로는 똑바로 세운다. 그 나라는 하나님의 샬롬, 곧 통전적인 평화와 건강의 회복과 번영을 가져온다. 그러나 그렇게 하면 동요가 인다. 하지만 이 동요는 부분적일 뿐이다. **그 나라는 이미 왔지만 아직 완전히 오지 않았고, 그리스도가 재림하여 종말이 올 때까지 완전히 오지 않을 것이기 때문이다.** 그것은 이미 존재하나 아직 완성되지 않았고, 여기에 있으나 오는 중이다. 그래서 지금은 조그마한 씨앗처럼 감춰져 있고 이 세상의 현실 속에 섞여 있으나 폭발적으로 성장할 것이다. 남미 신학자 모르티메르 아리아스는 이렇게 표현한다.

> 그 나라의 도래는 세계의 영구적인 대립을 의미한다. 그 나라는 민족과 사회가 개발한 기존의 이념과 답변의 한복판에 놓인 의문 부호다. 그 나라는 인간의 동기, 그리고 인간 풍습의 가장 신성한 규율에 대한 불경한 폭로다. 그 나라는 종교적인 성지와 관습의 우상 파괴적인 방해자이고 신전 제단들, 성직자들, 그리고 가장 보호받는 '지성소'에 대한 가장 파격적인 위협이다. 그 나라는 신성시되는 모든 신화와 제도에 대한 지정된 도전자이고, 인간의 모든 가면, 독선적인 이데올로기, 또는 자생적인 권세의 가차없는 폭로자다.[4]

그래서 이 강력한 변화에는 대가가 따른다. 바로 고난이다. 그러면 이런 강력한 변화는 도모할 만한 것일까? 마치 예수님이 "그 앞에 있는 기쁨을 위하여 십자가를 참으사 부끄러움을 개의치 아니"하셨던(히 12:2) 것처럼 말이다. 그리고 그 나라는 그 왕과 관계가 있다.

변화를 가져오시는 분을 경험하는 것

예수님은 그 나라를 구현하셨다. 몇몇 초기 교부들은 예수님, 그분 안에 있는 하나님 나라를 묘사하려고 헬라어 단어 '오토바실레이아'(autobasileia)를 사용했다. 우리가 예수님을 바라보기만 해도 그 나라는 영적이지만, 영적인 것 이상임을 알 수 있다. 그 나라는 통전적이어서 삶의 모든 영역에 변화를 가져오고 궁극적으로는 창조세계 자체를 변화시킨다. 만물이 새롭게 되는 것이 에베소서 1장의 비전이다. 바울은 에베소에 보내는 편지를 긴 문장으로 시작하는데 거기에는 이런 내용이 있다. "찬송하리로다 하나님 곧 우리 주 예수 그리스도의 아버지께서 … 하늘에 있는 것이나 땅에 있는 것이 다 그리스도 안에서 통일되게 하려 하심이라"(엡 1:3, 10). 성경의 마지막 책에 나오는 예수님의 마지막 말씀은 성경 전체에서 갱신을 언급하는 가장 위대한 텍스트다. "내가 만물을 새롭게 하노라"(계 21:5). 하지만 예수님의 지상 사역에서는 그 나라의 통전성이 예수님의 말씀과 행위로 나타난다.

그 나라는 영적이다. 예수님은 "네 죄 사함을 받았느니라"(막 2:9)고 말씀하셨다. 그것은 개인적이다. "내가 너희를 쉬게 하리라"(마 11:28). 그것은 사회적이다. 예수님은 요한의 제자들이 던진 질문에 이렇게 대답하셨다. "맹인이 보며 못 걷는 사람이 걸으며 나병환자가 깨끗함을 받으며 못 듣는 자가 들으며 죽은 자가 살아나며 가난한 자에게 복음이 전파된다 하라"(마 11:5). 그 나라는 정치적-우주적 차원을 갖고 있다. 예수님은 바리새인들에 대해 이렇게 말씀하셨다. "[그들은] 무거운 짐을 묶어 사람의 어깨에 지우되 자기는 이것을 한 손가락으로도 움직이려 하지 아니하며"(마 23:4). 그리고 예수님은 성전에서 환전하는 사람들의 탁자를 뒤엎으셨다(마 21:12). 그것은 경제적이다. 세리 삭개오는 예수님을 자기 집으로 영접했을 때 불쑥 이렇게 말했다. "만일 누구의 것을 속여 빼앗은 일이 있으면 네 갑절이나 갚겠나이다"(눅 19:8). 영혼의 구원이라고? 물론 그렇다. 하지만 하나님 나라는 통전적인 좋은 소식이라고 말하는 편이 더 낫다.

이것이 그 나라의 모습이다. 그러면 그 나라에 들어가고, 그 나라를 섬기고, 그 나라의 삶과 소명을 받아들이고, 심지어 십자가까지 수용하는 것은 그만한 가치가 있을까? 이는 적절한 질문이다. 베드로가 예수님께 제기했던 질문이다. "우리가 모든 것을 버리고 주를 따랐사온대 그런즉 우리가 무엇을 얻으리이까?" 이에 예수님은 두 차원이 담긴 답변을 해 주신다. 부분적으로는 현재를 위한 차원이고 궁극적으로는 그분이 '만물을 새롭게 함'이라 부르시는 차원이다(마 19:28).[5]

> 내가 진실로 너희에게 이르노니 나와 복음을 위하여 집이나 형제나 자매나 어머니나 아버지나 자식이나 전토를 버린 자는 현세에 있어 집과 형제와 자매와 어머니와 자식과 전토를 백 배나 받되

박해를 겸하여 받고 내세에 영생을 받지 못할 자가 없느니라 그러나 먼저 된 자로서 나중 되고 나중 된 자로서 먼저 될 자가 많으니라(막 10:29-31)

그러면 그만한 가치가 있는가? 그것을 알아보기 위해 신자들과 함께 시간을 보내는 것은 어떤가? 또는 차라리, 예수님께 직접 가서 그분 자신을 당신에게 보여 달라고, 그분의 나라를 나타내 달라고 요청하면 어떨까? 그건 놓치기에는 너무 아깝다.

The Kingdom of God in Working Clothes

PART. 2

일터에 하나님 나라를 도입하라

04
하나님 나라는 어떻게 오는가?
– 하나님의 주도권

우리가 그 나라를 붙잡고 '그 나라를 도입할' 수 없다.
오직 하나님만 그 일을 하실 수 있다.
존 브라이트 [1]

'하나님 나라'란 용어가 성경에서 항상 사용되는 것은 아니지만 애초부터 하나님은 자신의 창조세계와 피조물을 통해 자신의 주권을 행사하기로 하셨다. 하나님은 인류를 번영시킬 의도를 품으셔서 자신을 닮은 피조물(인류)에게 삶의 모든 영역과 창조세계 전역에서 자신의 선한 뜻을 구체화하는 사명을 주셨다. 내 동료인 찰스 링마는 "여호와의 나라에 대한 비전이 고대 이스라엘에서 삶의 모든 영역에 스며들었다"(출 19:5-6; 시 103:19; 미 4:2-3)고 말한다.[2]

하나님은 우주를 창조하실 때 최종 결말을 염두에 두셨던 것처럼 보인다. 하나님은 창조를 시작할 때부터 어린양의 혼인 잔치, 즉, 하나님과 그분의 백성과 땅의 영광스럽고 기쁜 만남(계 19:7)을 염두에 두셨던 것이 분명하다. 그래서 예수님이 "창세로부터 너희를 위하여 예비된 나라"(마 25:34)에 관해 말씀하신 것이다. 그 목적을 달성하기 위해 하나님은 인류를 남자와 여자로 만드시고 그들에게 사명을 주셨으며, 그들이 범죄했을 때 그 상황을 해결하기 위해 자신의 아들을 보내셨다. 그분은 다시 와서 그 나라를 완전히 세우실 것이다. 하나님 나라는 나중에 생각하신 것이 아니다.

이번 장과 다음 장은 신학적 성격을 띠고 있다. 청교도 윌리엄 퍼킨스는 한때 "신학은 영원히 복되게 사는 삶에 관한 학문"[3]이라고 말한 바 있다. 그리고 찰스 브라운은 언젠가 "좋은 신학만큼 위로를 주는 것은 없다"고 논평했다.

하나님 나라를 가져오는 하나님의 주도권에 관한 이 요약에서 나는 성경과 더불어 50년 전에 처음 공부했던 고전인 존 브라이트의 『하나님의 나라』(The Kingdom of God)에 의지하고 있다. 그는 이렇게 말한다. "하나님 나라의 개념은 진정한 의미에서 성경의 총체적 메시지를 내포한다. … 하나님 나라가 뜻하는 바를 이해하는 것은 성경이 말하는 구원의 복음의 핵심에 매우 가까이 다가가는 것이다."[4] 그런데 문제가 있었다.

은혜와 그 나라의 소명을 회복하기

죄가 그 프로그램을 방해했다. 일이 고역이 되었다. 인류는 자율성을 실험하다 영적으로 죽었다. 관계가 망가지고 심지어 정치적이 되었다. 최초의 죽음은 살인이었다. 그러나 하나님이 구속을 가져오신다. 구약 교수 브루스 월키는 창세기 3장 15절에 대해 이렇게 말한다. "인간의 죄를 극복하는 하나님의 은혜를 통해 자신의 나라를 세우겠다는 약속이 창세기를 지배하는 주제다. 하나님은 뱀을 파괴할 씨앗을 약속하시는데, 이는 그것[여자의 씨]을 통해 인류가 잃어버린 낙원을 얻게 될 것을 의미한다."[5]

아담과 하와의 죄 많은 아들인 가인의 후손이 어느 의미에서 문명의 시초를 창조했다. 가인은 성읍을 건설했고 그의 후손이 상업('가축 치기'), 공예('구리와 쇠로 여러 가지 기구 만들기'), 그리고 문화('수금과 퉁소 잡기')를 만드는 자들이 되었다(창 4:17-22). 하나님이 자신의 창조세계와 피조물을 버리지 않으셨던 것은 취소될 수 없는 언약을 맺었기 때문이다. 그 언약은 세 가지 차원을 포함한 창조세계와 피조물과 맺은 상호 합의였다. 세 가지 차원이란 하나님과의 교제, 공동체 건설, 그리고 공동-창조성을 말한다.[6]

그 나라의 언약

구약학자 윌리엄 덤브렐은, 하나님이 노아에게서 의로운 가족을 발견하시고 그와 언약을 맺을 때 하신 말씀인 "내가 내 언약을 너희와 너희 후손과 ⋯ 세우리니"(창 9:9-10)라는 구절은 이미 존재하는 언약을 '갱신한다'는 뜻이라고 말한다.[7] 덤브렐은 하나님의 언약은 단 하나밖에 없다고, 창세기 1장 1절에서 시작해 요한계시록 21장 5절에서 만물이 새롭게 되는 것으로 끝나는 언약뿐이라고 결론짓는다. "세계와 사람은 하나의 총체적인 신적 구조의 일부이고 우리는 사람이 영향을 준 세계와 동떨어진 사람의 구원을 생각할 수 없다."[8] 이 언약은 본질적으로 무조건적이다. 즉, 하나님은 자신의 백성이나 창조세계와 분리되지 않으실 것이다. 그렇기는 하지만 언약의 복, 특히 땅과 인간의 번영은 순종을 조건으로 하고, 이것이 인류에 대한 하나님의 이슈인 것으로 드러났다. 그러나 하나님은 사람들과 창조 프로젝트 중 어느 것도 포기하지 않으셨다.

그래서 하나님은 한 가족, 약속의 가족을 부르신다. 아브라함과 이삭과 야곱이다. 신약은 아브라함이 "하나님께서 설계하시고 세우실 튼튼한 기초를 가진 도시를 바랐[다]"(히 11:10, 새번역)고 한다. 말하자면, '하나님께로부터 하늘에서 내려오는 새 예루살렘'(계 21:2)을 기대하고 있었던 것이다. 아브라함에게 주신 약속과 언약은 세 부분으로 이루어져 있었다. 바로 거대한 가족, 땅, 그리고 이방인의 축복(창 12:2-3; 15:7; 17:8)이다. 이는 하나님 나라는 땅의 모든 족속으로 구성된 한 가족이 될 뿐 아니라 땅의 갱신과 발달이기도 할 것임을 확증한다. 그리고 하나님의 모든 약속은 그리스도 안에서 "예"가 된다(고후 1:20). 그런데 그들이 머무는 곳에 기근이 닥치는 바람에 약속의 가족은 음식을 구하려고 이집트로 내려갔다.

이집트에서 처음에는 야곱의 아들인 요셉의 통치 아래 있었으나 훗날 요셉을 더 이상 아무도 알지 못하는 때에 이르자 수많은 히브리인 가족이 노예가 되고 말았다. 그러나 그들은 또한 한 히브리인 어미의 구출된 자손인 모세를 통해 한 나라가 되었다. 시편 114편 1-2절은 이렇게 말한다. "이스라엘이 애굽에서 나오며 야곱의 집안이 언어가 다른 민족에게서 나올 때에 유다는 여호와의 성소가 되고 이스라엘은 그의 영토가 되었도다." 따라서 성소와 영토가 언약 코드의 세 가지 차원 즉, 교제, 공동체 건설, 그리고 공동 창조성을 모두 묶어 준다.

그들은 출애굽, 홍해에서의 극적인 구출, 그리고 "광야에 갇힌" 세월(백성이 약속의 땅을 차지할 준비가 되지 않아, 2년이면 끝날 여정이 한 세대로 늘어났다)을 거쳐서야 비로소 가나안 땅에 들어가 그 땅을 차지할 태세를 갖추게 된다. 이 장면에서 라합이 하나님 나라를 위해 여호수아가 보낸 두 스파이를 보호한 이중 첩자로 등장한다. 침략과 점령의 이야기가 길게 이어지고 살아남은 원주민 중 일부가 하나님의 백성에게 좋지 않은 영향을 미친다. 브라이트는 이렇게 표현한다. "그래서 팔레스타인 점령은 부분적으로 적어도 다윗이 온 땅을 공고히 할 때까지 계속 이어진 일종의 흡수 과정이었다."[9]

"모든 나라와 같이" 왕을 가진 것은 성공(하나님의 마음에 쏙 드는 다윗이 나왔다)이면서 실패(대다수 군주가 하나님의 이익을 대변하지 않았다)였다. 이 시기에 국가의 공식적인 후원을 받는 종교가 탄생해서 종교가 하나님의 이름으로 국가를 숭상했다. 그러나 선지자들은 큰 위험을 감수하며 그런 모습에 저항했다. 브라이트는 이렇게 썼다. "아모스와 함께, 하나님의 백성과 나라를 이스라엘 국가와 동일시하는 신성모독적인 행태를 전면적으로 거부했다. … **이스라엘 왕국은 하나님 나라가 아니다.**"[10] 예레미야는 이렇게 탄식한다. "이 땅에 무섭고 놀라운 일이 있도다 선지자들은 거짓을 예언하며 제사장들은 자기 권력으로 다스리며 내 백성은 그것을 좋게 여기니 마지막에는 너희가 어찌하려느냐"(렘 5:30-31). 그러나 하나님의 심정으로 병든 사회와 병든 교회에 대해 곰곰이 생각한 호세아는 "백성의 인애(hesed)는 실패할지 몰라도 하나님은 결코 실패하지 않으실 것이다"[11]라고 선언한다.

남은 자

새로운 초강대국들이 현재 심판 아래 있는 국가를 위협했다. 앗수르는 북왕국을 포로 삼아 문자 그대로 지식인과 부자와 지도자 들을 외국 땅으로 이주시키고 가난한 자는 새로운 주인들을 위해 땅을 경작하도록 남겨 두었다. 그리고 훗날 남왕국은 신흥 초강대국인 바벨론에게 무너져서 최고 인재들이 포로로 잡혀갔다. 여기서 존 브라이트의 글을 인용한다. "불같은 시련으로 정화되고 하나님의 목적에 순응하게 된, 하나님 백성의 순전한 남은 자란 개념은 이사야를 가장 특징짓는 개념들 중 하나이고(사 4:2-4; 10:20-22; 37:30-32), 장차 몇 세기에 걸쳐 그 백성에게 심오한 영향을 미치게 될 개념이다."[12] 브라이트는 "남은 자가 회개할 것이다"란 제목이 붙은 장을 이런 적절한 말로 마무리한다.

> 문명과 물질적 자산, 나라들과 교회들이 가마솥에 던져질 때는 언제나 남은 자, 하나님의 백성, 진정한 교회가 있다. 그리고 이들을 통해 하나님은 자신의 뜻을 이루신다. 그들에게 그분은 "적은 무리여 무서워 말라 너희 아버지께서 그 나라를 너희에게 주시기를 기뻐하시느니라"(눅 12:32)고 말씀하신다.[13]

다가오는 나라에 대한 희망을 잃지 않았던 예레미야는 장차 하나님의 법이 사람들의 마음에 기록되고 이스라엘과 유다와 맺게 될 새로운 언약에 대해 예언했다(렘 31:31-37). 몇몇 선지자, 특히 포로로 잡혀 온다니엘은 모든 인간 나라가 소멸하고 영원한 샬롬과 안녕을 가져올, 영원히 지속될 하나님 나라가 오는 모습을 내다보았다.

통전적인 나라

우리는 하나님 나라가 성경 전체의 지배적인 주제라는 것을 살펴보는 중이다. 예컨대 시편 93편 1-4절은 이렇게 말한다. "여호와께서 다스리시니 스스로 권위를 입으셨도다 … 큰 물이 소리를 높였고 … 높이 계신 여호와의 능력은 많은 물 소리와 바다의 큰 파도보다 크니이다." 시편 저자는 거듭해서 "우리 하나님이 다스리신다"고 선포한다. 보통은 "너희는 가만히 있어 내가 하나님 됨을 알지어다"(시 46:10)란 시구를 신자에게 침묵과 고독을 찾으라고 하신 말씀으로 이해하는데, 실은 하나님의 통치에 반대하며 사납게 날뛰는 권세들, 즉 그 나라의 반대(anti-kingdom)를 형성하는 정치적, 사회적, 우주적, 영적 권세들에게 말씀하신 것이다. 하지만 하나님의 다스리심에 대한 이 보편적 강조가 단지 시편에만 나오는 것은 아니다. 이사야 52장 7절은 이렇게 말한다. "좋은 소식을 전하며 평화를 공포하며 복된 좋은 소식을 가져오며 구원을 공포하며 시온을 향하여 이르기를 네 하나님이 통치하신다 하는 자의 산을 넘는 발이 어찌 그리 아름다운가."

그럼에도 구약의 성도가 하나님 나라는 단지 '영적'이거나 '영혼적'일 뿐이라고 말하는 것은 도무지 상상할 수 없다. 구약의 신자에게 그 나라는 삶의 모든 영역과 창조세계 전체에 걸친 주권자의 통치였다. 그런데 신약에서 우리는 그 나라의 새로운 국면에 들어간다.

구약의 말엽에 종말론, 즉 하나님 나라는 확실히 인류가 이룰 일이 아니라는 믿음을 가지고 역설적으로 사는 사람들이 있었다. 둘째, 그 나라는 율법에 순종하고 의롭게 살 때 도래한다고 믿는 바리새주의와 율법이 있었다. 아이러니하게도 셋째 사항은 폭력적인 혁명을 일으켜서 로마 총독을 몰아내야 그 나라가 올 수 있다는 입장이었는데, 예수님이 단호하게 배척했던 입장이다(요 6:15). 이런 상황에 예수님이 오셔서, 우리가 아는 한 이전에는 서로 연결된 적이 없었던 구약 예언의 두 줄기, 즉 왕이신 메시아(기름 부음을 받은 자, 시 2:7; 110:1)와 고난받는 종(사 42:1; 52:13-53:12)을 말끔하게 함께 엮으셨다. 이 두 줄기의 단편들은 예수님이 세례받으실 때 아버지가 그에게 하신 말씀과 변화산 위에서 주신 말씀에서 결합되었다. "이는 내 사랑하는 아들이요 내 기뻐하는 자라"(마 3:17; 17:5도 보라).[14)] 그러나 예수님은 광야에서 온 기이한 인물, 주님을 위해 길을 준비하는 것이 소명인 인물을 따르는 것으로 그의 메시아적 소명을 시작하게 되어 있었다.

하나님 나라 선포의 시제를 바꾸다

세례 요한은, 할례를 받고 성전에 참석하는 것으로 이미 하나님 나라 안에 있다고 생각하던 사람들에게 급진적인 메시지를 선했다. 요한은 전체 민족의 특권을 박탈했고, 만일 그들이 회개하고 세례를 받고 다가오는 메시아를 기다리지 않는다면 그 나라 안에 있는 것이 아니라고 말했다.

그리고 예수님이 그 메시아였다. 그래서 동사의 시제가 구약("그 나라가 오고 있다")에서 신약("그 나라가 왔다")으로 바뀐다(막 1:14-15). 그런데 브라이트는 "두 언약은 서로 유기적으로 연결되어 있다. … 그 둘을 함께 묶어 주는 끈은 하나님의 통치다"[15]라고 말한다. 그럼에도 새로운 사실은 이제 하나님 나라가 예수님 안에 구현되어 있다는 것이다. 그분이 고향 회당에서 이사야 61장을 읽으신 후 "이 성경 말씀이 너희가 듣는 가운데서 오늘 이루어졌다"(눅 4:16-21, 새번역)고 말씀하셨기 때문이다.

그러나 예수님은 이스라엘 백성이 기대했던 메시아-왕이 아니다. 그분은 이사야 42-53장의 고난받는 종을 다니엘 7장 13-14절의 인자 또는 천상의 사람과 묶으셨고, 바로 자신이 섬김, 십자가 죽음, 부활 그리고 승천을 통해 통치하는 하나님의 아들(눅 4:3)이라고 주장하셨다. 신약학자인 하워드 마셜은 이렇게 말한다. "놀랍지 않게도 여러 구약 구절에 나오는 모티브들이 … 예수님의 운명을 위한 패턴을 제공했고, 그것들이 합쳐져서 그분을 고난받고, 의인으로 입증되고, 권위 있는 인자로 그리고 있다."[16] 그런데 예수님은 왜 자신을 그렇게 불렀을까?[17]

인자와 하나님 나라의 선교

N. T. 라이트는 예수님이 "비록 베일에 가려 있으나 변함없이 자기를 언급하는" 방식으로 '인자'란 호칭을 사용했다고 한다.[18] 예수님은 스스로를 묘사하기 위해 다니엘서 7장에 나오는 '인자'를 선호하는 자기 호칭으로 사용하셨다. "인자가 온 것은 섬김을 받으려 함이 아니라 도리어 섬기려 하고 자기 목숨을 많은 사람의 대속물로 주려 함이니라"(막 10:45). 이것은 그저 '나'를 뜻하는 말로 들릴 수도 있으나 라이트는 이렇게 말한다. "이스라엘을 대표하는 이 인물을 이미 예수님 당시에 메시아적 인물로 간주하는 사람들이 있었다는 타당한 증거가 있다. … 비록 예수님이 이 호칭을 참신한 뜻으로 채우려고 하셨지만 말이다."[19] 그래서 다니엘서 7장에 나오는 다니엘의 환상을 보면, "인자 같은 이가 하늘 구름을 타고 와서 옛적부터 항상 계신 이(아버지 하나님)에게 나아가 그 앞으로 인도되매 그에게 권세와 영광과 나라를 주고 **모든 백성과 나라들과 다른 언어를 말하는 모든 자들이 그를 섬기게[경배하게] 하였으니** 그의 권세는 소멸되지 아니하는 영원한 권세요 그의 나라는 멸망하지 아니할 것"(단 7:13-14, 저자 강조)이라고 한다. 모든 것을 포괄하는 경배의 환상은 초기 그리스도인 제자였던 스데반이 보았던 것이다.

중요한 사실은 최초의 그리스도인 순교자로 알려진 스데반이 최초의 선교사이기도 하다는 것이다. 그들이 스데반을 돌로 쳐서 죽일 때, 그는 부활하신 예수님인 "인자가 하나님 우편에 서신 것"(행 7:56)을 보앉는데, 이것은 예수님이 모든 사람에게 손을 뻗치고 계심을 의미한다. 그분의 나라는 유대 민족이나 성전에 국한되지 않는다. 스데반의 고발자들은 스데반이 인간인 예수님을 하나님이라고 주장했으므로 이를 신성모독으로 여겨 격노하여 그를 죽였다. 사도행전의 이 기록에는 삼위일체의 세 위격이 모두 나타난다. 아버지 하나님("옛적부터 항상 계신이"), 아들 예수님("인자"), 그리고 스데반을 충만케 했던 성령님이다(행 7:55). 성령님은 예수님을 널리 알리고 복음의 진리를 전달하시는 분이다. 스데반은 외향적인 것, 하나님의 선교를 증언했다. 삼위일체 하나님은 내향적이시면서 외향적이시다.

삼위일체와 하나님 나라

첫째, 하나님은 내향적이신 분이다. 위르겐 몰트만이 아우구스티누스의 말에 대해 성찰하고 표현했듯이, 하나님은 "사랑하는 이, 사랑받은 이, 그리고 사랑 그 자체"이시다.[20]

둘째, 하나님은 외향적이신 분이다. 성경에서 하나님은 보내는 이, 보냄을 받는 이, 그리고 보냄 그 자체다.[21] 그래서 예수님은 이런 계시적인 말씀으로 제자들을 파송하신다. "아버지께서 나를 '보내신' 것 같이 나도 너희를 '보내노라'"(요 20:21). 사복음서에는 하나님 '안에서' 그리고 하나님에 '의해' 보내고 보냄을 받는 경우가 40번도 넘게 나온다. 영어 단어 'mission'(선교)은 라틴어 단어 '미시오'(*missio*)에서 유래하고 그 뜻은 '보내는 것'이다.

하나님(Godhead)을 보내는 이, 보냄을 받는 이, 그리고 보냄으로 이해하면 하나님이 자신의 나라를 세우는 선교를 수행하시는 중임을 이해하는 데 도움이 된다. 하나님의 세 위격은 각각 하나님 나라를 만드는 일에 기여하신다. 하나님은 창조하시고, 섭리로 지탱하시고, 모든 존재를 위해 언약적인 틀을 만드신다. 아들은 성육신하시고, 중재하시고, 변형하시고, 구속하신다. 성령은 능력을 주시고 하나님의 임재로 가득 차게 하신다.

그러나 각 위격은 다른 위격들에 참여하므로(상호내재하고, 상호침투하고, 협력하므로) 그 사역이나 선교를 오로지 셋 중 한 위격으로 한정하는 것은 신학적으로나 실제적으로 부적절하다. 콜린 건턴이 말하듯이, 세 위격 모두에 "상호성, 상호침투와 **상호생명교환**(interanimation)"[22]이 있다. 그래서 만일 하나님의 본질이 관계(존재의 교통하심과 활동의 교통하심)라면, 하나님은 셋이기 때문에 더욱 하나인 것이다. 하나님은 각 위격이 다른 위격의 삶에 투입되는 일종의 가족이시다(엡 3:15). 4세기 갑바도기아 교부들(바실리우스, 니사의 그레고리우스, 나지안주스의 그레고리우스)은 헬라어 '페리코레시스'(perichoresis)를 사용해서 이 신비에 대해 말했다. 이 용어는 하나님 안에서 그리고 밖에서 춤을 추는 모습, 정체성이 흐려지지 않고 서로 주고받는 상호성을 가리킨다. 그러면 그 나라는 누구의 것일까? 아버지의 것, 아들의 것, 또는 성령의 것일까?

하나님 나라는 아버지, 아들, 그리고 성령 하나님의 나라다. 시편 저자가 "시온의 주민은 그들의 왕으로 말미암아 즐거워할지어다"(시

149:2)라고 외칠 때 그 왕은 통치자이신 삼위일체 하나님이다. 그러므로 예수님이 가장 자주 사용하는 호칭으로 아리송하게 인자를 선택한 것은 그 나라와 그 왕에 대한 오해, 즉 백성이 이스라엘을 로마의 손에서 벗어나게 하는 정치적 실체로 보았던 것을 불식하기 위해서다.

예수님은 자신의 도래, 죽음, 부활, 승천, 그리고 성령을 부으심을 통해 그 나라가 '새로운 방식으로' 오기 시작했다고 선언하셨다. 스데반은 그 메시지를 깨달았고 요한계시록의 요한도 마찬가지였다. 그 나라는 유대인의 나라 이상이라는 진리다.[23] 이런 이유로 나는 스데반을 최초의 선교사라고 불렀다.[24] 그러나 사람들이 기도 중에 "아빠"라고 부르짖을 때마다 그들이 하나님과 그의 나라에 속한다는 것을 확증하는 것은 바로 성령님이다(롬 8:15-16). 타고난 재능에 기름 부어 더욱 효과적이고 훌륭한 일을 하게 하는 것도 성령님이다(롬 12:6-9). 구약에 나오는 브살렐의 경우처럼(출 31:2-5) 일터에서 창의성을 불어넣는 것도 성령님이다.

그리고 우리로 하여금 이 세상을 살면서 경험하는 내적 및 외적 어려움을 극복하게 하고 그것을 영적 성장으로 바꾸는 것도 성령님이다(갈 5:19-25). 성령님은 그 나라의 온전한 도래에 대한 희망을 품게 하시고(계 1:10), 기쁨을 가져다주신다(마 25:23). 그렇긴 해도 그 나라가 출범할 때는 아버지와 아들과 성령이 다 함께 일하시고, 하나님이 특히 메시아를 통해 그 나라를 세우신다.

예수님이 하나님 나라를 구현하시다

브라이트는 "메시아는 자신을 그 나라와 별개로 생각한 적이 없었다. 메시아가 올 때 그 나라가 온다"[25]고 주장한다. 그래서 브라이트는 초기 그리스도인들이 선포한 예수님의 원초적 좋은 소식을 요약하면서 이렇게 말한다.

> 그것은 매우 단순한 복음이고 무척 명료했다. 복음은 선지자들이 선포한 하나님의 새 시대가 시작되었다고 선언했다. 오랫동안 기다리던 메시아가 왔는데, 그는 다름 아닌 이 예수, 곧 놀라운 일을 행하시고 성경에 따라 죽었다가 다시 살아나신 예수라고 선언했다. 이 예수는 이제 가장 높은 하늘로 올라가서 하나님의 오른편에 앉아 계시고, 거기로부터 곧 "산 자와 죽은 자를 심판하러" 다시 오리라고 선언하셨다.[26]

예수님은 그 나라에 대한 종교-문화적 견해에 이중적으로 반대하셨다. 그는 그 나라가 로마 정부의 통치권을 폭력적으로 빼앗을 것이라고 선언하지 않으셨고, 이상하게도, 바리새파가 가르쳤듯이 사람들이 종교적 활동과 도덕적인 의를 통해 그 나라를 도입할 수 있다는 데도 긍정하지 않았다. 그렇다고 그분이 그 나라를 단순히 영화하신(spiritualize) 것도 아니다. 혹자는 '더 큰 위임령'은 누가복음 4장 18-19절이고 '가장 큰 위임령'은 요한복음 20장 21절이라고 주장힐 수 있다.

바로 완전한 성육신적 선교, 창세기에 나오는 창조명령을 완수하는 것 말이다. 이는 창조세계의 청지기직뿐 아니라 '땅에 충만한 것'(창 1:28)도 포함하고, 출산을 통해 온 땅을 가득 채우는 것뿐 아니라 공동-창조, 즉 성소 동산을 온 세계로 확장하고 따라서 곳곳에 하나님의 영광을 가져오는 것도 포함한다.

그래서 예수님은 승천하기 직전에 초기 사도들(보냄받은 이들)에게 하나님 나라에 관해 말씀하셨다(행 1:3). 빌립은 하나님 나라에 관한 기쁜 소식을 전했다(행 8:12). 바울과 바나바는 "우리가 하나님의 나라에 들어가려면 많은 환난을 겪어야 할 것이라"(행 14:22)고 설파했다.[27] 바울은 하나님의 모든 백성이 그 나라와 그 사역으로 부름을 받았다고 분명히 말했다. "너희를 부르사 자기 나라와 영광에 이르게 하시는 하나님께"(살전 2:12). 신약에 나오는 마지막 환상인 요한계시록은 완전히 도래한 그 나라를 보여 준다. "세상 나라가 우리 주와 그의 그리스도의 나라가 되어 그가 세세토록 왕 노릇 하시리로다"(계 11:15). 진정 그 나라는 성경의 지배적인 주제임에 틀림없다. 그것은 하나님이 창조세계와 백성에 대해 무엇을 의도하시는지, 그리고 그분이 은혜롭고 선한 왕권으로 모든 것과 모든 사람을 어떻게 다스리려고 하는지를 요약해 준다. 그러나 하나님 나라는 영적인 것 이상이다. 이 점은 예수님의 하나님 나라 사역에 관한 한 매우 중요하다.

예수님은 단지 영혼 구원의 복음을 가르치신 것이 아니라 오히려 '하나님 나라의 좋은 이야기'(god-spel)를 선포하셨다. 그분은 자신의 통치가 이미 도래해 자신의 사역과 제자들의 사역에 구현되어 있다고 말씀하셨다. 그래서 "내가 만일 하나님의 손을 힘입어 귀신을 쫓아낸다면 하나님의 나라가 이미 너희에게 임하였느니라"(눅 11:20)고 말씀하신 것이다.[28] 그러나 그 나라는 종말에 이르러야 완전히 도래할 것이다. 그래서 예수님은 그 나라 비유의 간접적인 가르침과 자신의 직접적인 가르침을 통해 거듭해서 그 나라는 오랫동안 인류의 눈에서 감춰져 있다가 이제 밝히 드러난 미스터리라고 말씀하셨다.[29] 그 나라는 지금 여기에 있다. 하지만 (완전히) 여기에 있지 않고 오는 중이다. 마치 쐐기의 뾰족한 날이 이 시대에 박혀 있고, 장차 역사의 종말에 예수님이 다시 오실 때는 쐐기 전체가 모든 것을 변화시키는 것과 같다.

완전히 도래한 하나님 나라

신약의 마지막 책인 요한계시록은 상상을 통해 믿음을 북돋워 주고, 종말에 이르러 그리스도가 왕 중의 왕이 되고 샬롬을 가져오는 하나님의 통치에 모든 현실(보이는 것과 보이지 않는 것)이 정복된 모습을 보여 준다. 그 책에서 하나님의 백성, 땅, 그리고 모든 실재가 새로운(새롭게 된) 땅과 새로운(새롭게 된) 하늘로 변형된다. G. K. 빌은 덤브렐의 책, 『새 언약과 새 창조』(*The End of the Beginning*)에 대한 비평에서 이렇게 말한다. 저자가 탐구하는 주제들 각각은

성경의 넓은 통치 개념인 하나님 나라의 각 측면이나. … 세 예루

살렘은 통치와 그 통치를 받는 이들을 상징한다. 새 성전은 통치의 좌소다. 새 언약은 통치의 도구다. 새 이스라엘은 통치받는 이들과 그들의 역할을 나타낸다. 그리고 새 창조세계는 통치받는 자와 통치하는 자 모두가 지닐 최종적이고 포괄적인 모습을 보여 준다.[30]

그러므로 하나님 나라는 성경 전체를 하나로 묶어 주는 주제다. 그래서 그리스도에 의해 이 나라에 참여하는 모든 사람은 그 왕이 다시 오실 때까지 그 나라의 선교에 힘쓸 것이다. 그날을 고대하며 우리는 초기 그리스도인들과 더불어 "마라나타"(주여, 오시옵소서)라고 외친다.

지금까지 우리는 하나님이 개입하셔서 그의 나라를 이 땅에 가져오시려는 그분의 결단을 살펴보았으니 이제는 이와 관련된 인간의 소명에 대해 탐구할 차례다. 하나님의 통치가 땅과 사람들의 삶에, 특히 일터에 이루어지게 하기 위해 우리가 맡은 역할이 있을까?

05

하나님 나라는 어떻게 오는가?
– 인류의 주도권

여호와께서 집을 세우지 아니하시면 세우는 자의 수고가 헛되며
솔로몬, 시 127:1

우리가 하나님 없이 행할 수 없듯이,
하나님은 우리 없이 행하지 않으실 것이다.
아우구스티누스 [1]

나는 아이스크림 가게 바깥 보도에 앉아서 주인과 이야기를 나누고 있었다. 바닐라 아이스크림은 내 약점 중 하나다! 다른 어떤 맛도 견줄 수 없다. 우리가 햇볕을 쬐며 이야기하는 동안 주인은 지나가는 사람들 중 절반과 인사를 나누었고, 그들의 이름뿐 아니라 사는 처지도 알고 있는 듯 보였다. 그 모습이 인상적이었지만 나는 아무 말도 하지 않았다. 이후 그는 내게 몸을 돌리더니 "글쎄, 폴, 내 인생의 목적이 무엇인지 잘 모르겠네"라고 말했다.

나는 이렇게 대답했다. "데이비드(가명), 오래전에 예수님은 우리 인생의 목적이 '우리의 마음을 다하고, 우리의 뜻과 우리의 힘을 다하여 하나님을 사랑하고 우리 이웃을 우리 자신처럼 사랑하는 것'이라고 말씀하셨다네. 물론 우리는 각각의 방식으로 그렇게 하는 것이지. 그런데 데이비드, 자네는 '지금' 이웃을 사랑하고 있다네. 좋은 아이스크림 제품을 갖고 있고, 개인적으로 손님들을 돌보고, 자네 공동체에 속한 사람들을 보살피고 있으니까."

나는 계속해서 그는 비록 아직 그리스도인이 아니지만 그 나라의 방식으로 그렇게 하고 있다고 말할 수도 있었다. 그런데 여기 진지한 질문이 있다. 나는 과연 "자네는 그 나라의 일을 하고 있네"라고 말할 수 있었을까? 그가 행하고 있는 일과 하나님 나라의 관계는 무엇일까?

남미 신학자 모르티메르 아리아스는 다음과 같은 멋진 말을 했는데, 괄호 속의 글은 내가 현재의 맥락에 적용하려고 덧붙인 것이다.

> 예수님의 말씀은 이런 뜻이었다. 그 나라는, 제사장들과 사두개인들이 주장했듯이, 예루살렘 성전에서 충실하게 의례와 의식을 지키는 것으로 [또는 오늘날의 흔한 현상으로서 교역자가 되는 것으로] 확보될 수 없다는 것. 그 나라는, 바리새인들이 가르쳤듯이, 엄격하게 율법과 랍비들의 율법 해석을 지키는 것으로 [또는 종교적 훈련과 행습과 더불어 깊은 개인적 영성을 습득하는 것으로] 획득될 수 없다는 것. 그 나라는, 에세네파가 시도했듯이, 세상에서 도망해 광야에서 은둔하며 '순결'의 생애를 보내는 것으로 [또는 세상에서 수도원으로 물러나거나 기독교 소그룹에서 생애를 보내는 것으로] 확보될 수 없다는 것. 그 나라는, 열심당이 감히 수행하려 했듯이, 로마에 대항하는 난폭한 반역의 칼로 [또는 권리를 확보하기 위해 사회 혁명과 시민불복종운동에 참여하는 것으로] 정복될 수 없다는 것. 하나님 나라는 은혜로 오는 것이고, 일종의 선물로 받아야 하는 것이다.[2]

그러나 이것은 우리에게 중요한 문제를 안겨 준다. 그 나라는 실제로 어떻게 오는가? 그것은 모두, 아리아스가 말한 것처럼, 하나님의 일, 하나님의 선물인가? 아니면 우리가 그 나라를 우리 이웃에게로 가져올 수 있는가? 또는 의지와 주도권의 조화(symphony)가 있는가?

앞장에 따르면 그 나라는 하나님의 직접 행동으로 오는 듯하다. 우리는 그 나라를 그냥 받고 거기에 들어간다.[3] 그런데 우리는 또한 그 나라를 '도입하거나' 그렇게 하는 가운데 하나님과 함께 일할 수 있을까? 창세기에서 요한계시록에 이르는 그 나라의 이야기를 다시 살펴보면 인류는 그 나라를 가져오는 데 대리자 역할을 맡되 하나님과 교통하면서 그렇게 하도록 되어 있음을 알게 된다.

동산의 왕들과 여왕들

성경은 일꾼이신 하나님이 모든 창조물을, 그리고 특히 동산 성소를 만드시는 장면으로 시작된다. 그때 하나님은 피조물을 자신을 닮은 "형상을 따라" 만드시고, 그 형상을 그 성전–동산에 두신다. 이는 마치 고대 세계에서 (디아나를 비롯한 누구든) 신의 형상을 성소의 중앙에 두었던 것과 같다. 차이점은 이 '형상'에 발, 마음, 영혼, 그리고 일할 수 있는 손이 있다는 것이다. 그래서 옛 언약 아래, 창세기의 하나님은 인간을 창조해서 그들이 세계를 다스리고 돌보도록, 그리고 그분의 영광으로 땅을 가득 채우도록 하셨다. 사실 창세기 1장 28절("땅에 충만하라, 땅을 정복하라, … 다스리라")과 2장 15절("경작하며 지키게 하시고")은 하나님이 이렇게 말씀하시는 대목이다. "나와 함께, 그리고 그 나라를 도입하는 나의 목적에 조화롭게 일하면서 창조세계의 잠재력을 개발하고 곳곳에서 인간이 번영하도록 하라. 그렇게 함으로써 너희는 온 세계를 내 영광으로 가득 채울 것이다." 하나님이 인류를 그들 자신만 빼놓고 모든 것을 "다스리라"고(창 1:28) 부르신 것은 아담과 하와와 그 후손을 땅 위의 모든 것을 다스리는 섭정으로 만드셨다는 뜻이다. 섭정은 왕이나 여왕이 나라 밖에 있거나 너무 어려서 군주의 역할을 수행할 수 없을 때 그 군주를 섬기는 사람이다. 브루스 월키는 『구약신학』(Old Testament Theology)에서 그것을 이렇게 표현한다. "창세기 1장이 하나님의 형상이라는 이 권위 있는 지위를 모든 인간에게 부여해, 우리는 모두 땅 위에서 하나님의 섭정과 대제사장으로 다스리는 책임을 맡은 왕들이 된다."[4] 말하자면, 남자와 여자는 하나님 나라를 '도입하도록', "통제하고 규제하는 능력으로 하나님의 통치권을 나타내도록, 그 나라의 분명한 잠재력을 활용하도록 되도록 미약한 사람의 손에 엄청난 권력을 집중시킨 것이었다! 따라서 사람은 자연의 흐름을 조절하고, 세계에 독이나 복이 되는 굉장한 권세를 받은 것이다!" 이는 리젠트 칼리지 학장을 지낸 윌리엄 덤브렐의 말이다.[5]

성소로서의 동산은 아름다움과 번영과 안전의 장소였다. 본문에 따르면, 그 동산은 에덴 안에 있었다. 그래서 창세기에서 에덴은 성소 동산보다 더 큰 실재로 나온다. 에덴은 아담과 하와의 '집'이다. 그리고 창세기 기사에서 에덴은 "금이 있는 하윌라"(창 2:11-12)와 같은 '다른 땅들', 즉 전체 세계라는 더 큰 실재 안에 존재한다. 그래서 최초의 인간들은 땅에 충만해지는 한편 하나님의 임재와 통치와 영광을 온 세계로 확장하도록, 즉 성소를 세계 속으로 도입하도록 부름을 받은 셈이다! 그러나 그 소명은 엉망이 되고 말았다. 창세기 3장의 인류의 타락

때도 그랬고 또한 약속의 땅에서 수립된 군주제하에서도 그랬다.

실패한 나라 속의 하나님 나라

이스라엘 사람들은 한 국가로서 영적-사회적-정치적-창조적 현실 속에서 하나님의 통치를 구현하도록 되어 있었다. 그것은 매력적인 생활방식으로 주변 나라들에게 빛이 되는 것과 관련이 있었다. 사실 그 나라의 총체적 성격은 신명기 12-30장에 나오는 이른바 '언약 규범'에 분명히 나타나는데, 이는 유일하신 하나님을 섬기는 것(신 13장), 정확한 도량형('믿을 만한 화폐', 신 25:15), 그리고 섬기는 리더십(신 17:14-20) 등 모든 것을 포함했다. 이 마지막 사항(왕은 자신을 다른 이들보다 낫다고 생각하지 말 것)이 의미심장한 것은 하나님의 본래 의도가 자신이 백성을 직접 다스리는 것이었기 때문이다. 이 점은 카리스마적인 지도자이자 구원자-사사였던 기드온의 반응에 분명히 나타난다. 백성이 그를 왕으로 삼으려고 했을 때 기드온은 "내가 너희를 다스리지 아니하겠고 나의 아들도 너희를 다스리지 아니할 것이요 여호와께서 너희를 다스리시리라"(삿 8:23)고 응답했다. 훗날 백성은 "모든 나라와 같이" 왕을 요구해서 결국 사울을 왕으로 얻었다(삼상 8:5). 이 프로젝트는 성공도 하고 실패도 했는데, 결국 백성은 주변 나라들에게 정복되었다. 존 브라이트는 이것을 "그 과정에서 카리스마가 왕조로 자리를 내주었다"[6]고 간결하게 표현한다. 그러나 하나님은 자신의 목적을 이런 인간의 행동

속에 엮어 넣으셨고 궁극적으로 다윗의 자손인 메시아로 오셨다.

그 실패는 그럼에도 실로 엄청났다. 언약은 '헤세드'(hesed)를 요구했다. 이 용어는 번역하기 어려워서 흔히 '인자하심'으로 번역하지만 실제로는 언약 관계 내의 사랑과 신실함을 합쳐 놓은 것이다. '헤세드'는 언약의 접착제, 애정 어린 충의(忠義)라 할 수 있다. 그리고 다른 신과 우상을 숭배하며 그 생활방식을 타락시킨 백성은 '헤세드'가 눈에 띄게 부족하고 이방인들에게 빛이 될 수 없다. 아모스와 호세아, 이사야와 예레미야 같은 선지자들은 개인적으로 큰 위험을 무릅쓰고 이 문제를 지적했다. 선지자들은 하나님의 마음을 품었다. 그 심판의 마음은 또한 자비의 마음이어서 비록 그 나라는 망하더라도 하나님은 백성을 버리지 않았다는 것을 알려 주었다. 솔로몬왕, 지혜로 유명할뿐더러 화려한 건축 프로젝트의 재정 마련을 위해 백성에게서 모든 것을 뽑아낸 것으로 유명한 그 왕이 죽자 이스라엘 왕국은 둘로 쪼개져 북왕국은 이스라엘이란 이름을 유지하고 남왕국은 대표 지파인 유다에서 그 이름을 끌어온다. 내전이 발발했다. 이후 북왕국은 포로로 잡혀갔고, 남왕국도 훗날 그런 신세가 되었다.

유배가 이스라엘의 신앙의 종말은 아니었다. 유배 기간 중 그 나라에 대한 유일무이한 환상을 이사야가 고난받는 종의 노래(사 42-53장)로 제공했다. "더없이 확실한 그 나라의 승리는 무력이나 위력이 아니라 하나님의 종의 희생적 수고로 획득될 것이다"라고 브라이트는 말했다.[7] 예수님은 스스로를 종으로 보았고(마 12:15-21) 제자들에게 하나님을 섬기듯이 서로를 섬기도록 요구했다. 그래서 브라이트는 오늘날의 상황에 대해 이렇게 묻는다. "우리가 그 종을 따르지 않고도 그 종의 나라를 세우려고 하는 것이 과연 가능할까?"[8] 포로 생활은 물론 페르시아의 왕 고레스 치하에 이루어진 예루살렘의 회복마저 지극히 실망스러웠다. 시편 74편은 이렇게 불평한다. "우리의 표적은 보이지 아니하며 선지자도 더 이상 없으며 이런 일이 얼마나 오랠는지 우리 중에 아는 자도 없나이다"(시 74:9).

유배 기간에 그리고 유배로 인해 개발된 그 나라에 대한 관점이 두 가지 더 있는데, 이것들 역시 그 나라에 대한 종의 관점만큼이나 대중적이지 못하다. 첫째는 묵시적 관점이다. 이는 용들과 짐승들과 종말의 전조가 되는 큰 우주적 사건들이 등장하는, BC 200년과 AD 100년 사이에 번창한 낯선 문학 형식으로서 신약에서는 요한계시록이 주된 본보기이고 구약에서는 다니엘서가 그렇다. 우리가 살펴볼 것처럼, 묵시록('계시' 또는 '폭로')은 성령님 안에 있는 사람에게 보이는 세계의 모습이다. 묵시록을 통해 하나님 나라에 대한 비전이 재구성되고 승리의 모습으로 나타난다. 하지만 엄밀히 말해 하나님의 손에 의해 승리한 모습이다. 브라이트의 말처럼, "우리가 그저 그 나라를 붙잡고 '도입할' 수 없다. 오직 하나님만 그 일을 하실 수 있다."[9]

그런데 유배와 회복(일부가 예루살렘으로 돌아가서 공동체와 성벽과 성전을 재건했다)의 기간에 개발된 두 번째 관점은 하나님의 율법의 종교와 바리새적인 유대교였다. 서기관 에스라가 이때 돌아간 인물로서 예수님 당시 존재하던 종교적 표현의 원형이 된다. 브라이트는 이렇게 말한다. "이곳 유배 지역에서 이미 이스라엘의 신앙이, 훗날 수 세기에 걸쳐 표현될 이스라엘의 신앙이 그 모양을 갖추고 있었다. … 이스라엘은 국가적 숭배의식을 가진 나라에서 유대교의 율법 공동체로 전환되고 있었다."[10] 만일 묵시록이 "오직 하나님만 만들 수 있는 나라를 바라보았다면, [율법 준수에 기초한] 거룩한 공동체는 사람의 의로움이 만들어 내지는 못해도 적어도 촉진할 수 있는 나라를 내다보았다고 말할 수 있을 것이다."[11] 자랑스럽게 존재하는 선택받은 나라는 더 이상 없었다. 그러나 준수할 수 있는 율법과 바랄 수 있는 하나님의 재앙적 개입은 존재했다. 그리고 브라이트가 말하듯이, "율법이 … 예언의 기능, 곧 하나님의 말씀을 진술하는 것을 넘겨받았다." 그것은 또한 슬프게도 "유대교의 병리"[12]가 되었다.

바로 이런 상황에 세례 요한, 예수, 그리고 사도들이 등장해 그들의 동시대인들의 관점에서 보았을 때 그 나라의 새로운 형태를 선포하고 출범시켰다.

교회와 하나님 나라

예수님은 교회를 전파하지 않으셨다. 오히려 예수님은 교회가 하나님 나라의 침입에서 나오고 그 나라를 섬기는 것으로 보았다.[13] 말하자면, 예수님의 제자들은 사도 요한이 말했듯이 "나라…에 동참하는 자"(계 1:9)이다. 교회의 목적은 교회를 도입하는 것이 아니라 그 나라를 도입하는 것이다. 그래서 찰스 링마는 그 나라와 교회의 관계에 대해 이렇게 말했다.

그 나라 안에서 탄생한 교회는 하나님 나라를 반영하고 또 다른 이들을 그 품속으로 초대한다. 이렇게 할 때 교회는 하나님 나라의 **표징, 종, 그리고 성례**가 된다. 교회의 성취는 그것이 그 나라 안에서 온전히 완성될 때 이루어질 것이다.[14]

그래서 예수님은 사람들을 교회에 합류하도록 초대하지 않고 사실상 하나님의 은혜로운 통치 아래 오도록, 하나님께 합류하도록, 하나님(아버지, 아들, 그리고 성령) 가족의 일부가 되고 땅에서 하나님의 일과 통치에 참여하도록, 그럼으로써 하나님의 백성, 곧 교회가 되도록 초대하셨다.[15] 그런데 교회와 그 나라를 완전히 동일시하는 것이 하나님 나라에 대한 유일한 오해가 아니다. 예수님이 선포하고 구현하신 그 나라는 그저 인간이 생각할 수 있는 최상의 이데올로기나 사회적 기업이 아니다. 그것은 새로운 세계의 침입, 곧 하나님의 새로운 세계가 오는 것이다. 그리고 신약의 최종 환상은 그 나라가 완성된 모습이다. 그 환상은 14장에서 다루려 한다. 우리가 살펴볼 것처럼, 그 완성된 나라에서는 신자들이 영원히 예수님과 함께 일할 것이다.

그러면 그 나라를 도입하는 데 우리의 역할은 무엇인가? 우리가 링마의 글에 의거해서 살펴볼 것처럼, 특별히 세 가지 역할이 있다. 증언, 소재, 그리고 일이다.

그 나라를 선포하다

첫째, 그 나라는 증언에 의해 온다. 모르티메르 아리아스가 말하듯이, "우리는 교회를 전파하기 위해서가 아니라 그 나라를 선포하기 위해 보냄받는다."[16] 그래서 첫 제자들은 그 나라가 가까이 왔다는 메시지를 전하라는 사명을 받았다.[17] 다가오는 나라에 관한 이 소식은 좋은 흙에 심긴 씨와 같은데, 이는 확실히 반응하는 삶을 의미한다.[18] 빌립은 이런 좋은 흙을 사마리아인들 가운데서 발견했다.[19] 훗날 사도 바울은 그가 유대인의 회당에서 그 나라에 관해 설득력 있게 논증할 때 좋은 흙을 발견하려고 애썼고,[20] 나중에는 아테네의 토론과 논쟁을 위해 아레오바고에 모인 사람들을 포함한 이방인들에게도 말했다.[21] 바울은 그의 사역을 요약하면서 에베소 교인들에게 그가 하나님 나라를 널리 전파했다고 말했다. 바울은 로마에서 가택 연금을 당하고 있을 때에도 유대인들에게 그 나라에 대해 설명했다.[22] 그러면 이 메시지는 예수님과 무슨 관계가 있는가? 그 나라를 여는 열쇠는 예수님을 하나님의 아들로 고백하는 사람에게 주어진다.[23]

그러므로 그 도를 따르는 모든 사람(그리스도인에게 주어진 초기의 이름)은 증언하도록 부름을 받는다. 우리에게 기회가 주어지면 우리는 예수님과 그분이 가져오는 나라에 대해 적절한 말로 표현할 수 있다. 이 증언은 말과 행실로 표현된다. 예수님과 초기 사도들이 전인을 돌보고 사람들의 삶에 영향을 주는 권세를 다루고 표징을 통해 새로운 세계가 오고 있음을 입증했던 것처럼 말이다. 사실 말과 행실을 통한 이 놀라운 증언이 대대로 인간 번영을 가져왔다. "교회가 세계에 어떤 유익도 준 적이 없다"[24]는 말은 한마디로 진실이 아니다. 그리고 이 메시지는 하나님과 더불어 역사상 하나님 백성의 장기적인 목적과 행동이기 때문에 하나님 나라를 가르치는 이들은 옛 보물과 함께 새 보물도 꺼내 오라는 지시를 받는다.[25] 그것은 아담만큼 오래된 것이고 예수님만큼 새로운 것이다. 그것은 우리 이웃에게 필요한 것이다. 그러나 그 나라를 도입하는 일은 예언 이상의 것과 관련이 있다.

우리가 있는 곳에서 그 나라의 백성이 되라

둘째, 그 나라는 믿음의 사람들이 있는 곳에 따라온다. 퀘이커 철학자 엘턴 트루블러드는 이렇게 말한 적이 있다. "'교회에 가는 사람'은 통속적이고 무지한 말이라서 결코 사용하면 안 된다. 당신이 어디로 가든지 바로 당신이 교회다."[26] 하나님의 백성은 날마다 학교, 일터, 병원, 정부, 그리고 동네에서 세상에 투사되고 있다. 우리는 흙에 심긴 씨앗, 반죽에 접힌 누룩, 어둠에 비추인 빛, 고기에 맛을 내는 소금, 자물쇠에 끼워 넣은 열쇠와 같다. 이 모두는 침투를 가리키는 그 나라의 이미지들이다. 그리고 하나님 나라의 침투를 보여 주는 구약의 은유가 하나 더 있다. 우리는 침투의 가능성을 탐색하는 스파이와 같다는 것. 그러므로 교회는 스틸 카메라로 사진을 찍을 수 없다. 인간의 몸속에서 피가 모였다 흩어지는 심장의 운율을 포착하기 위해서는 비디오나 혈관조영상이 필요하다. 그러면 그 나라는 하나님 나라 백성이 있는 곳을 통해 어떻게 오는 것일까?

하나님 나라는 부분적으로 삼투와 같은 과정을 통해 온다. 삼투(滲透, osmosis)는 이렇게 정의된다.

> 물이나 다른 용매가 반투막을 거치는 자발적인 통과 또는 유포다. 만일 용액이 용매는 통과시키지만 용질은 통과시키지 않는 막에 의해 순수한 용매에서 분리되면, 용매는 막을 통과해서 용액을 희석할 것이다.[27]

달리 말하면, 우리는 누구나 그 나라의 백성으로서 영향력을 갖고 있다는 것이다. 종종 우리는 우리의 생활방식, 우리의 말과 행동이 주변 사람들에게 미치는 영향을 의식하지 않지만, 실제로 그런 일이 일어나고 있다. 사람들은 우리를 관찰하고 귀를 기울이고 평가한다. 우리는 사람들에게 흔적을 남긴다. 바울은 디모데에게 보낸 편지에서 "나의 교훈과 **행실**[생활방식]과 의향과 믿음과 오래 참음과 사랑과 인내와 박해를 받음과 고난…을 네가 과연 보고 알았거니와"(딤후 3:10, 저자 강조)라고 말했다. 이런 일은 가정, 동네, 일터, 학교, 정부 기관, 공장, 사회단체, 병원과 의원에서 일어난다. 그 나라는 (부분적으로) 삼투 현상에 의해 온다. 그런데 하나가 더 있다.

그 나라를 도입하는 일

셋째, 그 나라는 부분적으로 인간의 일을 통해 온다.[28] 앞에서 인용했듯이, 아우구스티누스는 4세기에 "우리가 하나님 없이 행할 수 없듯이, 하나님은 우리 없이 행하지 않으실 것이다"[29]라고 썼다. 더 최근에는 신약학자 N. T. 라이트가 이렇게 썼다. "[그리스도인들은] 단지 [그] 궁극적인 구원의 표징과 맛보기가 될 뿐 아니라 하나님이 현재와 미래에 이런 일을 일으키시는 수단의 '일부'가 되어야 한다."[30] 이 문장에서 강조점은 '일부'란 단어에 있다. 이것이 단순한 문제가 아닌 이유는 예수님이 하나님의 통치에 관해 가르치신 방식과 관계가 있다.

우리는 사회적 프로그램, 의로운 사업 관행, 환경의 청지기직, 그리고 가난한 자를 돌보는 일 등을 통해 자율적으로 그 나라를 도입하는가? 아니다. 그 나라는 이런 일이 없이도 올 수 있는가? 그렇기도 하고 그렇지 않기도 하다. 그렇다. 하나님은 인간의 노력 없이도 자신의 새로운 세계를 도입하실 수 있다. 그렇지 않다. 그 나라는 보통 하나님과 인간의 동반자 관계를 통해 온다. 바울이 고린도전서 3장 9절에서 간결하게 말하듯 우리는 "하나님의 동역자들"이다. 이는 특히 성경의 마지막 환상에서 분명히 나타난다. 신자들은 "[하나님과 함께] 영원무궁하도록 다스릴 것입니다"(계 22:5, 새번역)라는 대목이다. 이렇게 읽어도 된다. "우리는 하나님과 '함께' 영원히 일할 것이다." 이 문제와 관련하여 신약과 구약 모두 이런 하나님과 인간의 동반자 관계, 즉 공동 창조 내지는 하위 창조에 대해 증언한다. 그 나라의 일은 인간의 삶을 증진하고 개선한다. 그 일은 하나님의 샬롬을 세상으로 가져오려고 한다. 그 일은 가난을 경감한다. 세상과 사람들 속에서 생명을 주시는 하나님의 통치를 환영한다(새로운 출생과 새로운 삶을 불러일으킨다). 이에 관한 비유가 누가복음에 나온다.

열 므나의 비유(눅 19:11-27)를 들 때 예수님은 예루살렘에 가까이 오고 계셨고 사람들은 하나님 나라가 당장 나타날 것으로 생각하고 있었다(눅 19:11). 그래서 예수님은 한 귀인의 이야기를 들려주셨다. 그는 왕으로 임명받기 위해 먼 나라로 가게 되었고, 자신이 없는 동안 종 열 명에게 각각 3개월 치 임금에 상당하는 돈을 위탁했다. 그러나 그 위탁은 명령과 결부되어 있었다. "내가 돌아올 때까지 이 돈에게 일을 시키라"(눅 19:13, NIV). 흥미롭게도, '일을 시키다'라는 헬라어 단어(*pragmateusasthe*)는 때로 '장사하다'로 번역되고 영어 단어 'pragmatic'(실용적)의 어원이 된다. 말하자면, 당신이 받은 것(재능, 능력, 은사, 기회)과 함께 실용적이 되라는 것이다. 왕과 그 나라를 위해 그것이 일하게 하라. 종들 중 일부는 열심히 장사해서 한 사람은 열 므나를, 다른 사람은 다섯 므나를 벌었다. 반면에 어리석은 종은 전혀 노력하지 않고 한 므나를 그대로 갖고 있었다. 그는 한 므나를 안전한 곳에 넣어 두었다가 나중에 고스란히 내놓는 바람에 불행한 결과를 초래했다. 그는 가진 것조차 잃었다. 한 므나를 사용하든 잃든 해야 했다. 그가 실패한 이유는 들볶는 주인에 대한 근거 없는 두려움이었다. 그러니 실용적이 되라, 그 나라에 투자하라. 그런데 모든 선한 일이 다 그 나라의 일인가?

일이 새로운 부를 창조하고, 가난을 경감하고, 사람들에게 안녕을 가져오고, 인간의 삶을 아름답게 개선할 때, 그리고 다가오는 하나님의 샬롬에 저항하는 권세와 싸울 때 그것은 하나님 나라의 일이다. 이 생에서 우리의 모든 일은 죄와 혼란의 장기적 영향을 받아 얼룩지고 더러워져 있다. 그러나 우리의 일 중 일부는 그 나라의 일부이고, 그 나라의 침입에 기여하고, 우리의 상상을 넘어 그 수명이 우리의 생애보다 더 길 것이다. 바울은 고린도전서 15장 58절에서 "너희 수고가 주 안에서 헛되지 않은 줄 앎이라"고 한다. 이는 부활을 다루는 장에 나오는 놀라운 어구다! 그렇다면 우리의 일이 '주 안에' 있는 것은 언제인가?

우리의 일을 주 안에 있게 만드는 것이 그 일의 종교적 성격이 아닌 것은 확실하다. 그러면 하나님과 이웃에 대한 사랑과 같은 다른 '동기'로 수행된 일인가? 또는 하나님의 목적과 하나님의 가치들과 조화를 이루는 그 일의 '방법'인가? 하나님의 가치들이란 용서, 경계를 허무는 행위, 투명함, 비범한 섬김, 공평하고 공의로운 것, 언행일치, 그리고 그 밖의 귀한 가치들을 말한다.[31] 또는 그 일이 인간과 창조세계의 번영을 가져오는 하나님의 목적에 순응할 때 그 목적이 그 일을 '주 안에' 있게 만드는 것인가? 또는 만물(사람들, 족속들, 공동체들, 그리고 창조세계)을 회복하고 새롭게 하시려는 하나님의 최종 비전에 의해 형성되는 그 일의 '목표'가 그렇게 만드는 것인가? 그 나라의 일이 단지 종교적인 일에 불과하지 않은 것은 분명하다. 그렇다고 세속적인 일인 것도 아니다. 이원론은 죽었다. 하나님 나라의 일은 우리가 집, 일터, 또는 교육 기관에서 행하는 모든 것을 묶어서 하나의 성례로 만들고, 공동선을 위해 은혜를 세상과 사람들에게 가져오는 수단이다. 이것이 작업복을 입은 하나님 나라다. 온갖 일이 그 나라의 일이 될 수 있다.

- 서비스 업무: 직접적으로, 물리적으로, 정서적으로, 지적으로, 사회적으로, 그리고 영적으로 사람들을 섬기는 일. 홈 케어, 공중 보건, 상담, 이발, 돌보는 직업, 교육자, 살림살이 등 사람들을 번영하게 돕는 일.
- 문화적인 일: 미술, 음악, 영상, IT, 커뮤니케이션, 영화, 인터넷, 미디어, 시스템 공학.
- 창조세계의 일: 지구 보전, 농사, 탐험.
- 사회복지 업무: 공동체 조성, 커뮤니케이션 활성화, 경청, 집과 일터와 병원과 학교 짓기, 안전 제공, 정의 실현을 감시하기.
- 권세 관련 업무: 통치자들과 권세들과 씨름하기. 즉, 정치적·교회적·사법적 구조, 영상, 기관, 천사와 귀신, 죽음, 귀신 들림, 불의한 구조 다루기.
- 영적인 일: 중보기도, 선포, 영성 지도, 목회적 돌봄, 영적 리더십.

현존하며 다가오는 하나님 나라에 기여하는 온갖 방법

그러므로 우리는 그 나라의 애매모호한 성격과 함께 살고, 일하고,

증언해야 한다. 그 나라는 여기에 있으나 아직 여기에 있지 않다. 우리가 참여할 수 있으나 우리의 힘만으로 도입할 수 없는 것이다. 존 브라이트는 이렇게 묻는다. "우리가 그 나라의 긴장을 회피할 때 우리 자신을 배신한 것이라고 누가 말해 줄 것인가?" 그리고 이렇게 말을 잇는다.

> 하지만 언제나 침입하는 다른 질서에 대한 인식이 없이, 세속 질서와의 긴장도 없이 평화롭게 살아가는 이 꾸물꾸물한 생존이 그것보다 작은 것일까? 또는 그 나라가 너무 작아서 우리가 마음만 먹으면 손으로 붙잡고 자력으로 끌어들일 수 있는가? 아니다. 우리는 그 나라의 끔찍한 즉시성과 과격한 도전을 우리 마음에서 떨쳐 버릴 수 없고, 그것을 비유적 표현으로 바꾸거나 인간 선(善)의 총합의 창백한 유사어로 바꾸고도 신약 교회로 남을 수 없다. 신약 교회는 하나님 나라의 백성이기 때문이다.[32]

그렇다. 하나님은 우리 없이도 그 일을 행하실 수 있다. 그러나 대체로 하나님은 우리와 함께 그 일을 하기로 선택하신다. 반면에 우리는 하나님을 향하지 않고는, 하나님을 의존하지 않고는 그 일을 할 수 없다. 아우구스티누스가 균형을 잘 맞췄다. "우리가 하나님 없이 행할 수 없듯이, 하나님은 우리 없이 행하지 않으실 것이다."[33]

06
작업복을 입은 왕

하늘과 땅의 모든 권세를 내게 주셨으니 그러므로 너희는 가서 …
 예수, 마 28:18-19

다윗의 장막에 인자함으로 왕위가 굳게 설 것이요
그 위에 앉을 자는 충실함으로 판결하며 …
사 16:5

일꾼이신 하나님이 친히 땅에 오셔서 일꾼이 되셨다. 하나님이자 사람이신 예수님이 노동자 계급에 속한 가정에서 태어나셨다. 오늘날 우리는 그를 '블루칼라 노동자'라고 부를 것이다. 그의 아버지 요셉은 틀림없이 목수였다. 그리고 예수님은 그 기술을 아버지에게서 배웠다. 나는 목수인지라 그가 어떻게 망치로 엄지손가락을 강타하고, 널빤지를 발가락 위에 떨어뜨리고, 끌에 베인 손가락을 작업복에 닦고, 까다로운 손님을 다루고, 밤중에 침대에 누워 작업을 끝낼 궁리를 했는지 이해할 수 있다. 그분은 우리와 함께 움직였던 하나님, 하나님의 아들, 육신이 되어 우리 가운데 거하셨던 그 말씀이었다(요 1:14).

우리가 본문에서 알 수 있는 한, 양아버지 요셉에 대한 이야기는 나오지 않기에 예수님은 가족을 부양하기 위해 약 14살부터 30살까지 일했을 것으로 추정된다. 예수님은 나무를 고르고, 자르고, 모양을 만들고, 사포질 하고, 그것을 요람이나 탁자나 주문 제작 멍에 등 유용한 무언가로 만드는 일이 어떤 것인지를 알았다(마 11:28). 보통 '목수'로 번역되는 헬라어 단어 '테크톤'(tekton)은 집이나 배를 설계하고 짓는 사람을 의미할 수 있으므로 그분은 일종의 기업가(entrepreneur)였을 가능성도 있다. 그분은 날마다 이 일을 했다. 그리고 그분이 세례 요한에게 세례를 받고 아버지께서 그를 칭찬하셨을 때("나는 너를 기뻐한다"), 그분은 세상이 엉망이 될 것을 알았음에도 설교를 하거나 기적을 행하지 않으셨다. 그 왕은 작업복을 입고 있었다.

더구나 신약에서 예수님의 공적 출현은 모두 132회 있었는데 그중에 122회가 일터에서였다. 예수님이 드신 비유 52편 가운데 45편이 일터의 맥락을 담고 있었다. 사도행전에는 하나님의 개입이 40번 나오는데, 그중에 39번이 일터나 공공 광장에서 일어났다. 예수님은 성직자가 아닌 전형적인 일꾼 열두 명을 불러서 교회를 세우게 하셨고, 그 가운데 일부는 의심스러운 직업을 갖고 있었다.[1] 그는 서른 살에 직업을 바꾸어 순회 선생, 랍비, 그리고 선교사가 되었다. 그분은 또 다른 목수가 만든 십자가 위에서 죽었고, 그 목수가 그분의 머리 위에 달린 "유대인의 왕"이란 팻말도 만들었을지 모른다. 그리고 그분은 어느 석공이 바위를 깎아 만든 무덤에서 다시 살아나셨다. 우리가 일터변혁연구소를 시작할 때 "일, 일꾼, 그리고 일터"[2]를 모토로 삼은 것은 그래서 놀랄 일이 아니다. 이번 장에서는 예수님이 일과 일꾼과 일터를 다스리는 왕 중의 왕이신 것을 살펴보려고 한다. 그러나 예수님이 지상에서 사시는 동안 그분의 왕권은 수수께끼 같은 문제였다.

이 문제를 탐구하기 위해 나는 골로새서에 나오는 사도 바울의 간결한 말, "너희 안에 계신 그리스도시니 곧 영광의 소망이니라"(골 1:27)를 풀어 보기로 했다. 이 말은 예수님이 왕이심을 설명하는 본문에 나오시만, 본문에 그 단어가 사용되지는 않았다.

그리스도는 일하는 왕이다

너희 안의 그리스도, 영광의 소망.

먼저 우리는 왜 어떤 사람들은 그리스도인이라 불리고 왜 그 신앙이 기독교로 불리는지 물어봐야 한다. 이렇게 묻는 것은 기독교의 도는 하나님이 '하나 속의 셋'(아버지, 아들, 그리고 성령)이라고 믿는 것이기 때문이다. 이 답변은 참으로 놀랍다. 그리스도는 우리가 하나님을 알게 되는, 그리고 아버지와 아들과 성령의 친밀한 관계 안에 계신 하나님을 알게 되는 길이다. "나를 거치지 않고서는, 아무도 아버지께로 갈 사람이 없다"(요 14:6, 새번역)고 예수님은 말씀하셨다. "나를 본 사람은 아버지를 보았다"(요 14:9, 새번역).

그리스도는 하나님의 영광이 우리에게 오는 (렌즈의) 구경이다. "말씀이 육신이 되어 우리 가운데 거하시매 우리가 그의 영광을 보니 아버지의 독생자의 영광이요 은혜와 진리가 충만하더라"(요 1:14). "영광이란 능력과 합쳐진 진, 선, 미를 일컫는다"고 제임스 스미스는 『위대한 이야기』(*The Magnificent Story*)[3]에서 말한다. 영광은 우리를 평범한 것을 넘어 비범한 것으로 데려간다. 그것은 초월적이다. 그래서 바울이 골로새 교인들에게 '그리스도는 영광의 소망'이라고 말하는 것이다. 이 말의 배경은 다음과 같다.

골로새 교인들은 예수님을 그분 자체로는 사람들을 하나님께 인도할 자격이 충분치 않은 인물로 간주했다. 그들이 받은 가르침은 이러했다. 여러분에게는 예수 더하기 어떤 것, 즉 종교적 의례, 몸을 억제하기, 신체적인 것을 내려놓기 등이 필요하다. 그래야 정말로 하나님을 경험할 수 있다. 그러나 바울이 여기서 말하듯이, 예수님은 자격이 충분하시다. 1장에서 바울은 예수님이 하나님의 아들인 것을 놀랍게 묘사한다. "그는 보이지 아니하는 하나님의 형상이시요"(골 1:15). "아버지께서는 모든 충만으로 예수 안에 거하게 하시고"(골 1:19). 그런데 바울이 그리스도의 사역으로 눈을 돌려 참으로 장대한 것을 말한다.

그리스도는 **창조자**다. "만물이 그에게서 창조되되"(골 1:16). 그렇다, 예수님은 모든 창조 사역을 실행하셨다. 사실 모든 것이 그분에 '의해' 창조되었을 뿐 아니라 그분을 '위해' 창조되었다. 하나님은 자신의 형상으로 창조된 피조물들을 진행 중인 자신의 사역에 들어가도록 초대하시므로, 화가, 음악가, IT 종사자, 사업가, 그리고 기업가는 모두 '주님의 일을 하고' 있는 것이다. 그들은 왕의 일을 하는 셈이다. 그 왕은 새로운 것을 창조하는 사람 속에서 작업복을 입고 계신다.

그분은 또한 **지탱자**다. "만물은 그분 안에서 존속합니다"(골 1:17, 새번역). 그는 우주의 접착제다. 그는 중력을 작동하신다. 하나님이 자신의 형상으로 창조된 피조물들을 진행 중인 자신의 사역에 들어가도록 초대하시므로, 시스템 공학, 경영, 살림살이, 쓰레기 수거, 경찰 업무, 그리고 정치에 종사하는 사람들은 '주님의 일을 하고', 왕의 일을 하는 것이다. 그 왕은 세상에서 삶을 지탱하는 사람들 속에서 작업복을 입고 계신다.

그러니 이들은 또한 **구속자**다. 그분은 만물을 자신과 화해시키셨고, 세상에 조화를 가져오셨고, 사람들을 하나님과의 관계로 다시 끌어들이셨고, 인간 번영을 불러일으켰고, "십자가의 피로 화평을 이루"셨고(골 1:20), 스스로를 사람들과만 화해시킨 것이 아니라 권세들, 곧 하나님 나라에 저항하고 사람들을 좌절시키는 삶의 보이지 않는 세력과 인물과 원리들까지 화해시키셨다(골 2:15을 보라). 하나님이 자신의 형상으로 창조된 피조물들을 진행 중인 자신의 사역에 들어가도록 초대하시므로, (사물을 고치는) 기사, 목사, 의사, 그리고 상담사는 '주님의 일을 하고' 있는 것이다. 그들은 왕의 일을 하고 있다. 그 왕은 사람과 장소는 물론 사물도 바로잡고 구속하는 일에 종사하는 사람들과 함께 작업복을 입고 계신다.

그러나 예수 안에 계시된 아들은 또한 **완성자**다. 그분은 "죽은 자들 가운데서 먼저 나신 이"시다(골 1:18). 우리와 모든 피조물이 장차 될 존재의 원형이시다. 이분이 우리의 영광의 소망인 것은 예수님이 가장 먼저 나셨고 가장 먼저 부활하셔서 만물이 어디로 가고 있는지를 가리키시기 때문이다. 그리스도는 창조의 왕, 우주의 왕, 구속의 왕, 그리고 영광스러운 미래의 왕이시다. 왕이신 그리스도는 영광의 소망이시다. 하나님이 자신의 형상으로 창조된 피조물들을 진행 중인 자신의 사역에 들어가도록 초대하시므로, (사태가 어디로 가고 있는지를 설명하는) 저널리즘 종사자, 미디어 분야에서 일하는 사람, 교육자, 목사, 그리고 부모는 '주님의 일을 하고' 있는 것이다. 그들은 왕의 일을 하고 있다. 왕은 자신들의 일을 통해 미래를 가리키는 사람들 속에서 작업복을 입고 계신다. 레슬리 뉴비긴은 언젠가 이렇게 말한 적이 있다.

[한 세대로서] 우리는 역사의 진통이 어떤 가치 있는 종말로 도달할지 확신이 없다. … 복음은 그것을 받아들이려는 사람들에게 개인적 삶에 대한 의미를 제공하는 것을 훨씬 뛰어넘는다. … 그리고 그것은 마르크스주의에 결여된, 하나님의 목적의 최종 완성에 대한 믿음을 지니고 있는데, 그 능력에 힘입어 개인적 역사를 무의미하게 만들지 않는 세계 역사의 의미를 발견하고, 세계 역사를 무의미하게 만들지 않는 개인적 역사의 의미를 발견할 수 있다.[4]

그 종말은 새 하늘과 새 땅으로서 하나님 나라가 완전히 도래한 상태다. C. S. 루이스의 아동 연대기에서는 그것이 아슬란의 땅, 나니아(Narnia)로 불린다. NIV 성경은 요한계시록 22장의 표제에 "회복된 에덴"(Eden Restored)을 붙이는데, 나는 이의를 제기한다. 새 하늘과 새 땅은 회복된 에덴이 아니라 끝내주는 에덴이다. 그렇다. 우리는 이 세계와 이 삶을 치켜들고 우! 아! 하고 외쳐야 한다.[5] 하지만 그리스도-미래는 훨씬 더 훌륭하다.

'그리스도, 영광의 소망'은 우리에게 올바른 관점을 준다. **이 세상에서 우리의 일이 존엄성과 의미를 갖는 것은 우리가 그리스도의 일 속으로 들어가고 그 일이 그 나라의 일이기 때문이다.** 그런데 우리는 또 하나의 질문을 던져야 한다. 우리는 어떻게 왕이신 그리스도와 관계를 맺는가? 만일 우리의 일이 그리스도의 일과 관련이 있어서 높이 들린다면, 우리는 어떻게 그리스도와 관계를 맺고 또 그 관계는 일꾼인 우리에게 어떤 의미가 있는가?

일꾼 속에 계신 왕, 그리스도

너희 안의 그리스도, 영광의 소망.

수년 전에 나는 정신의학자이자 정신분석가인 R. D. 랭의 책을 구입한 적이 있다. 제목은 『경험의 정치학과 낙원의 새』(*The Politics of Experience and the Bird of Paradise*)였다. 그 책은 모더니즘이 죽어가고 포스트모더니즘이 나타나기 시작할 때 쓴 것이다. 그는 선지자적 인물이었다. 사태가 어디로 가고 있는지 볼 수 있었던 그는 이렇게 썼다.

> 우리는 비합리적으로 견지하는, 타당성이 희박한 가설이란 의미의 신앙으로는 만족하지 않는다. 우리는 '증거'를 경험하길 요구한다. … 우리는 영적 경험을 잃어버린 만큼 신앙을 가질 것으로 기대된다. 그러나 신앙은 증거가 없는 실재에 대한 믿음이 된다. 아모스서에는 땅에 기근이 있을 터인데 "양식이 없어 주림이 아니며 물이 없어 갈함이 아니요 여호와의 말씀을 듣지 못한 기갈이라"는 예언이 나온다. 그때가 이제 현실이 되었다. 바로 현시대다.[6]

"우리는 증거를 경험하길 요구한다." 이것은 예수님에 대한 신앙이 멋지게 다루는 것이며 오늘날 특히 그렇다. 우리 속에 있는 소망에 관한 이유를 제공하는 것, 이른바 변증에 참여하는 우리 모두는 하나님의 존재에 대한 합리적 증거들이 오늘날에는 별로 중요하지 않다는 것을 안다. 그래서 누군가가 말했듯이, 오늘날 우리는 사자를 풀어놓듯이 하나님을 변호할 필요가 있다. 사람들은 경험의 증거를 찾고 있다. 경험은 우리가 어떤 것이 참임을 아는 방식 중 하나다.

존 웨슬리가 교회에 남긴 선물 중 하나는 '사변형'이다. 이는 어떤 것이 참임을 알게 되는 네 가지 방식, 즉 성경, 전통(오랜 세월 교회에 내려온 가르침), 이성, 그리고 경험이다. 우리는 바울의 간결한 문장("너희 '안의' 그리스도, 영광의 소망")의 둘째 단어에 대해 곰곰이 생각하면서 이 마지막 사항을 탐구하려고 한다.

어쨌든 그리스도인이 된다는 것의 진수는 무엇인가? 그것은 그저 그리스도를 본받는 것이 아니고, 그저 그리스도를 예배하는 것이 아니고, 그저 그리스도의 본을 따르는 것이 아니고, 그저 예수님이 가르치신 바를 행하는 것이 아니고, 그저 예수님이 행하실 바를 행하는 것이 아니다. 이런 것들은 모두 좋지만 말이다. 이것이 골로새 교회의 문제였다. 예수 더하기 어떤 것. 우리는 이것저것을 행하고, 너희 몸을 처벌하고, 종교적으로 행동하고, 이런저런 행습을 따를 필요가 있다. 그러나 그리스도인의 경험의 본질은 전혀 그런 것이 아니다. 그 본질은 우리가 그리스도 안에 있다는 것이다. "너희 안의 그리스도, 영광의 소망."

그리스도가 우리 안에 살고 우리는 그리스도 안에 산다. 그래서 바울은 "내가 그리스도 안에, 그리스도가 내 안에"[7]라고 간결하게 표현했다. 이런 표현은 서신뿐 아니라 사복음서에도 가득하다. "나는 포도나무요 너희는 가지라 그가 내 안에, 내가 그 안에 거하면 사람이 열매를 많이 맺나니"(요 15:5). 예수님의 말씀이다. 요한의 서신에도 나온다. "태초부터 있는 생명의 말씀에 관하여는 우리가 들은 바요 눈으로 본 바요 자세히 보고 우리의 손으로 만진 바라 … 이 영원한 생명을 우리가 보았고 증언하여 너희에게 전하노니 … 너희로 우리와 사귐이 있게 하려 함이니 **우리의 사귐은 아버지와 그의 아들 예수 그리스도와 더불어 누림이라**"(요일 1:1-3, 저자 강조). 이 지점에서 불빛이 깜박거려야 한다! 신약학자 아돌프 다이스만은 이를 '그리스도 신비주의'(Christ mysticism)라고 부른다. 신비주의는 우리 자신을 초월한 실재와의 직접적인 접촉이다. 그것은 개인적 관여다. 다이스만은 사도 바울이 살았던 세계에는 '합일 신비주의'(union mysticism)를 약속한 신비 종교들이 있었다고 한다. 말하자면, 당신은 당신이 선택한 신과 하나가 되고 당신의 정체성이 상실된다고 하는 종교다. 당신의 개성이 그 신의 인격과 합병되었다.

때로 그리스도인들이 그와 비슷한 것을 말하는 소리는 듣곤 한다. "나를 아무것도 아닌 존재로 만드세요. 당신이 전부가 되세요." 이는 마치 물 한 방울이 대양에 떨어져서 그 자신이 궁극적 실재의 거대한 바닷속에서 상실되는 것과 같다. 그러나 이것은 그리스도인의 경험이 아니다. 다이스만이 주장하듯, 그리스도인의 경험은 '교제 신비주의'(communion mysticism)다. 교제 신비주의는 그리스도의 임재를 통해 인격이 성화되는 것이다. 다이스만은 이렇게 표현한다. "그리스도-친밀성은 그리스도-친밀성의 경험과 확증이었다. … [바울은] 그리스도가 되지 않았다. … 그는 그리스도가 사로잡은 사람이자 그리스도-전달자였다."[8]

신학자 토머스 토런스는 이렇게 표현했다.

> 삼위일체 교리는 기독교 신학의 핵심적 도그마, 하나님을 아는 지식의 근본 문법이다. 왜 그런가? 삼위일체 교리는 다음 사실을 표현하기 때문인데 … 하나님은 자신을 아는 원 안에서 우리를 자신에게로 이끄는 방식으로 우리에게 다가오신다는 사실이다.[9]

그러므로 우리는 삼위일체 하나님의 사랑의 삶 속으로 이끌려서 하나님과 더불어 하나님과 세상과 사람들을 사랑하는 자가 된다. 우리는 그저 본받는 자들, 그저 그 가르침에 순종하려고 애쓰는 자들, 그저 따르는 자들이 아니다. 우리는 왕과 교제를 나눈다. 우리는 그 왕을 알되 원어에서 말하는 의미, 즉 우리가 왕과 교섭한다는 의미로 왕을 안다. 이는 아름다운 헬라어 단어 '페리코레시스'(perichoresis)가 표현하는 것이다. 내가 그리스도 안에, 그리스도가 내 안에 있다. 또는 바울이 말하듯이 "너희 안의 그리스도, 영광의 소망"이다. 그렇다, 우리는 그 증거를 경험할 수 있다. 그리고 이것 속에 영광의 소망이 있다.

고린도후서 3장에 나오는 바울의 말에 따르면, 우리가 주님을 바라보고 성령이 우리 안에서 일하심에 따라 우리는 점점 더 영화롭게 된다. "우리가 다 수건을 벗은 얼굴로 거울을 보는 것 같이 주의 영광을 보매 그와 같은 형상으로 변화하여 영광에서 영광에 이르니 곧 주의 영으로 말미암음이니라"(고후 3:18). 바울이 여기서 말하듯이, 우리는 모세와 같지 않다. 모세가 회막에서 나올 때 수건을 써야 했던 것은 그

빛이 사라지고 있었기 때문이다. 그러나 이와 대조적으로 점진적으로 영화롭게 되는 모습이 있다. 베드로후서에 따르면 우리는 "하나님의 성품에 참여하는 사람"(벧후 1:4)이다. 이는 하나님처럼 된다는 뜻에서 '테오시스'(theosis)라 불린다. 우리가 변형되는 것이다. 토머스 두바이는 이렇게 말한다. "우리는 무한한 아름다움을 얼굴을 대면하여 보는, 삼위일체 하나님 안에서 이루어지는 인격 간의 몰입이라는 영원한 황홀경을 위해 창조되고 구속되었다."10) 이것은 하나님 나라에 속한 일꾼에게 어떤 영향을 줄까?

그리스도 신비주의에서 일어나는 일은 우리가 그리스도의 마음과 태도와 가치관을 얻게 되는 것이다. 우리는 그리스도−사람(Christ-person)이 됨으로써 믿음으로 의롭게 된다. 말하자면, 우리는 그리스도와 동일시되고 그분의 십자가 구원 사역에 힘입어 무죄를 선언받는다. 그런데 칭의가 우리에게 전가되되 그 칭의는 그리스도와의 교제를 통해 전가된다. 그래서 점차적으로(이것은 하나의 과정이다) 우리의 가치관이 그리스도의 가치관이 되고, 우리는 우리의 일, 우리의 동료, 우리의 보스, 우리의 직원, 심지어 우리의 적들과의 관계에서 더 나은 사람이 된다.

그래서 우리의 일이 그리스도를 통해 존엄성과 의미를 부여받을 뿐 아니라 우리가 일꾼으로서 변화된다. 우리의 동기도 바뀐다. 바울이 골로새서 3장에서 두 번이나 말하듯이, 우리가 섬기는 분은 주 그리스도이시기 때문이다(골 3:23-24). **우리는 동시에 그리스도를 위해 그리고 그분 안에서 일한다.**

셋째, 그 왕의 생활방식은 일터에까지 영향을 미친다.

일터 속에 계신 왕, 그리스도

너희 안의 그리스도, 영광의 소망.

'너희 안에 계신 그리스도는 영광의 소망'이라는 바울의 간결한 진술의 맥락은 다음과 같다. 골로새서에서 바울은 이렇게 말한다.

> 내가 교회의 일꾼 된 것은 하나님이 너희를 위하여 내게 주신 직분을 따라 하나님의 말씀을 이루려 함이니라 이 비밀은 만세와 만대로부터 감추어졌던 것인데 이제는 그의 성도들에게 나타났고 하나님이 그들로 하여금 이 비밀의 영광이 이방인 가운데 얼마나 풍성한지를 알게 하려 하심이라 이 비밀은 너희 안에 계신 그리스도시니 곧 영광의 소망이니라 우리가 그를 전파하여 각 사람을 권하고 모든 지혜로 각 사람을 가르침은 각 사람을 그리스도 안에서 완전한 자로 세우려 함이니 이를 위하여 나도 내 속에서 능력으로 역사하시는 이의 역사를 따라 힘을 다하여 수고하노라(골 1:25-29)

이것은 온전한 복음이다. 그 비밀이 이제 나타났고, 유대인과 이방인, 종과 자유인, 남자와 여자 등 모든 종류와 계급의 사람들이 왕이신 그리스도와 연결되고 그 나라의 침입에 참여할 수 있다. 이것은 그저 당신의 영혼 속의 그리스도만도 아니고 당신의 영 속의 그리스도만도 아니다. "너희"는 전인(全人)을 의미한다. 당신이 구원받는 것이지 당신의 영혼만 구원받는 것이 아니다. 그리고 당신만이 아니라 일, 여가, 관계, 돈, 성, 우정, 시민권 등 당신이 행하는 것도 구원받는다. 변화되는 것은 당신만이 아니라 당신의 일터도 포함한다.

예수님의 복음은 무엇인가? 말했듯이, 예수님은 영혼 구원의 복음을 전파하지 않으셨다. 그는 하나님 나라의 복음(마 4:17; 24:14)을 전파하셨다. 골로새서에서 바울은 이를 일상의 일과 가족의 현실에 비추어 설명한다. 그 나라는 현재 (부분적으로) 오고 있고 미래에 완전히 올 것이다. 그 나라는 사람들이 샬롬을 경험하고 번영할 수 있는 통로가 되는 하나님의 통치다. 일과 관계는 변화될 수 있고, 사람들은 온전한 삶을 살 수 있다. 이것은 현재로서는 부분적으로 사실이지만 그리스도의 부활로 인해 우리는 궁극적으로 새 하늘과 새 땅에서 온전한 인간이 될 것이다. 그것은 영혼 구원 이상이다. 그것은 종교 활동과 행습 이상이다. 그것은 몸을 억제하는 것 이상이다. 그것은 당신이 하나님의 사랑을 받고 있음을 아는 것 이상이다. 그것은 당신의 죄가 용서받는 것 이상이다. 그것은 생명, 풍성한 생명, 번영하는 생명이다. 그것은 영광의 소망이다.

따라서 하나님 나라의 복음은 이원론의 종말이다. 이원론은 아마 전 세계 교회에서 가장 해로운 이단일 것이다. 이원론은 몸은 나쁘지만 영이나 영혼은 좋다고 말한다. 바울이 우리에게 위의 것을 생각하고 땅의 것을 생각하지 말라고 권면한 것(골 3:1-2)은 이런 뜻이 아니다.[11]

이원론은 예수님에 의해 박살났다. 메리앤 톰슨은 그녀의 골로새서 주석에서 이렇게 말한다. "그러나 '위의 것'을 생각하는 것이 마치 그리스도 안에서, 그리스도를 위해 창조된 세계에 무관심한 영성을 의미하는 것 같은, 하늘의 것과 땅의 것을 갈라놓는 이원론은 여기에 없다."[12]

복음의 본질은 번영하는 삶으로 이끄는 것이지, 종교로 이끌거나 낮은 삶과 상반되는 높은 삶으로 이끄는 것이 아니다. 바울은 골로새서 2장 10절에서 '여러분도 충만함으로 인도되었다'고 말한다.[13] 바울이 바로잡은 골로새의 가르침은 더 깊은 영적 체험을 약속하는 특정 규율과 규정에 기초를 둔 일련의 신념이었다. 이는 특정 절기, 축제(초승달이나 안식일), 거룩한 날들과 금식, 자기 부인, 특정 음식의 절제, 그리고 몸을 가혹하게 다루는 것과 관련이 있었다. 이를 통해 그들은 더 높은 수준으로 올라가고 그리스도의 비밀을 깨달을 것으로 생각했다.

몸을 억제하는 것은 그 관점이 잘못되었다. 그것은 몸의 부활이나 예수님의 부활의 의의를 이해하지 못한다. 몸은 거룩하다. 몸을 억제하는 것은 그 행습이 잘못되었다. 일단 그 행습이 중단되면 옛 충동이 보통은 더 큰 활력과 함께 다시 나타난다(골 2:23도 보라). 물리적인 몸의 학대는 겸손이 아니라 교만으로 이끌어서 자랑하게 된다.[14] 그래서 하나님이 몸을 가진 우리의 삶 전체를 구속하신다는 소식은 굉장한 소식이다.

하나님 나라에는 하늘의 것과 땅의 것 사이의 이원론이 없고, 그리스도 안에서의 삶(일, 관계 등)과 하나님의 백성 안에서의 특정한 활동(명시적인 기독교적 봉사와 활동 같은) 사이의 이원론도 없다. 톰슨은 "하늘을 생각하는 마음은 삶의 모든 영역을 승천하신 그리스도와 관련하여 봄으로써 그 영역들을 변화시킨다"[15]라고 말한다.

골로새서 3장에서 바울은 종과 주인의 관계는 지배와 순응의 관계가 아니라 섬김과 섬김의 관계라고 한다. 이는 일터를 변화시킨다. 우리는 서로를 압도하는 대신에 서로에게 힘을 실어 준다. 그리고 이것이 영광이다. 사유하는 생활이 영광이다. 일하는 생활이 영광이다. 관계 맺는 생활이 영광이다. 이것이 어떻게 가능할까? 바울의 답변은 "주 안에서"(골 3:18, 20)다. "주께 하듯"(골 3:23), '주를 섬기는 것'(골 3:24)이다. 우리에게는 '하늘에 주인(주 또는 왕)'이 있기 때문이다(골 4:1). 삶의 모든 영역에서의 영광. 다가오는 삶의 모든 영역에서의 영광. N. T. 라이트가 말하듯이, 죽음 이후의 삶이 있다. 이제 이번 장의 중심인 골로새서의 본문으로 돌아가 이렇게 정리할 수 있겠다.

"너희 안의 **그리스도**, 영광의 소망." 그리스도는 일하시는 왕이다.

"너희 **안의** 그리스도, 영광의 소망." 그리스도는 일꾼 속에 계신 왕이다.

"**너희** 안의 그리스도, 영광의 소망." 그리스도는 일터 속에 계신 왕이다.

그리고 이 그리스도-교제는 어떻게 일어나는가?

시몬 베유는 그리스도인이 된 유대인이었다. 그녀는 두세 명이 모인 곳에서 믿음의 공동체를 경험했지만 공식적인 교회에 소속된 적이 없었다. 그녀는 이렇게 썼다.

> 무한한 공간과 시간을 넘어 무한히 무한한 하나님의 사랑이 우리를 사로잡는다. 그분은 자신의 시간에 오신다. 우리는 그분을 받아들이거나 거절할 힘이 있다. 우리가 계속 귀를 막고 있으면 그분은 걸인처럼 거듭 돌아오신다. … 우리는 그분께 드린 동의, 즉 혼인의 "예"를 후회하지 않으면 된다.[16]

만일 그리스도의 계시가 하나님의 선물이라면, 복음 전도의 큰 도전은 그리스도의 자기 계시가 어떻게 일어나게 할까에 있다. 그래서 예수님은 그리스도라고 고백했던 베드로에게 예수님이 이렇게 말씀하신 것이다. "이를 네게 알게 한 이는 혈육이 아니요 하늘에 계신 내 아버지시니라"(마 16:17).

예수님은 암묵적으로 다음과 같은 중요한 질문을 던지신다. 이것은 실제로 어떻게 일어나는가? 우리는 스스로를 삼위일체 속으로 초대하는가? 삼위일체는, 특히 예수님은 우리를 그분과의 교제로 초대하시는가? 그리고 조건이 있는가? 이를테면, 진정한 존재가 되는 것, 우리 자신에게 진실한 것, 그리고 우리의 필요를 인정하는 것 등? 하나님이 우리의 초대를 기다리시는가, 아니면 우리가 그분의 초대를 기다리는가? 이것은 분명 신비롭다. 우리의 작은 마음은 그것을 완전히 받아들일 수 없다. 그러나 이것만은 확실하다. 만일 그분이 일꾼으로서 당신의 일에서, 그리고 당신의 일터에서 당신의 마음 문을 두드리신다면, 당신이 그분을 영접하면 된다는 것. 그러면 그분이 들어오실 것이다.

PART. 3

일터와 하나님 나라의 가치와 미덕

07

가장 소중한
하나님 나라의 가치

좋은 기업은 예외 없이 가치 선언문이 있고 보통 그것을 고객과 거래처에 공개한다. 교회와 비영리 단체도 그렇게 한다. 가치는 소중히 여기는 행동 방식이다. 가치는 우리에게 동기를 부여하고 방향을 제시한다. 이번 장에 나오는 세 가지 가치를 받아들일 뿐 아니라 그것들이 당신의 인격에 각인되기를 바란다.[1] 이 가치는 일 년 동안 일터변혁연구소(IMT)의 이사진과 동료 집단과 논의한 후 채택한 것이다. 공교롭게도 이것들의 머리글자를 합치면 'IMT'가 된다. 통합(integrating), 의미(meaning), 그리고 번영(thriving)이다. 이것들은 일과 일꾼과 일터에 적용되는 그 나라의 가치들이다.

통합

> 네 몸의 등불은 눈이라 네 눈이 성하면 온 몸이 밝을 것이요 …
> 그러므로 네 속에 있는 빛이 어둡지 아니한가 보라 (눅 11:34-35)

통합의 가치를 소중히 여기는 것은 하나님의 목적과 임재 아래 모든 것을 하나로 모으는 행동과 사고를 채택하는 것을 의미한다. 모든 것을 성스럽고 하나님이 주신 것으로 보는 것이다. 사탄은 해체의 교수이자 이원론의 창시자다(창 3:1-5). 주 예수님은 통합의 교수다. 이상하게도 '종교'(religion)라는 단어의 원래 의미는 '다 함께 묶다'라는 뜻이다. 사물을 다 함께 묶어서 매끈한 덩어리를 만드는 것, 성경적 용어를 사용하자면 '샬롬'을 찾는 것이다. 에베소서에서 이 온전함 또는 통합은 모든 것을 그리스도의 머리 되심 아래 하나로 모으는 것을 의미한다(엡 1:10). 이것은 하나님과 그의 나라에 대한 우리의 헌신을 일상적인 것, 즉, 돈 다루기, 기업에서 일하기, 물건 만들기 등에서 분리하지 않는 것을 의미한다. 그것은 이원론을 무너뜨린다.

이원론은 몸은 나쁘지만 영이나 영혼은 좋다고 말한다.[2] 세상에서 하는 일은 세속적이고 거룩하지 못하지만 교회 사역, 교회 예배, 주일학교 교육, 그리고 복음 전도는 거룩하다고 한다. 이생에 속한 것들은 거룩하지 못한 반면 새 하늘과 새 땅에서 우리가 영위할 삶은 거룩하다고 한다. 이원론은 하나님을 기쁘게 하는 것과 관련해 직업의 위계구조를 만든다(선교사와 목사가 맨 위에 있고 주식 중개인이 바닥 근처에 있다). 이원론은 종교성 그리고/또는 세속화로 표출되지만 참된 기독교 신앙은 둘 다 아니다.

통합의 배후에는 창세기의 첫 부분을 읽을 때 종종 놓치는 중요한 진리가 있다. 하나님이 이 세계를 그의 임재와 목적을 위해 하나의 성전으로 만드셨다는 것이다. 그리고 하나님은 이 성전-세계(또는 이 성소-세계)의 한복판에 하나님의 형상을 두셨다. 이 경우에는 그 자신을 대표할 피조물, 하나님의 형상으로 창조된 남자와 여자다. 모든 것은

본래 신성하게 창조되었던 것이다. 그러나 죄가 모든 것을 손상시켰기 때문에 오늘날 모든 것은 신성하거나 더럽혀졌거나 둘 중 하나다. 그러나 이것은 세속적인 것은 하나도 없다는 뜻이기도 하다. 한때는 하나로 온전했던 것이 나눠지고 분리되고 말았다. 한마디로 이것이 이원론의 문제다.[3]

이원론은 특정 활동, 특정 인물, 그리고 특정 경험을 신성한 것으로 높인다. 사실 '목사'(reverend)란 호칭은 보통 안수받은 목사에게 부여되지만 이 용어는 존경을 뜻하는 것이고 신을 위해 예비된 것을 뜻한다. 하나님의 모든 백성에 관한 성경 신학에서는 통상적인 의미의 '평신도'가 없다. 말하자면 2등급, 훈련받지 않은, 자격이 없는, 또는 세속적인 사람이 없다는 뜻이다. '평신도'를 의미할 수 있는 두 헬라어 단어(*laikoi*와 *idiotes*)는 영감받은 사도가 그리스도인을 묘사하는 데 사용한 적이 없고, 영어 단어 'clergy'(성직자)의 어원인 헬라어 단어 '*kleros*'(능력을 받은, 안수받은, 임무를 받은)는 성경에서 소위 '거룩한 일'을 하는 교회 지도자들에게만 사용된 적이 없다. 사실상 그 용어는 하나님의 모든 백성에게 사용된다. 그 존엄한 백성은 헬라어 단어 '라오스'(*laos*, '평신도'가 아니라 '하나님의 백성'을 의미한다)로 표현되어 있다. 그러니 우리는 그 나라에 속한 동반자로서 아이러니하게도 통상적 의미의 평신도는 없고 진정한 의미의 성직자로 가득한 하나님의 백성인 것이다.

그러므로 그리스도인의 과업인 통합, 시도적 사명, 그리고 모든 피조물이 그리스도 아래서 하나가 되게 하라는 하나님의 명령은 한마디로 **성례전적(sacramental)으로 살며 일하라**는 것이다. 이 용어는 보통 성찬과 세례를 가리키고, 이런 성례는 은혜가 물질적 실체를 통해 중재되는 것을 말하는 만큼, 우리가 만일 진정으로 통합한다면 일상적인 것에서 하나님을 발견하리라고 확언하는 것이 중요하다. 우리는 일상적인 일과 일꾼과 일터에서 하나님을 만나고 은혜를 발견하고 하늘과 땅의 만남을 발견할 것이다.

  교회 역사를 보면 하늘과 땅의 만남, 사물의 재통합은 두 가지 방식으로 이루어진다고 주장해 왔다. 교회의 성례전적 전통은, **사람들이 한 보편적 제사장이 되어 삶의 모든 영역을 그 나라의 침입으로, 하나님의 은혜의 성례전적 표현으로 볼 수 있게 하려고** 물리적 물질(떡과 포도주와 물)을 다루도록 지명받은 특별한 제사장들과 거룩한 동작이 있다고 주장해 왔다. 이에 대해 N. T. 라이트가 잘 표현했다.

> 왕 같은 제사장직의 행습을 배우고 있는 교회는 성례전을 거행할 것이다. 이러한 의식은 하늘의 삶이 땅의 삶과 신비롭게 교차하는 순간이다. 하지만 그것은 땅이 하늘을 통제하거나 조종하려는 것이 아니라(그것은 신앙이 아니라 마법일 것이다) **하늘의 이야기가 땅의 삶 안에서 구체적이고 물리적 실재가 되게 하려는 것이다.**[4)]

한편 사제직도 없고 명시된 성례전도 없는 퀘이커 교도들이 이런 입장을 취하는 것은 엘턴 트루블러드가 그의 책 제목[5)]으로 표현하듯이, 모든 "인생의 공통된 모험"이 성례전적 성격을 지니고 있음을 주장하기 위해서다.

그러므로 우리는 성례전적으로 살고 일하기를 시작할 수 있다. 내가 '시작하다'라고 말하는 것은 이것이 하나님 나라와 마찬가지로 한평생에 걸친 과정이자 인류 역사 전체의 과정이기 때문이다. 모든 것을 통합하는 예수님의 개념인 하나님 나라는 지금 여기에 있는 동시에 그리스도가 재림하는 종말에 완전히 도래할 나라다.

정교회 신학자인 알렉산더 슈메만은 일상생활의 성례전적 성격을 재발견하는 것에 관해 말하면서 우리를 동산에서의 하나님의 본래 의도로 되돌아가게 한다.

> 성경의 창조 이야기에서 사람은 … 배고픈 존재로 … 모든 세계는 그의 음식으로 그려져 있다. '원'죄는 일차적으로 사람이 하나님을 불순종했다는 것이 아니다. 그 죄는 사람이 그분에 대해, 오직 그분에 대해 배고파하길 멈추었고, 그의 삶 전체가 **하나님과의 교제의 성례전으로서** 온 세계에 의존하고 있음을 보길 멈추었다는 것이다. 그 죄는 그가 종교적 의무를 무시했다는 것이 아니었다. **그 죄는 그가 하나님을 종교의 견지에서 생각했다는 것, 즉 진정한 삶으로 이끄는 그분을 반대했다는 것이다.** 사람의 유일한 타락은 비성례전적인 세계에서 비성례전적인 삶을 영위하는 것이다.[6]

그래서 통합은 우리에게 하나의 과정이고, 우리 평생에 결코 완수되지 않을 테지만 생명을 주는 과정이다. 일터변혁연구소의 소장을 역임한 데이비드 세이슨은 그 과정을 이렇게 요약한다. 하나님의 형상을 지닌 자로서 우리의 역할은 하나님의 복을 나머지 창조세계에 중재하는 것이라고. 통합의 방식은 하늘과 땅을 잇는 왕 같은 제사장의 방식이다. 신앙과 일을 통합하는 궁극적 형태는 전례(liturgy), 즉 예배인 일이다(이것이 헬라어 단어 '레이투르기아'[*leitourgia*]의 뜻이며, 문자적으로 '백성을 위한 일'을 의미한다. 이 단어는 두 단어 '리토스 에르고스'[*litos ergos*] 또는 '공적 섬김' 또는 '성스러운 섬김'의 직역이다).[7]

우리는 통합을 통해 우리의 삶과 일에서 의미를 발견한다.

의미

> 여호와를 경외하는 것[하나님에 대한 애정 어린 존경]이 지식의 근본이거늘 _ 잠 1:7

흔히 통합과 번영(세 번째 가치)은 행위이지만 의미는 행위가 아니라고들 말한다. 이것이 맞는 말인가? 예리한 관찰인가? 사실 우리는 우리의 행동, 일, 기업, 또는 사역 속에 암묵적으로 묻혀 있는 의미를 발견하는 것이 아니다. **우리가 스스로 의미를 부여한다.** 또는 거꾸로, 다른 사람들에 의해 의미가 부여된다. 의미(meaning)는 동사나 분사가 아니라 명사이긴 해도, 이 명사는 '의도된 것', '중요한 속성', '감춰져 있거나 특별한 중요성의 함의' 그리고 '목적'의 발견을 전달한다(웹스터 사전). 따라서 신학적 과업의 목적은 사물의 의미를 발견하는 것이라고 주장할 수 있다. 여기에는 인생, 인적 사업, 역사, 그리고 하나님 나라의 의미가 포함된다. 그래서 '의미'란 단어가 그 뜻이 어디에서 오는지 가리키지 않아도, 우리는 이 가치에 도달하기 위해 '깊은 의미' 또는 '신적인 의미' 또는 '성스러운 의미' 또는 '성경적 의미'와 같은 용어들을 사용해야 할 수도 있다.

우리는 탁자를 만들거나 식사를 준비하거나 거래를 하는 등 어떤 일을 하면서 하나님이 주신 뿌리 깊은 의미를 발견하지는 못한다. 하지만 우리는 그 일이 인류를 향한 하나님의 목적과 어떤 관계가 있는지를, 우리가 어떻게 공동체 안에서 남을 위해 그런 일을 하도록 하나님을 닮은 존재로 만들어졌는지를 앎으로써 그 의미와 중요성을 발견할 수 있다. 우리는 이 일이 우리의 형제와 자매와 이웃을 사랑하는 실제적인 방식이고, 우리가 받은 은사와 재능을 표출하고픈 갈망을 이루는 방식이며, 더 큰 공동체에 덕을 세우는 방식임을 발견할 수 있다. 이 목록에 자연스럽게 포함되는 것은 우리가 일을 통해 자신과 사랑하는 사람들에게 양식을 공급할 수 있다는 점이다. 대니얼 핑크는 『새로운 미래가 온다』(Whole New Mind)에서 "의미는 새로운 돈"[8]이라고 주장한다. 그는 빅터 프랭클이 반세기 전에 그의 책에서 했던 말을 인용한다. "사람들은 살 수 있을 만큼 갖고 있으나 삶의 목적이 없다. 그들은 수단은 있으나 의미가 없다."[9] 우리는 의미가 있을 때 장려받고 동기를 부여받고 능력을 얻는다. 의미가 없으면 우리는 죽고 만다. 이 때문에 그토록 많은 사람이 상대적으로 무의미하게 여겨지는 일을 하다가 그만두고 이른바 '사역'에 참여하는 것이다. 왜 그런가? 내 생각에 잘못된 일이지만, 신앙공동체가 인간의 다른 직무에 의미를 부여하는 것은 소홀히 하고 교회 사역에는 의미를 부여해 왔기 때문이다. 의미가 없으면 우리는 움직이는 시체와 다름없다.

무의미함은 사회와 미디어와 일반적인 삶에서 많이 발견할 수 있다. 그리고 하나님 나라의 좋은 소식이 줄 수 있는 큰 것들 중 하나는 의미심장함이다. 우리는 무엇보다도 무의미함에서 구원을 받았다. 이것이 뜻밖에도 아리송한 책인 전도서의 표면 아래 있는 메시지다. 성공한 사람으로서 솔로몬은 초월적인 하나님에 대한 언급 없이 "해 아래에서" 이룬 자신의 업적을 살펴보고 이런 말로 결론을 내린다. "그 후에 내가 생각해 본즉 내 손으로 한 모든 일과 내가 수고한 모든 것이 다 헛되어 바람을 잡는 것이며 해 아래에서 무익한 것이로다"(전 2:11). 하지만 무의미함을 거친 그의 여정은 깜짝 놀랄 결론에 도달한다. '하나님을 경외하는' 사람들이 의미를 찾는다는 것이다(전 12:13). 하나님을 경외하는 것은 하나님에 대한 존경스러운 애정을 의미한다.

그러므로 우리가 일과 일꾼과 일터에 부여하는 의미는 무엇인가? 간단하다. 우리는 **하나님의 영광과 공동체의 유익을 위해** 살고, 일하고, 관계 맺고, 앞을 내다보고, 창조한다는 것이다. 이를 예수님은 두 개의 큰 계명으로 표현하셨다. "네 마음을 다하며 목숨을 다하며 힘을 다하며 뜻을 다하여 주 너의 하나님을 사랑하고 또한 네 이웃을 네 자신 같이 사랑하라"(눅 10:27). 이를 달리 표현하면 이렇다. 우리가 일과 일꾼과 일터에 부여하고픈 의미는 다름이 아니라 **우리는 창조주의 목적과 임재와 일맥상통하게, 그리고 인류와 온 창조세계의 유익을 위해 살고 일한다**는 것이다.

첫 번째 가치(통합)가 일꾼과, 두 번째 가치(의미)가 일과 관련이 있다면, 세 번째 가치(번영)는 일터와 관련이 있다.

번영

> 여호와를 경외하는 것은 생명의 샘이니 _ 잠 14:27
> 정직한 자의 장막은 흥하리라_ 잠 14:11

번영은 하나의 행위이지만 단지 "오늘 나는 생존만 하지 않고 번영할 거야"라고 말할 수 있는 행동이 아니다. 번영은 그저 성공, 부유함, 명성, 또는 축복을 인생 목표로 삼고 현명한 작은 목표들을 이용해서 거기에 도달하는 단계를 밟는 것이 아니다. 마치 우리가 우리의 인간됨을 초월할 수 있다는 듯 '인간의 초월성'이란 어불성설의 모토를 가진 인간 잠재력 운동이 제시하는 자기 계발 훈련으로 달성되는 것이 아니다. 그러나 번영은 하나님이 피조물에게 원하시는 것임은 틀림없다. 잠언 14장 11절이 "정직한 자의 장막은 흥하리라"고 주장하는 것과 같다.

이 점은 예수님이 옛 고향 회당에 오셨을 때 밝히 드러났다. 예수님은 눈먼 자에게 다시 보게 함을, 가난한 자에게 복음을, 포로 된 자에게 자유를 가져오고 사람들이 하나님의 은총을 찾도록 도와주는 것에 관한 이사야서 61장을 읽으신 후 '그것이 나다. 나는 하나님의 통치를 구현하고, 선포하고, 이행하려고 왔고 이로써 인간이 번영할 것이다'(눅 4:16-20)라고 말씀하셨다. 그 이야기는 거기서 끝나지 않는다. 그분이 이어서 이런 일이 어떻게 이루어질 것인지를, 특히 번영하는 나라가 외부인들, 소외받은 사람들, 버림받은 자들을 포함할 것이라고 설명했을 때, 그들은 그분을 죽이려고 했다. 그래서 번영은 반문화적인 차원을 내포한다. 그것은 어떤 인간적 갈망을 뒤집는 것이다.

1장에서 살펴보았듯이, 인간 번영에 대한 성경적 비전은 경제적, 사회적, 정서적, 창조적, 관계적, 그리고 영적 안녕을 포함한다(눅 4:18-19). 그러나 이것은 우리가 요약할 수 있거나 '번영하는 법에 관한 집중 코스'를 개설할 수 있는 그런 것이 아니다. 그것은 하나님-인간의 대화, 은혜로운 모략, 공동 창조적인 사업의 맥락에서 주어진다. 그러면 번영한다는 것은 무슨 뜻인가?

교부 이레네우스(AD 130-202)는 "하나님의 영광은 살아 있는 인간이다"라는 유명한 말을 했다.[10] 이 영광은 하나님과의 교제와 그분에 대한 의존을 통해 온다. 그러나 이는 온전한 삶을 살기 원하는 사람들에게는 죽음과 부활인 것으로 판명된다. 이는 자율성에서 하나님에 대한 의존으로 돌이켜서 하나님 안에 뿌리를 내리고 그 안에서 살아가는 것을 수반한다. 우리는 궁극적으로 새 하늘과 새 땅에서 부활의 삶을 살 때는 번영할 것이고, 이생에서 경험하지 못한 방식으로 온전한 인간이 되어 있을 것이다.

그러나 이생에서는 (궁극적 운명과 비교할 때) 이 부분적인 번영이 놀랍게도 부정적 움직임과 긍정적 움직임에 의해 얻어진다. 고대 영적 지도자들은 이를 '죽임과 열망'(mortification and aspiration)이라 불렀다. 성경에서는 이를 '육신(물리적 몸이 아니라 그리스도 밖에서 살고 자신에게 몰입하는 삶)'을 십자가에 못 박는 것'과 '성령과 보조를 맞추는 것'으로 묘사한다. 그래서 우리는 성령의 열매로 가득 차게 된다(갈 5:16-26). 번영에 들어가는 모습을 가리키는 다른 성경의 어구는 '회개'다. 이는 예수님이 마태복음에 나오는 첫 번째 설교에서 말씀하신 것이다. "회개하라 천국이 가까이 왔느니라[또는 손이 닿을 수 있는 곳에 있다]"(마 4:17). 그러면 회개한다는 것은 무슨 뜻인가?

회개는 그저 후회하는 것이 아니다. 우리가 행한 일에 대해 좋지 않게 느끼는 것이 아니다. 유다는 후회하면서 스스로를 죽였으나 결코 회개하지 않았다(마 27:3-5). 회개는 실제로 돌이키는 것, 방향을 바꾸는 것이다. 어둠에서 빛으로, 겨우 생존하는 상태에서 거듭남으로, (자신의 신이 되는) 자율적인 모습에서 하나님을 하나님으로 모시는 것으로, 자아 지향성에서 하나님 지향성으로, 세상과 현상을 향한 비관론과 부정론에서 다가오는 그 나라에 대한 희망으로, 우리의 우선순위, 가치관, 인생 목적을 주변 문화에서 취하는 것에서 하나님 나라의 가치관과 우선순위를 받아들이는 것으로 바뀌는 것이다. 회개는 우주의 중심으로서 자기를 사랑하는 것에서 우리의 마음과 목숨과 힘과 뜻을 다해 하나님을 사랑하는 것으로 돌아서는 것을 의미한다. 회개는 소비주의의 어두움과 영혼을 파괴하는 이미지들로부터 기쁨이 충만하고 풍성한 삶을 맞이하는 빛으로 돌이키는 것을 의미한다.

내가 맥매스터 대학교에 다닐 때 우리 교회 목사님이 채플 시간에 설교를 한 적이 있다. 그는 마태복음 4장 17절, 곧 예수님이 "회개하라 천국이 가까이 왔느니라"고 외치신 본문을 읽었다. 그러고는 자리에

앉기 전에 "여러분은 회개하길 원치 않지요? 그러나 예수님을 만나면 회개할 것입니다"라고 말했다.

예수님은 자신이 온 것이 우리가 "생명을 얻게 하고 더 풍성히 얻게 하려는 것이라"(요 10:10)고 말씀하셨다. 그리고 우리가 그분 안에 거하면 우리가 "열매를 많이 맺[을]"('번성할', 요 15:5) 것이라고 말씀하셨다. 그것은 어떤 모습인가? 바로 **열매가 많음, 생산성, 기쁨과 즐거움, 개인적 성취, 의미심장함, 동산에 있는 아담처럼 변화를 일구는 대리인, 하나님이 주신 인생의 소명이나 목적을 알고 힘을 얻는 것, 축복을 받는 것**이다.[11] 아이러니하게도, 우리가 다음 장에서 다룰 팔복에는 하나님 나라에서 번영하는 것, 즉 다가오는 하나님의 새로운 나라와 일치되어 살고 일하는 것에 대한 뜻밖의 진술이 나온다. 이는 심령이 가난한 것, 긍휼히 여기는 것, 마음이 청결한 것, 의에 굶주리는 것, 화평케 하고 곤경을 경험하는 것을 통해서 온다(마 5:3-12).[12]

이제 내용을 요약해 보자. 통합은 '일꾼'에 초점을 맞춘다. 이 세상에서 통전적이고 신실하게 존재하는 방식을 알려 준다. 의미는 '일'을 중심 삼는다. 우리가 행하는 일의 의미와 가치를 하나님의 목적과 은혜에 비추어 보는 것이다. 번영하기는 '일터'를 가리킨다. 사람들이 번성할 수 있는 환경과 조직 문화를 개발하는 것이다.

이 세 가지 가치가 우리의 성품에 깊이 새겨지고 우리의 행위로 표출되기를 기도한다. 하지만 그것은 회개하고 하나님 나라에 들어가라는 복음의 초대와 함께 온다. 그것은 실로 죽음과 부활의 경험이고, 평생에 걸친 지속적인 회심의 과정이 될 것이다. 그래서 이런 가치들을 받아들이도록 권유하는 것은 복음의 초대와 다를 바 없다. 예수님께 나아오고, 그분의 죽음과 부활을 받아들이고, 그분 안에서 풍성한 생명을 얻어서 예수님을 위해 살고, 당신의 삶의 의미를 발견해서 일하고, 현재와 영원토록 번영하라는 초대다. 그러나 다음 장이 보여 주듯이 그 길에는 많은 곤경이 따른다.

08
하나님 나라의 역설적인 가치
– 팔복과 일터

팔복의 말씀은 … 우리의 생각과 프로젝트를 뒤집어 놓고,
분명한 것을 뒤바꾸고, 우리의 욕망을 좌절시키고, 우리를 당혹게 하고,
우리를 하나님 앞에서 가련하고 벌거벗은 상태로 둔다.
세르베 핑케어스 [1)]

예수님이 바로 팔복이 성육하신 인물이다.
그분이 직접 살아 내고 선포하신 팔복은
일차적으로 예수님 그분과 동일한 한 나라의 영적 가치가 된다.
세군도 갈릴레아 [2)]

제정신을 가진 사람들 가운데 복을 받고 번성하기를 원치 않는 사람은 거의 없다고 나는 감히 말한다. 사실 행복의 추구는 모든 철학과 종교의 근본 주제다. 우리는 예수님의 낯선 가르침 중 하나이자 이른바 산상설교(마 5-7장)에 포함된 교훈에서 행복의 추구에 대한 답변을 발견한다. 어느 유명하고 대중적인 설교자는 타당한 이유로 팔복을 "행복한 태도 갖추기"라고 불렀다. 그러나 팔복에는 자신을 행복하게 만드는 프로그램보다 더 많은 것이 있다. 사실 예수님은 하나님 나라에서의 삶에 대해 이야기하신다. 그리고 그 나라는 현재 시작되고 있다. 첫 번째 복과 마지막 복은 "하나님의 나라[또는 천국]가 그들의 것임이라"다. 그런데 신기한 일이 있다.

팔복이 아닌 것과 팔복인 것

팔복은 당신이 그 나라에 들어가려면 무엇을 해야 한다고 말하지 않는다. 예컨대, 당신이 땅을 기업으로 받고 싶으면 온유해야 한다고 말하지 않는다. 또는 당신이 '하나님의 자녀'로 불리고 싶으면 화평케 하는 자로 처신해야 한다고 말하지 않는다.³⁾ 이것들은 그 나라에 입장할 요건이 아니다. 그것들은 당신이 그 나라 안에 '있을' 때의 모습을 묘사한다. 더 나아가 팔복은 오로지 미래의 나라, 곧 그리스도가 재림해서 땅에 그의 나라를 세우실 때에 관한 진술이 아니다. 그것은 현재에 관한 진술(특히 첫째 복과 마지막 복)이면서 미래에 관한 진술(이는 미스터리다)이다. 끝으로, 팔복은 서로 다른 여덟 부류의 사람에 대한 묘사가 아니다. 그들은 모두 동일한 사람일 수 있다. 그들은 누구인가?

팔복은 당신 주변 사람들 안에 있는 그 나라를 인식하고 당신이 그 나라 안에 있음을 인식하도록 격려하는 말이다. 그것은 그리스도인이 된다는 것이 어떤 모습인지를 선언하는 것이다. 그것은 그 나라 안 존재의 역설적인 선(善, 번영)으로 인해 제자들에게 주는 '축하'다. 그것은 조너선 페닝턴이 말하듯이,⁴⁾ "하나님 중심적인 인간 번영의 상태가 어떤 모습인지"를 보여 주는 '그림'이다. 그런데 팔복이 '복'에 관한 것이라면, '복을 받다'는 무슨 뜻인가?

영어 단어 'blessed'(복 받은)는 라틴어 단어 '베아투스'(*beatus*)에서 유래하고, 후자는 '행복한, 더없이 행복한, 행운의, 또는 번영하는'이란 뜻이다. 그러나 '*beatus*'로 번역된 헬라어 단어 '마카리오스'(*makarios*)를 'blessed'란 영어 단어로 옮긴 것은 정확한 번역이 아니다. 'blessed'는 신적 은총에 대한 하나님의 권위 있는 선언을 묘사하기 때문이다. '마카리오스'는 특정한 사람이나 상태에 행복이나 번영을 돌린다. 이는 하나님이 축복의 결과일 수 있지만 그 결과가 그것이 표현하는 것은 아니다. 그것은 하나님 나라를 표현하고, 한 사람이 그 나라에서 경험하는 바를 표현한다. 우리가 살펴볼 것처럼, 이는 거꾸로 뒤집힌 놀라운 나라다.[5] 그러므로 페닝턴이 말하듯이, "팔복은 행복에 관한 인간의 커다란 질문에 대한 예수님의 답변이다."[6] 그래서 팔복은 그저 상황을 긍정적으로 느끼는 것이 아니라 큰 의미의 행복, 즉 번영, 번성에 관한 것이다. 페닝턴이 말하듯이, 팔복은 "하나님 중심적인 인간 번영의 상태가 어떤 모습인지"를 보여 주는 그림이다.[7] 대럴 존슨은 첫째 복("심령이 가난한 자는 복이 있다")을 "너희 운 좋은 부랑자들아! 너희 복 받은 거지들아!"[8]로 번역한다. 만일 이것이 그 나라의 표징들의 역설적 성격을 끌어내지 않는다면 그 어떤 것도 그렇게 할 수 없다. 그러니 앞의 내용에 비추어 팔복을 다시 진술해 보자.

- 심령이 가난한 자는 번영하니 천국이 그의 것이기 때문이다.
- 애통하는 자는 번영하니 그가 위로를 받을 것이기 때문이다.
- 겸손한/온유한 자는 번영하니 그가 세계를 기업으로 받을 것이기 때문이다.
- 의에 주리고 목마른 자는 번영하니 그가 배부를 것이기 때문이다.
- 긍휼히 여기는 자는 번영하니 그가 긍휼이 여김을 받을 것이기 때문이다.
- 마음이 청결한 자는 번영하니 그가 하나님을 볼 것이기 때문이다.
- 화평하게 하는 자는 번영하니 그가 하나님의 자녀로 불릴 것이기 때문이다.
- 의를 위해 박해받은 자는 번영하니 천국이 그의 것이기 때문이다.

팔복이 역설적인 것은 의심의 여지가 없다. 당신이 가난하거나 심령이 가난할 때 정말로 부유하다.[9] 당신이 슬퍼할 때 위로를 받는다. 당신이 온유하고 겸손할 때 땅을 기업으로 받는다. 당신이 굶주릴 때 배부르게 된다. 당신이 자비를 베풀 때 자비를 받는다. 마음이 청결할 때 당신은 하나님을 본다. 당신이 평화를 도모할 때 하나님의 자녀로 불린다. 당신이 끔찍한 반대에 직면할 때 번영한다. 앞에서 언급한 세르베 핑케어스가 이 역설적 성격을 뚜렷하게 보여 준다.

팔복의 말씀은 성령의 능력으로 우리를 관통하여 우리 내면의 토양을 깨뜨린다. 그 말씀은 시련의 날카로운 날과 그것이 도발하는 투쟁으로 우리를 꿰뚫는다. 그것은 우리의 생각과 프로젝트를 뒤집어 놓고, 분명한 것을 뒤바꾸고, 우리의 욕망을 좌절시키고, 우리를 당혹게 하고, 우리를 하나님 앞에서 가련하고 벌거벗은 상태로 둔다. 이 모두는 우리 내면에 새로운 삶의 씨앗을 위한 장소를 준비하기 위해서다.[10]

하나님 나라 번영의 표시들

그러면 사람들이 하나님 나라의 미덕들을 갖고 있다는 표시는 무엇인가?

표시 1: **올바른 자기 평가.** 가난한 사람은 항상 의존적이다. 그리고 심령이 가난한 사람은 자기가 궁핍하다는 것을 안다. 예수님은 당신이 줄 것이 없다는 것을 알고, 하나님의 가족의 일원이 될 만한 자격을 얻기 위해 하나님께 내놓을 것이 없다는 것을 알 때 당신이 정말로 번영한다고 말씀하신다. 베드로가 예수님을 만났을 때 "주여 나를 떠나소서 나는 죄인이로소이다"라고 말했듯이 영적으로 파산하는 것은 대단한 일이다. 축하한다! 당신은 하나님 나라, 곧 다가오는 그 새로운 세계 안에서 모든 것을 갖고 있다. 일터에 있는 그 나라 백성은 우주의 중심이 아니고 그들도 그것을 안다. 그들은 모든 것을 다 알지 못하고 모든 것이 충분하지도 않다.

표시 2: **올바른 열정을 경험하는 것.** '애통'은 당신이 현재 벌어지고 있는 일과 관련해 세상의 고통을 깊이 느낀다는 것을 의미한다. 당신은 '바른 감정'(orthopathy)을 품었던, 즉 마음이 하나님의 마음과 통했던 옛 선지자들과 같은 심정을 갖고 있다. '오르소'(ortho)는 '똑바른'을 의미하고 '파토스'(pathos)는 '열정'을 의미한다. 그들은 하나님이 느끼듯이 느낀다. 그들이 그런 열정을 품고 있을 때 번영한다고 한다. 그들은 위로를 받을 것이다. 그 나라가 오는 중이다. 그 나라의 백성은 일터에서 올바른 것을 향한 열정이 있다. 사실 최악의 것들 중 하나는 무관심하고 신경을 쓰지 않는 것이다.

표시 3: **겸손한 것.** '온유함'은 군림하지 않고 권위에 순종하는 것을 의미한다. 그러나 온유함은 연약함이 아니다. 세계에서 가장 위대한 지도자 중 두 명은 온유한 사람으로 일컬어졌다. 모세와 예수님! 누구보다도 온유하신 예수님은 그 나라에 속한 동반자들과 함께(계 1:9) 땅을 기업으로 받으실 것이다(계 11:15). 시편 37편 11절이 바로 이것을 말한다. 온유함은 도발을 받을 때 순복하고, 상처를 입히기보다 기꺼이 고난받는 것을 의미한다. 온유한 사람은 교만하지 않다. 구약의 왕이 갖춰야 했던 신성한 자격처럼, 온유한 사람은 스스로를 동료들보다 더 낫다고(신 17:20) 간주하지 않는다.[11] 놀랍게도 온유한 사람이 땅을 기업으로 받는다! 존 딕슨은 『겸손: 삶, 사랑, 리더십의 잃어버린 열쇠』(Humilitas: A Lost Key to Life, Love, and Leadership)에서 겸손을 이렇게 정의한다. "겸손은 당신의 지위를 포기하고, 당신보다 먼저 남의 유익을 위해 당신의 자원을 배치하거나 영향력을 사용하기로 하는 고상한 선택이다. 좀 더 간단하게 말하자면, 겸손한 사람은 남을 섬기기 위해 기꺼이 권력을 보류하는 모습을 특징으로 삼는다고 할 수 있다."[12] 탐욕과 군림하는 권력 위에 세운 제국들이 잡아먹히는 것과 대조적으로 온유함 위에 세운 나라는 영원히 지속된다.

표시 4: **거룩한 욕망을 품는 것**. '의에 주리고 목마르다'는 하나님, 다른 사람들, 우리의 내적 자아, 그리고 창조세계와의 바른 관계를 향한 열정이 있다는 뜻이다. 의로움에는 두 종류가 있다. 첫째는 당신의 믿음 덕분에 전가받은 의로움이다. 그리스도 안에서 당신은 의롭다고 선언되거나 의로움을 전가받는다(고후 5:21). 둘째는 우리가 점점 더 그리스도를 닮아 가면서 분여받는 의로움이다(고후 3:18; 골 1:27). 피터 크리프트는 이렇게 말한다. "불만족이 차선책인 것은 그것이 거짓 만족에 옭아매는 접착제를 용해하고 우리를 유일한 참만족이신 하나님께 달려가게 하기 때문이다."[13] 그렇다. 갈망은 일터에서 좋은 것이다. 그것은 성장과 개선을 향한 열정이고 현상 유지에 안주하지 않는 것이다. 좋은 소식은 그 만족이 오고 있다는 것이다. 사실은 그 만족이 여기에 그리스도와 그의 나라와 함께 있다. 그리고 당신이 이 만족에 굶주린 것은 당신이 똑바로 선 나라에 속해 있다는 표시다.

표시 5: **동정심을 품는 것**. '자비로움'은 사람들에게 그들이 마땅히 받을 것을 주는 것이 아니다. 여기에 사용된 헬라어 단어 '엘레이모네스'(*eleemones*)는 개인적으로 하나님의 자비를 경험한 결과, 비참한 사람들에게 사랑과 친절, 용서하는 정신을 품는 것을 의미한다. 이는 선한 사마리아인의 비유와 탕자의 비유에 나오는 그런 자비다.[14] 그것은 가슴에서 우러나와서 그렇게 하는 것이다. 우리가 만일 남들에게 자비를 실천하지 않으면서도 자신을 위해서는 자비를 바란다면, 우리는 정말로 자비를 구하는 것이 아니다. 소란스러운 일터에서 그런 동정심으로 번영하는 것이 과연 가능할까? 물론이다. 그리고 당신이 그렇게 실천할 마음을 품고 있다는 사실은 당신이 하나님 나라에서 번영하고 있음을 보여 준다.

표시 6: **일편단심을 품는 것**. '마음이 청결함'은 반드시 죄가 없다는 것을 의미하지는 않는다. 대대로 이것이 일차적인 의미라고 생각해 왔지만 말이다. 수도원 운동이 대체로 그런 견해를 취해 왔다. 여기에 사용된 헬라어 단어 '카타로이'(katharoi)는 죄가 없다는 뜻이 아니고 너무나 진실한 것, 두 마음을 품지 않는 것, 거짓이 없는 것, 또는 곁눈을 팔지 않는 것을 의미한다(마 6:22을 보라). 일편단심은 섞인 것이 없고 순수한 것이다. 곁눈을 팔지 않는 사람은 눈으로 보는 이들이다. 두 마음을 품은 사람은 두 정신을 품고 있어서 눈이 멀다. 그들은 표리부동하다. 그들은 정확하게 보지 못한다. "그의 거룩한 곳에 설 자가 누구인가"라고 시편 저자가 묻는다. 그러고는 스스로 '손이 깨끗하며 마음이 청결한 자'(시 24:3-4)라고 대답한다. 이와 함께 우리는 곳곳에서 일하시는 하나님을 볼 수 있다. 그리고 궁극적으로 우리는 하나님을 알고 하나님도 우리를 아신다(갈 4:9; 고전 13:12; 요일 3:3). 당신은 과연 단기 목표를 받아들이고 흑백윤리가 종종 회색으로 넘어가는 일터에서 일편단심으로 번영할 수 있을까? 그렇다. 모든 인간 사업은 신뢰에 바탕을 두고, '마음이 청결한' 자를 신뢰할 수 있기 때문이다. 그것이 그 나라가 번영하는 모습이다.

표시 7: **다리 짓는 자가 되는 것.** '화평케 하는 자'는 어디에 가든지 평화, 그저 고요함이 아니라 온전함과 화해를 가져온다. 그들은 무슨 수를 써서라도 갈등을 피하려는, 평화를 사랑하는 자들(peace-lovers)이 아니다. 그들은 평화를 만드는 자들(peacemakers)이다. 그들은 건전함과 안녕과 온전함을 증진하고 사람들 간의 그리고 사람과 창조세계 간의 조화를 회복시킨다. 그 배후에는 히브리어 단어 '샬롬'(shalom)이 있다. 샬롬은 보통 '평화'로 번역되지만 담을 허무는 왕성한 평화다(엡 2:14-18). 코닐리어스 플랜팅가가 말하듯이, "샬롬은 달리 말해 사물의 마땅한 모습이다."[15] 샬롬을 불러오는 사람은 하나님의 아들과 딸로 불린다. 실제로 그런 사람이기 때문이다. 그렇다, 양편에서 모두 공격을 당할 것이므로 이는 쉽지 않은 역할이다. 내 옛 보스가 내게 말했듯이, "조직의 고통을 견뎌야 한다." 그것은 깨어진 관계의 고통이고 조직문화의 신음이다. 이것이 팔복이 매우 부정적인 단언으로 끝나는 이유이며, 마태복음에 이에 대한 상세한 설명이 나와 있다(마 5:11-12).

표시 8: **희망찬 인내를 수용하는 것**. '의를 위해 박해를 받는 것'은 올바른 일을 행하고 올바른 길에 있기 때문에 역경에 직면하는 것을 의미한다. 대럴 존슨은 이런 사람들을 "행복한 전복자들"[16]이라 부른다. 박해받는 사람을 왜 축하하는 것일까? 그들이 그 나라 안에 있고, 그 나라의 사업을 수행하고, 그 나라의 선교에 관여한다는 표시이기 때문이다. 그들은 함께하는 자들이 있다. 예수님도 올바른 일을 행하다가 곤경에 빠지셨다(그분의 제자들도 그러했을 것이다). 이것이 세계 체계의 충돌인 것은 하나님 나라가 이미 이 시대를 뚫고 들어오고 있기 때문이다. 모르티메르 아리아스는 "그 나라는 역전이며, 따라서 인간질서의 영구적 전복자이다"[17]라고 말한다. 그리고 이 배후에는 우리가 마침내 천국에 이를 때뿐 아니라 현재에도 그 나라를 갖고 있다는 놀라운 진리가 있다.

이 미덕들은 실제적인가?

당신은 일터에서 이런 식으로 일할 수 있는가? 당신이 계산대 직원으로 일하는 매장에서? 고층에 위치한 회장실에서? 당신이 기계 운전자로 일하는 작업 현장에서? 온갖 상충되는 의제와 자아의 욕구가 존재하는 가정에서? 관청 사무실에서?

마르틴 루터는 왼손의 힘과 오른손의 힘에 대해 말한 적이 있다. 이에 대해 로버트 케이펀은 이렇게 말한다.

> 오른손의 힘(이것은 흥미롭게도 논리적이고 타당성을 좋아하는 뇌의 왼편의 지배를 받는다)과 달리, 왼손의 힘은 좀 더 직관적이고 개방적이며 상상적인 뇌의 오른편의 지도를 받는다. 왼손의 힘은 달리 말해, 정확히 역설적인 힘이다. 즉, 모든 세계에 약함처럼 보이는 힘, 불개입과 구별할 수 없는 듯한 개입이다. … 그것은 힘이다. 사실 너무나 큰 힘이라서 세상에서 악이 건드릴 수 없는 유일한 힘이다. 그리스도 안에 계신 하나님은 용서하면서 죽으셨다.[18]

한편, 이 미덕들은 실제적으로 보이지는 않는다. 성공하는 동시에 온유할 수 있을까? 당신이 자비롭다면, 사람들이 당신을 이용하지 않을까? 그럴 것이다. 당신이 의로움을 갈망한다면, 약간의 결함이 있다는 것을 아는 제품을 어떻게 팔 것인가? 당신이 일편단심이고, 진실을 말하고, 이중적이지 않다면, 어떻게 모든 절대적인 것이 상대적인 것이 되는 포스트모던 일터에서 살아남을 수 있을까? 어쩌면 단기적으로는 오른손의 힘을 가진 사람들이 앞서 나가서 성공할 수 있을 듯이 보인다. 그러나 장기적으로는 이런 자질들과 왼손의 힘이 승리할 것이다. 이 미덕들은 효력을 발휘하되 다른 방식으로 발휘한다.

  모든 비즈니스와 상호 교환은 신뢰에 바탕을 둔다. 당신은 자기 자신으로 충분하다고 말하지 않는 사람을 신뢰하겠는가? 당신은 스스로를 신격화하는 사람을 신뢰할 수 있는가? 당신은 일터에서 평화를 도모하는 사람과 일하는 것을 귀하게 여기지 않겠는가? 일터에서는 자비를 발견하고, 또 한 번의 기회를 얻고, 실패와 실수로부터 유익을 얻는 것이 하나의 복이 아닐까?

영리나 비영리 단체를 위한 일곱 개의 복

  나는 영리 기업이나 비영리 단체에서 종사하는 사람들을 위해 팔복을 재구성했다.

- 나는 하나님과 타인을 중시하고 나 자신을 경시하겠다.
  — 심령이 가난함
- 나는 내가 잘못할 때 그것을 시인하고 죄에 대해 슬퍼하겠다.
  — 애통함
- 나는 타인을 잘되게 하려고 권리를 양보하겠다.

— 온유함
- 나는 모든 상황에서 올바른 일을 행하고 하나님을 기쁘시게 하길 바라겠다.

    — 의에 주리고 목마름
- 나는 타인이 나를 실망시킬 때에도 친절과 은혜를 베풀겠다.

    — 자비로움
- 나는 일평생 하나님과 그의 나라에 초점을 맞추는 '일편단심'을 배양하겠다.

    — 마음이 가난함
- 나는 서로 다투는 파당들과 사람들을 묶어서 공동체를 세우려고 애쓰겠다.

    — 화평케 함
- 나는 올바른 일을 행하다가 겪는 고통을 감수하겠다.

    — 의로 인해 박해를 받음[19]

실제적이냐고? 그렇다. 일은 번성할 것이다. 일꾼도 번성할 것이다. 일터는 하늘을 맛보는 곳이 되고 어쩌면 영원히 지속될 것이다. 그럼에도 이것은 쉽지 않고, 하나님 나라의 일꾼이 되는 데는 대가가 따른다. 때로는 금전적, 직업적, 정서적, 그리고 인간관계의 대가를 치러야 한다.

당신은 어떻게 이런 미덕을 얻을 수 있는가?

미덕은 가치와 다르다. 가치는 소중히 여기는 행동 방식이다. 따라서 가치는 반대편이 없다. 당신은 당신의 가치관을, 나는 내 가치관을 갖고 있다. 그러나 미덕은 반대편이 있다. 악덕이다. 그리고 미덕은 우리의 마음과 삶에 뿌리박힌 성격 특성이다. 당신이 세미나에 참석하거나 손쉬운 몇 단계를 거치거나 "나는 하나님 나라에서 번영하고 싶다"라고 말한다고 성품이 바뀔 수는 없다. 성품이 바뀌려면 인생의 우여곡절을 겪고 어려운 상황에 처해 봐야 한다. 예를 들어 어려운 선택을 내려야 할 때, 우리가 큰 곤경에 처했음을 알았을 때, 하나님께 도와 달라고 부르짖을 때가 그런 상황이다. 예수님은 이를 회개라고 부르셨고, 하나님 나라가 가까이 왔으니 우리가 회개할 필요가 있다고 말씀하셨다(마 4:17). 회개는 방향을 우리 자신에서 하나님께로 돌리고, 출세하길 포기하고 우리의 마음을 예수님께 향하게 하고, 그 나라를 이생과 내세의 가장 찬란한 희망으로 받아들이는 것을 의미한다. 그래서 세르베 핑케어스는 (이런 말이 팔복에는 없지만) "이 모두는 우리 속에 새로운 생명의 씨앗을 둘 장소를 준비하기 위해서다"라고 말한다.

『우리가 누구에게로 가겠습니까?』(*To Whom Shall We Go?*)는 팬데믹 기간에 팔복을 중심으로 집필한 실로 비범한 책이다. 이 책에서 아이린 알렉산더와 크리스토퍼 브라운은, 세군도 갈릴레아가 말했듯이 팔복이 우리를 그리스도와의 교제 속으로 들어가게 한다는 가정을 바탕으로 기도문을 만들었다.

팔복 기도문

심령이 가난한 자는 복이 있나니 천국이 그들의 것임이요.
주님, 당신은 언제나 우리의 괴로운 영혼을 맞아 주시고,
특히 우리가 진퇴양난에 빠져 있을 때 그러하십니다.
당신은 우리를 예수님의 형상으로 빚어내길 기뻐하시고,
우리의 심령이 가난해도
당신은 우리를 당신 나라의 시민들로 개조하십니다.
우리에게 무거운 짐이 있더라도
당신은 우리에게 복이 있다고 말씀하시고
우리에게 당신의 넉넉하고 관대한 나라의 영역을 열어 주십니다.

애통하는 자는 복이 있나니 그들이 위로를 받을 것임이요.
주님, 당신은 우리를 당신의 넉넉하고 안전한 품에 안으시고
우리에게 우리의 상실을 인정하도록 격려하십니다.
여기에는 우리가 소중하게 여겼던 물건들과
이런 위기의 때에 밝히 드러난 우리의 어두운 부분,
곧 가련한 애착과 환상도 포함됩니다.
우리가 이런 상실을 슬퍼하고 탄식할 때 당신은 위로를 주십니다.
그리고 우리를 영접 장소와 새로운 삶으로 초대하십니다.

온유한 자는 복이 있나니 그들이 땅을 기업으로 받을 것임이요.

주님, 우리가 한때 소중히 여겼던 것을 포기하고 슬퍼할 때,
당신은 우리가 그 나라의 심성인 겸손과 온유로 자라도록
우리에게 능력을 주십니다.
우리의 정체성과 소명은 당신 안에서 찾을 수 있습니다.
우리가 하나님 앞에서, 서로와 자연 앞에서 겸손한 모습을 취할 때
우리는 하늘에서와 같이 이 땅에서도 당신의 거룩한 성소가 되고,
당신은 우리를 이 괴로운 세상 한복판에서
당신 나라의 첩자가 되도록 초대하십니다.

의에 주리고 목마른 자는 복이 있나니 그들이 배부를 것임이요.
주님, 당신은 우리 속에 새로운 열정,
하나님의 의로운 통치와 이 땅에서의 공의를 향한
배고픔과 목마름을 품게 하십니다.
우리의 격변 속에서도 그렇게 하십니다.
당신은 우리를 자기를 비우고 희생적으로 자기를 내어 주는
삼위일체 속으로 초대하시고,
우리는 스스로 약해진 당신의 방식을 받아들임으로써
우리 자신을 열겠사오니 우리를 채워 주소서.

긍휼히 여기는 자는 복이 있나니
그들이 긍휼히 여김을 받을 것임이요.
주님, 우리 삶의 모든 측면이 당신께 중요한 가운데

우리는 당신의 넓고 부드러운 자비 아래 살고 있습니다.
당신이 우리 속에 당신의 자비와 긍휼을 반영하는
자비와 긍휼의 영을 불어넣으시는 것은
우리 주변 사람들이 당신께 중요하듯 중요하기 때문입니다.
자비와 긍휼은 우리의 그 나라의 성격의 표지입니다.
당신은 우리가 영원히 당신의 자애로운 품속에 있음을 알고,
우리에게 남들을 깊이 또 감동적으로 돌보고
그들을 위해 기도하고 그들과 함께하라고 권유하십니다.

마음이 청결한 자는 복이 있나니 그들이 하나님을 볼 것임이요.
주님, 당신은 우리의 마음을 구속하시고,
그 마음을 당신과 화해시키시고,
그 마음을 당신의 투명한 마음과 닮도록 변화시키십니다.
내주하시는 당신의 임재의 선물을 통하여
우리가 우리 자신과 타인을 보도록 권유하시고,
당신의 눈을 통하여, 그리고 성령이 비추시는
우리 마음의 눈을 통하여 보도록 권유하십니다.
주님, 우리가 당신의 임재를 분별하도록 도와주십시오.
그리하여 우리 시대에 발생하는 위기와 격변의 한복판에서
우리가 당신을 더 명료하게 보고, 당신을 더 애틋하게 사랑하고,
당신을 더 가까이 따를 수 있게 해 주십시오.

화평하게 하는 자는 복이 있나니
그들이 하나님의 아들이라 일컬음을 받을 것임이요.
주님, 당신은 우리에게 이렇게 말씀하십니다.
"평안을 너희에게 끼치노니 곧 나의 평안을 너희에게 주노라
내가 너희에게 주는 것은 세상이 주는 것과 같지 아니하니라
너희는 마음에 근심하지도 말고 두려워하지도 말라"(요 14:27).
이 위기 속에서 우리에게 그토록 필요한 것은
세상이 주는 평화가 아니라 당신의 평화입니다.
당신은 우리에게 당신의 평화를
우리의 존재 속으로 가져가라고 권유하십니다.
그리고 당신이 우리에게 허락하신
대인 관계와 집단 환경에서 화평케 하는 자가 되도록,
아울러 경쟁과 다툼보다는 협력과 자기희생을 권유하십니다.
당신의 평화의 길을 내놓는 것은
그 나라의 성격의 또 다른 표지입니다.

의를 위하여 박해를 받은 자는 복이 있나니 천국이 그들의 것임이라.
주님, 당신은 우리에게
그 나라의 시민권에 대한 환상을 주시지 않습니다.
오히려 당신은 우리에게 당신을 위해
그리고 그 나라를 위해 박해를 경험할 때
필요한 용기와 기운을 우리에게 불어넣으십니다(마 5:3-10).

무엇보다도,

당신은 격변과 위기의 상황에서

우리에게 희망과 당신의 임재를 제공하십니다.

그리하여 우리가 당신의 선지자들의 발자취를 따라 걷고,

당신의 길을 구현하고 반영하며,

다가올 새로운 삶의 충만함을 기대하게 하십니다.[20]

The Kingdom of God in Working Clothes

PART. 4

일터에서
하나님 나라를
섬기라

09
하나님 나라의 사역
– 일터에서 성직주의 초월하기

나는 예수님이 두 촛대 사이의 성당에서 십자가에 못 박힌 것이 아니라
두 강도 사이의 십자가 위에서, 도시의 쓰레기 더미 위에서,
너무나 세계적이라서 히브리어와 라틴어와 헬라어로 그분의 호칭을 써야 했던
교차로 위에서 십자가에 못 박힌 것이란 주장을 되찾고 있다.
조지 매클라우드 [1]

일터에서 사역을 한다고? 이것은 성경을 펼치고 입에서 불길을 내뿜으며 사람들의 마음을 마구 두드리는 불청객의 이미지를 떠올리게 한다. 또는 더 교묘하고 긍정적으로 말하자면, 이것은 교회에 다니는 사람이 일터의 동료들에게 부흥회에, 구역 성경공부에, 아니면 그저 교회에 출석해서 예수님의 좋은 소식을 듣자고 재촉하는 모습을 그릴 수 있다.

이 두 그림의 문제는 무엇인가? 문제는 사역의 정의와 관련이 있다. 안타깝게도, 대다수 사람은 사역을 눈에 보이는 이른바 '사역자'의 일(설교, 성례전의 거행, 교인의 영적 필요를 돌보기)로 정의한다. 이 정의는 목사나 선교사로 불리지 않는 그리스도인들에게 복합적인 문제를 유발한다. 만일 사역이 잃어버린 자를 전도하고 찾은 자에게 덕을 세우는 일이라면, 교회의 극소수만 계속해서 사역을 할 수 있다. 아마 '전임' 사역을 위해 재정 지원을 받을 수 있는 1퍼센트에만 해당할 것이다. 나머지 그리스도인들의 경우, 사역은 임의의 시간에 하는 활동일 뿐이다. 말하자면 일하기, 잠자기, 살림살이, 이웃과 사귀기, 세탁하기, 허드렛일 등을 주간 일정으로 배정한 후 짜낼 수 있는 약간의 시간에 행하는 일이다.[2] 이제 나는 이 그릇된 정의를 다루려고 한다. 사역이란 말이 우리가 뜻을 마음대로 갖다 붙이는 말이 되고 말았기 때문이다.

사역이란 무엇인가?

때로 사역은 다음과 같은 것으로 정의되곤 한다. ① 장소(일터와 집이 아니라 교회에서 하는 일), ② 기능(사제/목사의 직무와 같이 전체를 위해 행하는 것), ③ 필요(가족을 위해 식사를 준비하는 것과 같은 세속적 필요가 아니라 '영적인' 필요를 채우는 것), 그리고 ④ 호칭(목사). 이와 대조적으로, 성경은 이 엄청난 혼동을 속 시원한 관점으로 다룬다. 사역은 **교회와 세상에서 하나님을 위해 하나님을 섬기는 일**이다. 사역자들은 타인과 하나님 세계의 유익을 위해 자신을 하나님이 마음대로 사용할 수 있도록 내놓는 사람들이다. 그러므로 우리는 교회에서뿐 아니라 세상에서도 그 나라의 사역을 할 수 있다. 이 때문에 이번 장의 부제를 "성직주의 초월하기"로 정한 것이다.

그 나라의 사역은 흔히들 생각하는 좁은 견해와는 대조적으로 모든 사람을 위한 전임 사역이다. 왕을 따르는 자들은 시간제를 선택할 여지가 없다. 더구나 그 나라 사역은 통전적이고 통합적이며 성육신적인 성격을 지닌다.

사역에 해당하는 히브리어 단어들은 사역뿐 아니라 봉사의 뜻도 있다. 봉사에 해당하는 가장 흔한 구약의 단어 중 하나는 '아바드'(*'abad*)다. '아바드'는 '일하기' 또는 '만들기'란 뜻을 지니고 훗날에는 '예배하기'를 의미한다. 둘째 단어 '샤라트'(*sharat*) 역시 두 개의 범주로 나뉜다. 통치자와 같은 중요한 인사에게 바치는 개인적 섬김(창 39:4), 그리고 제사장과 같이 하나님과 특별한 관계에 있는 사람들의 예배의 사역(출 28:35)이다. 그리고 구약에는 이사야서 42-53장에는 수수께끼 같은 '주님의 종'이 있다. 여기에 모래시계가 등장한다. 꼭대기에는 (사 42:19이 시사하는 듯한) 국가적 이스라엘이 있고, 좁은 부분에는 영적 이스라엘(사 41:8-10)이 있으며, 목에는 종-모티브의 절정인 메시아(사 52:13-53:12)가 있고, 그리스도 안에서 (이제 모래시계가 넓어지므로) 그 섬김이 종의 제자인 하나님의 모든 백성을 포함한다. 우리가 살펴볼 것처럼, '사역'을 뜻하는 헬라어 단어 '디아코니아'(*diakonia*)는 단순히 '섬김'을 의미한다. 사역에 대한 이런 접근은 성직주의를 초월한다.

사역은 하나님의 백성에게 예외적이고 선택적인 활동이 아니라 그들의 삶에서 지속되는 부분이다. 그것은 그 종 안에서 영위하는 삶에서 생기는 섬김이고, 이는 우리를 성령을 통해 아버지의 삶 속으로 인도한다(마 25:42-44에 분명히 나오듯이). 장로, 감독, 목사, 집사는 하나님의 왕 같은 제사장(왕과 제사장 직분)이자 선지자적 백성(선지자 직분)으로서 하나님의 모든 백성에게 능력을 부여하도록 성령의 은사를 받은 사람이다. 교회 지도자들은 공동체의 바른 질서를 위해, 그리고 예수님의 머리 되심 안에서 은사를 끌어내고 백성을 양육하기 위해 꼭 필요하다. 지도자들은 성도들을 준비시키고 공동체를 세우는 데 필요하다(엡 4:11-12). 교회 지도자들은 교회의 도움을 받아 사역의 일을 한다기보다 하나님의 백성이 교회와 세상에서 사역을 하도록 그들에게 능력을 부여하는 도우미들이다. 토머스 길레스피는 하나님의 모든 백성의 사역을 재정립하기 위해 필요한 것을 섬세하게 숙고한다. "만일 '비성직자들'이 기꺼이 위로 올라간다면, 만일 '성직자들'이 기꺼이 자리를 옮긴다면, 그리고 만일 하나님의 모든 백성이 기꺼이 밖으로 나간다면, 비로소 그것이 실현될 것이다."[3] 그 나라의 사역을 특징짓는 것은 밖으로 나가는 것이다. 그 나라의 사역은 전부는 아니라도 대부분 세상에서 일어나기 때문이다.

선지자, 제사장, 그리고 왕

성경에 나오는 사역의 직분이나 인사는 셋이다. 선지자는 즉각적이고 직접적으로 하나님의 말씀을 발설하는 사람이다. 제사장은 하나님의 임재를 사람들에게 중재하고 소외된 사람들을 서로 화해시키는 사람이다. 왕은 우리의 하나님이자 왕이신 분의 섭정으로 일하고, 군주가 부재할 때나 군주가 어릴 때 그를 대신해 리더십을 행사하는 사람이다. 그런데 여기에도 문제가 있다. 이런 역할들은 오로지 모인 교회 내의 기능들로 간주되어 왔다. 프랑스 신학자 이브 콩가르는 제2차 바티칸 공의회를 준비하기 위해 사전 신학적 작업을 많이 해, 로마가톨릭교회 내에 하나님의 모든 백성 사이에서 사역의 폭발이 일어나도록 도모했다. 그런데 슬프게도, 그는 언제나 교회 안의 평신도는 그들의 자리에 있을 것이라고 말했다. 제단 앞에 무릎 꿇고, 설교단 아래 앉고, 지갑에 손을 넣은 모습으로.[4] 그는 성경 연구를 통해 왕과 선지자와 제사장이 성경에서 교황과 주교와 교구 사제를 지칭하는 말이 아니었음을 보여 주었다. 이는 제2차 바티칸 공의회까지 교회가 대체로 견지했던 입장과 달랐다.[5] 그는 옛 언약 아래 기름 부음을 받은 리더십이 점진적으로 그리스도에게 집중되고, 그리스도 이후에는 하나님의 모든 백성이 모든 신자의 선지자직, 제사장직, 그리고 왕적 통치에 포함된다고 말한다. 그의 폭발적인 발견은 선지자와 제사장과 왕은 그리스도 안에서 하나님 백성의 보편적 존엄성이었다는 것이다. 비록 그는 근거가 없이 신약이 "위계적 제사장직을 전제하고 있다"[6]고 주장했지만 말이다. 프로테스탄트 교회는 종교개혁의 표어인 "모든 신자의 제사장직"을 말로만 동의할 뿐 여전히 대체로 목사를 탁월한 위치에 두는 사역의 위계 구조를 유지하고 있다.[7]

이제 이 세 가지 성경적 역할을 일터에서 이해할 수 있고, 수용할 수 있고, 역동적인 방식으로 다시 진술할까 한다. 선지자는 선동가다. 제사장은 중재자다. 그리고 왕은 동기 유발자다.

옛 언약 아래 삼중적 직분을 탐구하는 일은 그리스도 안에 있는 모든 백성(laos)의 사역을 이해하는 손쉬운 방식에 그치지 않는다. 그것은 성경에 근거를 둔, 하나님 백성의 선교적 정체성의 표출이다. 선지자는 하나님의 말씀을 전달하고, 제사장은 하나님의 임재를 중재하고, 왕은 하나님의 통치를 모든 창조세계로 확장한다. 이 세 가지 역할의 조합은 16세기에 대중화되었으나 삼중적 직분은 오랜 성경 역사를 갖고 있다.

이스라엘에게는 셋 모두 필요했다. 제사장은 개인적이고 영적인 필요를, 선지자는 공적이고 사회적인 필요를, 그리고 왕은 조직적이고 정치적인 필요를 보살폈다. 셋 모두 그 자체를 넘어 이스라엘을 향한 하나님의 영원한 목적을 가리켰다. 종교개혁자들이 그리스도의 메시아 사역을 이 세 사역의 성취로 설명한 것은 놀랄 일이 아니다. 그리고 종교개혁 훨씬 이전에 가이사랴의 유세비우스가 신명기 18장 15절, 시편 110편 4절, 그리고 스가랴 6장 13절과 같은 구절들에 근거해서 그리스도가 선지자요 제사장이요 왕이라고 주장했다. 그 이유는 이해할 만하다. 이스라엘이 선지자(신 18:15), 제사장(삼하 7:12-13; 시 110:4), 그리고 왕(사 9:6-7; 시 2:6; 45:6; 110:1-2)을 기다렸고, 이 세 역할이 그리스도 안에서 다 성취되었기 때문이다. 이 세 역할이 이제는 그리스도 안에서 하나님의 모든 백성 안에서 성취되었다. 우리는 이것이 어떻게 교회뿐 아니라 세상에서 펼쳐지는지 살펴봐야 한다. 이 세 가지 역할은 당신이 CEO이든, 신참 직원이든, 가정에서 일하는 가사노동자이든, 정부의 유급 공무원이든, 모두 떠맡을 수 있다.

선동가: 선지자적 백성

선동가는 선입견과 가정(假定)과 현상 유지에 도전하기 위해 말을 사용한다. 그들은 일터에 필요하고, 절박하게 필요하다. 그렇지 않으면 사람들은 똑같은 일을 영원히 계속하거나 적어도 그 기관이나 회사가

서서히 멈출 때까지 그럴 것이다. 선동가는 하나님의 관점을 직접적이고 즉각적으로 말하고, 당신이 예상하듯, 그들은 언제나 그렇게 한다고 해서 사랑받지는 못한다.

성경에서 모든 신자의 선지자직은 모세의 진심 어린 호소와 함께 시작되었다. 모세는 "네가 나를 두고 시기하느냐 여호와께서 그의 영을 그의 모든 백성에게 주사 다 선지자가 되게 하시기를 원하노라"(민 11:25-29)고 말했다. 요엘은 마지막 날에 대해 더 완전한 비전을 갖고 있었다. "그 후에 내가 내 영을 만민에게 부어 주리니 너희 자녀들이 장래 일을 말할 것이며 너희 늙은이는 꿈을 꾸며 너희 젊은이는 이상을 볼 것이며 그 때에 내가 또 내 영을 남종과 여종에게 부어 줄 것이며"(욜 2:28-29). 그래서 오순절 날에 베드로는 이 말씀을 인용하면서 "그 후에"를 "말세에"로 바꾸었다. 요엘의 모든 예언이 종말에 관한 것이었기 때문이다(행 2:17-18). 그 말씀이 성취되는 마지막 날이 종말론적 영을 쏟아붓는 것과 함께 도래했다. 그리고 성령을 하나님의 모든 백성에게 쏟아붓는 것을 통해 모세와 이사야와 호세아 같은 특별히 기름 부음을 받은 소수의 메신저가 아니라 모두가 예언하도록 준비되었다. 종교개혁에서 대중화된 '모든 신자의 제사장직'과 더불어 우리는 또 하나의 어구를 창안할 수 있다.

모든 신자의 선지자직

교회는 역사상 하나님의 가장 위대한 선지자/설교자다. 그 나라의 모든 백성은 구두 서명을 통해 그 나라의 복음을 전하는 대변인들이다. 이것이 예수님의 가르침[8]의 요지이고 초기 그리스도인들의 관심사다.[9] 그리고 교회에서 설교자/목사의 첫 번째 의무는 온 교회가 복음을 전파하도록 준비시키는 것인데, 이는 공식적 의미의 설교가 아니라 말을 사용해서 하나님 나라가 가까이 왔다는 좋은 소식을 전파하는 것을 말한다.[10] 이는 신자들이 더 이상 어린이가 되지 않도록 그리스도의 몸을 세우는 것의 일부다(엡 4:11-14).

이는 지도자들이 하나님의 모든 백성이 하나님의 말씀을 열고 '스스로' 하나님이 말씀하시는 것을 들을 수 있도록 그들을 준비시키는 것을 말한다. 누가 이런 시스템, 사람들이 평생 동안 주말마다 설교는 들으면서도 스스로 성경을 열 수 없는 그런 시스템을 만들 수 있었을까? 파격적인 선교학자 롤런드 앨런은 성경적 비전의 도치 현상에 대해 이렇게 말했다. "교회는 우상숭배를 노예적이고 무지성적으로 포기하고, 회심자는 앉아서 배우고 교회에서 유급 선교사들이 낭독하는 기도를 듣는 것을 의무라고 생각해 버릇하는 사람들로 가득 채우기보다, 스스로 주님의 이름을 부르도록 소수[의 사람들]를 가르치는 편이 더 나을 것이다."[11]

이는 새 언약 아래 있는 하나님의 백성의 사역에 어떤 의미가 있는가? 첫째, 모든 신자는 하나같이 하나님 나라의 복음을 증언하고 하나님의 말씀을 세상에 전파하도록 부름받고 준비된 사람이다. 둘째, 모든 신자의 선지자직은 각 그리스도인이 "때를 얻든지"(준비하고 예상한 때) 또는 "못 얻든지"(뜻밖에 또는 형편이 나쁠 때 기회가 오든지, 딤후 4:2) 하나님의 말씀을 전할 준비가 되어 있어야 한다는 것을 의미한다. 셋째, 각 신자는 하나님의 마음을 품고 하나님 나라의 관점에서 미래의 비전뿐 아니라 현실을 규정하는 등 사태가 어디로 가고 있는지를 말할 수 있다. 그러나 모든 신자는 하나같이 선지자적 사역을 할 능력을 갖고 있으나 일부 신자는 이 영역에서 특별한 은사를 받았다.

일터에서 사역을 선동하기

그러면 각 신자는 일터에서 이를 어떻게 실행할 수 있을까? 존 댈러 코스타는 캐나다 비즈니스 컨설턴트로서 일에 관해 영적으로 깊이 있는 책을 썼다. 당신이 일터에서 전임 사역에 종사하고 '주님의 일'을 할 수 있는가 하는 질문에 대해 그는 일터에서 선지자의 역할을 묘사하며 다음과 같은 단어들로 답변한다.

- 선동하기
- 비판하기
- 영감을 주기
- 위치 바꾸기
- 인간화하기
- 방향을 바꾸기
- 지적하기
- 자극하기
- 논쟁하기
- 선포하기[12]

하지만 선지자에게는 제사장과 왕이 필요하다. 이는 구약 때에도 해당되었다. 대제사장 힐기야가 성전에서 잃어버린 율법책을 발견했을 때, 그는 성경을 요시야왕에게 읽어 주었다. 왕은 백성이 언약을 무시했다고 해서 회개의 표현으로 겉옷을 찢었다. 그는 제사장 힐기야에게 주님께 여쭤보도록 지시했고, 힐기야는 여선지자 훌다에게 말함으로써 그렇게 했다(왕하 22:8-14). 그때 여선지자는 문제의 결과를 이렇게 선언했다. 그 나라에는 심판이 임할 것이지만 왕에게는 그의 영적 반응으로 인해 자비가 임할 것이라고. 이후 왕은 하나님의 율법을 집행하고 언약의 조건을 이행했다(왕하 23:1-25). 이와 같은 선지자와 제사장과 왕의 공동체가 구약 때에는 공인된 소수의 사람들로 이루어져 있었고, 이제 새 언약 아래 한 백성의 공동체로 존재한다.

중재자: 제사장 같은 백성

제사장은 하나님과 인류 사이를 중재하고 서로 소원해진 사람들과 집단 사이를 중재한다. 제사장을 표현하는 이미지는 양편이나 두 집단을 연결하는 다리 짓는 자다. 이 이미지는 제사장을 뜻하는 라틴어 단어 '폰티펙스'(*pontifex*)에서 끌어온 것인데, 이는 '*pon*'(다리)과 '*fex*'('만들기'를 뜻하는 '*facere*'에서 유래함)의 합성어이며 문자적으로 '다리 만드는 사람'이란 뜻이다. 그들은 하나님의 손길을 힘입어 그런 일을 한다. 최근에 나는 세계 최대 홍보 회사 중 한 곳에서 막 은퇴한 사람과 인터뷰를 한

적이 있다. 그는 회장으로 일할 때 종종 사람들로부터 "당신과 이야기하면 내가 제사장과 이야기하는 듯한 느낌이 든다"라는 말을 들었다고 한다. 이것이 하나님의 손길이다. 이 사람은 파당 사이에서 중재도 하고 서로 이야기조차 하지 않는 사람들 사이에 다리를 만들기도 한다. 즉, 다리를 만드는 사람이다.

모든 신자의 제사장직이라는 혁명적 교리의 성경적 근거는 베드로전서 2장 9절에 나오는 중요한 언급("그러나 너희는 택하신 족속이요 왕 같은 제사장들이요 거룩한 나라요 그의 소유가 된 백성이니")과 성경의 마지막 책인 요한계시록에 나오는 세 번의 언급(계 1:6; 5:10; 20:6)이다. 그러나 모든 신자의 제사장직에는 신약에 나오는 소수의 모호한 구절들보다 더 많은 것이 내포되어 있다. 이 흥미로운 개념은 보편적 사역, 성령 안에서의 보편적 능력 부여, 보편적 소명과 같은 다른 많은 신약의 주제를 수집한다. 이는 또한 이스라엘 역사의 초창기에 심긴 개념, 즉 하나님의 백성이 '제사장들의 나라'(출 19:6)가 되리라는 개념을 성취한다.

모든 신자의 제사장직은 프로테스탄트 종교개혁의 표어였다. 루터는 이렇게 말했다. "모든 그리스도인은 제사장이고 모든 제사장은 그리스도인이다. 제사장을 평범한 그리스도인으로부터 구별하는 사람에게는 저주가 있을 것이다."[13] 루터의 주장인즉, 자기 손에 하나님의 말씀을 쥔 평범한 우유 짜는 여자나 재단사는 제사장, 고위 성직자, 그리고 교황만큼 효과적으로 하나님을 기쁘시게 하고 하나님의 일을 섬길 수 있다. "안수는 제사장이 아니라 제사장들의 종 … 일반 제사장직[평신도]의 종이자 직분자를 만든다."[14]

중재하는 공동체

첫째, 하나님 백성의 사역은 예수님의 영구적인 대제사장직에서 유래한다. 그것은 스스로 만든 것이 아니다. 이 때문에 모든 신자는 예수님을 통해 하나님께 직접 다가갈 수 있고 인간 제사장의 고백 성사와 면죄 선언이 필요하지 않다. 예수님으로 충분하다. 예수님은 늘 우리를 위해 중보하시기 때문에, 그리고 신자들은 주님께 연합되어 있기 때문에, 믿음의 공동체는 각 신자가 제사장으로 불려도 무방한 제사장적 공동체다.

둘째, 모든 신자는 영구적인 그리스도의 제사장적 사역에 참여한다. 이제는 그 사역을 엄선된 소수가 대표해서 또는 대신해서 담당하는 것이 아니다. 루터는 우리가 지금은 명백한 진리로 알고 있는 것을 발견했다. 특별한 제사장직 또는 성직자의 제사장직에 대한 논증은 신약이 아닌 다른 어떤 근거로 펼쳐야 한다는 것이다. 이 제사장직은 개별적이면서 집합적인 성격을 지니고 있다. 끝으로, 모든 신자의 제사장직은 '교회적' 성격(교회의 모인 삶)과 '디아스포라'의 성격(교회의 흩어진 삶)을 모두 갖고 있다. 히브리서의 저자는 예수님의 제사장직의 선교적 함의를 보여 주기 위해 이렇게 말한다. "그런즉 우리도 그의 치욕을 짊어지고 영문 밖으로 그에게 나아가자"(히 13:13).

중재자가 일터에서 행하는 일

중재자는 하나님의 손길을 사람들과 장소들에 가져간다. 그들은 사람과 장소를 대신해 기도와 중보를 통해 하나님께 손길을 뻗친다. 이

담과 하와는 하나님의 임재와 영광을 그들이 충만케 할 땅으로 가져가는 제사장이었다. 그들은 또한 죄를 짓기 전에는 그들의 삶 전체를 감사와 찬송으로 하나님께 올려 드렸다. 이것이 바울이 로마서 12장 1-2절에서 말하는 "영적 예배"다.

세상에서 섬김으로 수행하는 제사장적 사역이 있다. 우리는 무력한 자들을 돕는 것과 같은 명백한 방식으로 이런 사역을 할 수 있다. 그리고 전략적인 방식도 있다. 예컨대, 가난한 사람들이 왜 가난한지를 묻고 사람들을 주변화하고 탈인격화하는 사회의 구조와 권력을 다루는 것이다. 이로써 우리는 통치자들과 권세들에게 제사장이 되는 것이다(엡 3:10). 아울러 제사장적 사역이 가정과 일터, 동네와 사회에서 하나님을 위해 사람들과 장소들에 영향을 줄 수 있는 토속적 방식도 있다. 아담과 하와가 동산에서 수행한 제사장직은 몸으로 드리는 사역이었다. 이름 짓기, 배양하기, 통합하기, 잠재력 방출하기, 내다보기, 창조하기, 로버트 케이펀이 "사물의 봉헌"[15]이라 부르는 것을 드리기 등. 이 제사장적 사역은 교회는 물론 가정, 교실, 사무실과 공장, 항공기와 버스, 정부 기관과 미술 스튜디오에서도 수행된다.

어느 정밀 기어 제조회사에서 절삭 기계를 다루는 한 일꾼을 상상해 보라. 그녀는 CEO가 아니고 감독도 아니다. 그러나 그녀는 자기가 제사장-중재자임을 알고 그녀의 영향권 내에 있는 다른 일꾼들을 위해 기도한다. 그녀는 기도와 감사로 자기 일을 하나님께 바친다. 그녀는 '주 안에서' 일과 노동을 수행한다. 간식 시간과 점심시간에는 그녀가 동료들과 이야기하는 가운데 (침묵) 기도로 그들의 삶을 하나님께 올려 드린다. 그녀는 그들의 대인 관계의 어려움, 그들의 우선순위, 그리고 심지어 그들의 노동 윤리와 관련해 그들을 돕는 등 멘토의 역할을 한다. 그녀는 일터의 목회자다. 때로 일꾼들은 그녀가 배려하고 세심하며 영적인 사람인 것을 감지하고 그들의 비밀을 그녀에게 털어놓는다. 때로 그녀는 예수님과 그의 나라에 대해 좋은 말을 한다. 그리고 그녀가 누군가에게 "내가 당신을 위해 기도해도 될까요?"라고 물으면 상대방이 "물론이죠"라고 대답한다. 이것이 일터 사역이다.

코스타는 일터에서의 제사장은 다음과 같은 일을 한다고 말한다.

- 성별하기
- 강조하기
- 능력을 주기
- 교육하기
- 신성화하기
- 드러내기
- 기름을 붓기
- 성찰하기
- 담론하기
- 기도하기[16]

이제 우리는 베드로전서 2장 9절에 나오는 어구 "왕 같은 제사장"의 흥미로운(그리고 흔히 소홀히 여기는) 전반부로 돌아가야 한다. 요한계시록

20장 6절을 제외하면 신자들의 제사장직에 대한 마지막 언급인 이 구절에서 제사장직이 왕권이나 주권적 통치와 연결되어 있다는 것을 주목하는 경우는 드물다. 하나님 백성의 사역이 지닌 왕적 차원을 재정립하는 것은 하나님의 모든 백성의 사역에 매우 중요하고 특히 세상에서의 사역에 그러하다. 그것은 그 나라 사역의 일부다.

동기 유발자: 왕 같은 백성

다른 사람들을 관리하는 일에서 중요한 질문은 동기를 유발하는 스위치가 한 사람의 내부에 있는가, 아니면 외부에 있는가 하는 것이다. 말하자면, 관리자는 실제로 사람들의 동기를 유발하는 역할을 할 수 있는가, 아니면 동기 유발 스위치가 사람의 정신에 깊이 뿌리박혀서 관리자는 사람들에게 의무를 다하도록 명령하는 것 외에는 아무것도 할 수 없는가? 나는 이 문제에 대해 숙고한 결과 그것은 둘 다라고, 내부와 외부 모두에 있다고 결론을 내렸다. 그리고 한 팀이나 큰 공동체를 막론하고 뛰어난 관리자는 멤버들의 타고난 동기가 그 조직이나 비즈니스나 기업의 목표의 방향으로 흐르게 하려고 노력한다. 이는 특히 하나님 나라에 해당한다. 그 나라는 최대의 기업이고 우리가 인류에 대해 바라고 꿈꾸는 모든 것을 포괄하는 것이다.

예컨대, 나는 기업가다. 나는 어떤 것을 시작하고 기존 프로젝트에 창조적인 면을 부여하는 것을 좋아한다. 나는 평생 동안 조직을 창설

했고, 교회를 개척했고, 교육 프로그램을 개발했고, 비즈니스를 창업했고, 가장 최근에는 일터변혁연구소를 출범시켰다. 그런데 기업가는 창안할 뿐 아니라 관리도 할 수 있어야 한다. 특히 사무실에는 빛을 보지 못한 창안물들이 가득하다. 왜 그럴까? 창안이나 혁신으로는 충분치 않아서다. 나를 관리하는 일은 쉽지 않다. 지도자는 나를 알고 내 창의성을 조직 목표의 방향으로 이끌어야 한다. 그것이 좋은 지도자의 역할이다. 하지만 리더십의 구루인 맥스 디프리가 자주 말했듯이, 좋은 지도자는 또한 현실을 규정하고, 비전을 내놓고, 감사의 말을 함으로써 동기를 유발하는 사람이기도 하다.[17]

일터에서의 동기 유발자

이 왕 같은 통치자들은 성령 안에서 행하고 육신(자아가 내면으로 향하고 하나님에게서 멀어진)을 이김에 따라 '개인적으로' 지배권을 발휘한다(롬 7:1-25; 갈 5:16-26). 그리스도인들은 자기 정열을 다스리고, 자제력을 행사하고, 자신의 삶을 잘 정돈하고, 왕족 피조물로서 살아간다. 그들은 또한 '교회적으로'(교회에서) 왕 같은 통치자이기도 하다. 그들은 머리이자 왕이신 그리스도의 통치에 동참한다. 바울이 고린도 교인들에게 아이러니하게 폭발한 대목을 읽어 보면 그 교회는 관계적으로, 사회적으로, 그리고 도덕적으로 교회를 잘 정돈해서 왕족다운 역할을 했어야 한다는 것을 알게 된다. "너희가 이미 배부르며 이미 풍성하며 우리 없이도 왕이 되었도다 우리가 너희와 함께 왕 노릇 하기 위하여 참으로 너희가 왕이 되기를 원하노라"(고전 4:8). 그들은 현재 그 나라 안에 살되 그 나라의 완전한 도래를 기다리고, 이를 위해 일하고 기도하는 만큼(현재 그러나 아직), 그들은 또한 선지자적이고 예비적인 방식으로 '우주적으로' 세계의 통치에 참여한다. 그리스도 안에 있는 남자와 여자는 왕과 여왕으로서 세계에서 '직업적으로' 통치권을 행사하는 일, 곧 독특한 왕족의 역할로 부름을 받았다.[18] 물론 부분적으로 구속받은 이 세계에서는 "사람의 끊임없는 노동으로 한 평씩 그의 영역을 정복하는 조바심 나는 왕"[19]이지만 말이다.

존 맬러 코스타는 일터에 몸담은 왕자와 공주, 섭정, 왕과 여왕은 다음과 같은 일의 일부나 전부를 행한다고 한다.

- 통합하기
- 상징하기
- 능력을 주기
- 판결하기
- 조직화하기
- 개조하기
- 임명하기
- 지혜로워지기
- 대화하기
- 선언하기[20]

선동가, 중재자, 그리고 동기 유발자

삼중적 직분을 다 함께 묶으면 교회뿐 아니라 일터에서의 모든 멤버 사역이 된다. 이 직분들은 다 함께 일터에서 하나님 나라의 사역을 구성한다.

수년 전에 아이오나 공동체의 조지 매클라우드는 종결부에서 일터에서의 선교에 관해 썼다.

> 나는 한마디로, 십자가가 교회의 뾰족탑뿐 아니라 일터의 중앙에도 다시 세워져야 한다고 주장한다. … 냉소주의자들이 음담패설을 하고, 도둑들이 저주를 하고, 군인들이 도박을 하는 그런 장소에. 왜냐하면 그곳이 그분이 죽은 장소이고 그분의 죽음과 관련된 곳이기 때문이다. 그리고 그곳이 성직자들이 있어야 할 곳이고 그들이 관계를 맺어야 할 곳이다.[21]

The Kingdom of God in Working Clothes

10
하나님 나라의 선교
– 비즈니스를 통한 선교를 넘어서

일터는 마지막으로 남은 선교의 영역이다.
에드 실보소 [1]

선교란 모든 실재에 걸친 그리스도의 주 되심을 선포하고
그 주 되심에 순종하도록 권유하는 것을 의미한다.
데이비드 보쉬 [2]

그러면 일터에서의 그리고 일터를 통한 선교는 어떤 모습을 취하는가? 그것은 오로지 복음을 전할 목적으로 접근 제한 국가에서 비즈니스(때로는 '가짜' 비즈니스로 불리는)를 창업하는 것인가? 그것은 '주님의 일'을 재정적으로 지원할 목적으로 당신이 많은 돈을 버는 것인가? 그것은 점심시간에 성경공부를 하거나 당신의 가게에서 파는 모든 상품에 전도지를 끼우는 것인가? 그것은 일터에서 동료들에게 사영리에 대해 생각하도록 권유하는 등 직접적인 전도를 하는 것인가? 당신이 그렇게 해도 괜찮다면 그럴지도 모른다! 그러나 특히 기독교 이후 시대이자 포스트모더니즘이 팽배한 서양의 상황에서는 그런 것이 허용되지 않을 것이다. 우리 부부가 여러 해를 보냈던 아프리카에서는 이 모든 직접적인 선교 활동이 충분히 가능하다. 그런 선교는 특히 아프리카 농촌에서 환영을 받는다. 반면에 내가 현재 사는 곳에서는 그렇지 않다. 이런 '일터 선교' 계획을 내가 '비즈니스를 통한 선교'라 부르는 것은 그 나라 선교의 일부이지 전부가 아니다.

흔히 우리는 비즈니스를 통한 선교를 (전문 신교사들에게) '닫힌 국가'에 접근하는 방법으로 생각하나, 그럼에도 사람들이 있는 곳은 좋은 소식에 '열려' 있다. 어쩌면 '접근하기 쉬울' 수도 있다. 그러나 여기서 우리가 비즈니스와 다른 형태의 기업들의 역할에 대해 탐구하는 나라와 문화는 그런 곳이 아니다. 이런 곳은 목사와 선교사에게 '열려' 있으나 사람들이 신앙에 대한 예방주사를 맞아서 오히려 '접근하기 어려운' 편이다. 이는 캐나다와 같은 나라들을 포함한다. 테츠나오 야마모리는 『하나님 나라 비즈니스에 관하여』(*On Kingdom Business: Transforming Missions Through Entrepreneurial Strategies*)에서 무슬림과 힌두교도와 불교도가 교차 문화적 세계에서 대체로

> 어떻게 우리의 복음 전도에 무감각하게 되었는지를 말한다. … 그런 사람들에게 접근하려면 우리가 그들에게 복음에 관해 이야기할 뿐 아니라 그것을 그들에게 '보여 주기도' 해야 한다. 우리는 오늘날의 글로벌 경제의 맥락, 사람들이 느끼는 필요가 그리스도의 주장을 조사하는 것보다 직장을 구하고 경제발전을 이루는 것에 더 기울어진 상황에서 어떻게 이것을 할 수 있을까? 한마디로, 그 해답은 '비즈니스'다. 좀 더 정확히 말하면, '하나님 나라 비즈니스'다.[3]

앞에서 나는 서양이 기독교 이후 시대인데다 포스트모더니즘의 사고방식으로 인해 대체로 '접근하기 어려운' 지역이라고 말했다. 그러나 실제로는 반기독교적인 사고방식과 문화가 지배하는 상황이다. 물론 예외도 있으나, 그런 상황은 다른 전략을 요구한다. 그리고 그 전략이 바로 일터 선교다. 지배적인 문화를 전복시키는 선교를 말한다. 만일

독자인 당신이 기독교를 환영하는 국가나 문화에 몸담고 있다면, 하나님께 감사하라. 그러나 상황이 바뀔 수도 있기 때문에 그런 변화에 대비할 필요가 있다. 먼저 비즈니스와 선교의 관계를 탐구해야겠다.

비즈니스와 선교의 어색한 결합

드와이트 베이커는 한 저널에 실은 글, "선교 기하학"에서 선교로서의 비즈니스(Business as Mission)의 좌표들을 이렇게 묘사한다.[4]

- 선교와 상반되는 비즈니스: 사업 이익의 명분으로 선교에 노골적으로 반대하다.
- 선교를 전복시키는 비즈니스: 선교사들을 그들의 선교적 헌신에서 멀어지게 하는 사업
- 선교를 활용하는 비즈니스: 선교사들이 이제껏 상업의 선구자요 개척자였음을 내세우다.
- 선교에 의지하는 비즈니스: 선교사들이 현지인을 고용해서 상업적 기업의 사무원과 직원이 되게 하다.
- 선교를 가능케 하는 비즈니스: 비즈니스가 선교를 위해 도로, 커뮤니케이션, 그리고 지원서비스 등 하부 구조를 공급하다.
- 선교에 내재하는 비즈니스: 선교 단체가 인력과 자원을 얻기 위해 경영과 지배 시스템을 보유하다.

- 선교에 자금을 제공하는 비즈니스: 프로테스탄트 선교 사역이 그 명시적 목적을 위해 개발된 회사들로부터 자금을 조달받다.
- 선교를 좌우하는 비즈니스: 자선가들과 부유한 사람들이 돈을 이용해 어떤 선교를 할지 결정하다.
- 선교를 보조하는 비즈니스: 윌리엄 캐리는 성경과 소책자를 출판하는 인쇄소를 창업했다.
- 선교에 부수적인 비즈니스: 선교와 직접적인 연관은 없으나 선교에 쓸모 있는 도구가 되는 비즈니스
- 선교로서의 비즈니스: "대위임령 회사들의 이 부분은 '닫힌' 또는 제한된 국가들에 들어갈 의도를 품고 그 정부들에게 그리스도인의 증언을 관용할 만한 이유를 제공한다."[5](나는 이 정의가 달갑지 않아서 나중에 다룰 예정이다)

이어서 베이커는 선교의 관점에서 그 결합을 고찰한다.

- 비즈니스에 반대하는 선교: 데이비드 리빙스턴은 남아프리카에서 토지 횡령과 노예 매매에 반대하는 의사를 밝혔다.
- 비즈니스에 완충 역할을 하는 선교: 많은 선교사들은 사람들로 무역업자들과 그들을 지배할 사람들을 다루는 일을 준비시키는 변화의 주역으로 활동했다.
- 비즈니스를 창출하는 선교: 선교사들은 종종 서양 물품의 살아 있는 광고다.

- 비즈니스의 동맹으로서의 선교: 선교는 서양 기업들을 위해 종업원의 규모를 키웠다.
- 비즈니스의 견본으로서의 선교: 선교 단체는 하부 구조가 부서진 상황에서 유연하고 효율적인 조직의 모델이 될 수 있다.
- 비즈니스를 위한 모범으로서의 선교: 예컨대, "모든 아프리카인은 아프리카 교육 시스템의 출범이 선교사들 덕분이란 것을 알고 있다."
- 비즈니스에 빚진 선교: 상인들이 선교 사업들을 인수했다.
- 비즈니스에 간청하는 선교: 선교 단체들이 모델과 자원을 구하려고 비즈니스 세계를 바라본다.
- 보조용 비즈니스를 창업하는 선교: 선교 단체들은 선교를 목적으로 병원, 방송국, 그리고 고아원을 창립한다.
- 부수적인 비즈니스를 창업하는 선교: 선교 단체들은 선교 기금을 마련하려고 비즈니스를 창업하는데, 이는 때로 '자비량 선교사들'로 불린다. "자비량 선교사들은 원주민들을 위해 새로운 일자리를 만드는 일자리 **창출자**이기보다는 … 기껏해야 현지 일꾼들을 대신하는 일자리 **탈취인**이 되고 말았다."[6]
- 전략적 비즈니스를 통한 선교: "내가 현재의 논의를 이해하는 한, 선교로서의 비즈니스는 단일한 실체가 이중 역할을 수행하는 방식으로 구상되고 실행되는 기업 활동으로 이루어져 있다. 한 역할은 재정적, 경제적인 것이고 … 다른 역할은 영적이고 선교적인 것으로서 **정치적으로 닫히거나 제한된 상황에서** 구원, 영적 성장,

그리고 예수 그리스도의 제자들의 교제를 증진시키는 방향으로 이끄는 것이다."[7] 베이커의 말이다.

나는 이 마지막 인용문이 너무 제한적이라고 생각한다. 선교로서의 비즈니스가 굳이 접근 제한 국가에만 있을 필요가 없기 때문이다. 그러나 최소한으로 말해도 그것은 이상한 결합이다. 어떤 이들은 그것이 양립 불가능한 커플이라고 말할 것이다. 한편, 비즈니스는 재화나 서비스의 공급을 통해 이익을 얻으려고 존재한다. 다른 한편, 선교는 하나님의 통치를 선포하고 구현함으로써 값없이 주어지는 새로운 삶을 위해 존재한다. 하나님이 이 둘을 함께 묶어 놓으셨다면 "하나님이 짝지어 주신 것을 사람이 나누지 못할지니라"(마 19:6). 아니면 그것들은 본래 어울리지 않는 파트너들인가? 슬프게도, 일부 사람은 비즈니스(그리고 다른 일터 기업들)를 세속적 영역으로 격하시키고 선교를 성스러운 영역에 지키는 편이 낫다고 말할 것이다. 비즈니스와 선교의 어색한 관계로 보이는 이 문제에 답하려면 하나님의 선교가 무엇인지를 탐구할 필요가 있다.

하나님의 선교는 창조와 함께 시작해서 예수님의 가르침과 사역에 구현되어 있다. 모든 인류는 내가 '가장 큰 위임령'이라 부른 것을 통해 삼위일체 하나님의 선교에 참여하도록 초대받는다. "아버지께서 나를 보내신 것[문자적으로, 삼위일체 하나님의 모든 자원으로 나를 선교하신 것] 같이 나도 너희를 [완전히 성육신적인 선교로] 보내노라"(요 20:21). 이는 마태복음 28장 18-20절의 이른바 '대위임령'의 일반적 해석[8] 이상의 것이다.

보쉬가 말하듯이, "선교란 모든 실재에 걸친 그리스도의 주되심을 선포하고 그 주되심에 순종하도록 권유하는 것을 의미한다." 이는 다음과 같은 것들을 포함한다. '선포'(그것은 여기에 있다), '알림'(그것은 오고 있다), '공공연한 비난'(불의하고 하나님의 통치에 반대되는 것을 선언하는 것), '구현'(왕의 공동체를 통한), '연민과 위안'(죄의 피해자들에 대한), '지속적인 회심'(베드로의 지속적인 회심과 같은), 그리고 '권세에 맞서는 것' 등.[9] 선교는 창조세계의 청지기직, 경제적 정의, 공동체 건설, 하나님과의 회복된 관계, 그리고 회복된 공동체와 이웃을 포함한다. 선교 신학자 크리스 라이트는 통전적 선교가 ① 복음 전도, ② 가르침, ③ 연민, ④ 정의, 그리고 ⑤ 창조세계 돌봄을 포함한다고 한다.[10] 비즈니스에서 이 다섯 중 일부는 사회적 책임을 요구하는데, 이는 때로 '이중적 핵심', 또는 '삼중적 핵심'으로 불린다. 그것들은 이익, 사람들, 그리고 지구다.[11] 그러면 비즈니스는 하나님의 선교와 어떤 관계에 있는가?

선교로서의 비즈니스를 분석하다

우리가 이러한 질문을 제기해야 하는 이유는 오늘날 '선교로서의 비즈니스'(business as mission, BAM)에 대한 정의와 행습이 너무나 광범위하기 때문이다. 앞에서 말했듯이, 그 정의는 복음 전도를 목적으로 접근 제한 국가에서 가짜 비즈니스를 창업하는 것에서부터 비즈니스의 모든 부분이 하나님의 영광과 그 나라의 진보를 위해 움직이는 비즈니스와 선교가 온전히 통합된 경우까지 다양하다. 이 주제에 관해 방대한 책을 쓴 닐 존슨은 BAM을 다음과 같이 정의한다. "BAM을 폭넓게 정의하자면, 영리를 위한 상업적 벤처 사업으로서 그리스도인이 이끌고, 의도적으로 세계에 대한 하나님의 선교(missio Dei)의 도구로 쓰임 받는 일에 헌신하고, 국내에서나 국제적으로 **교차 문화적 환경에서 운영되는 경우다.**"[12]

다행히도 존슨은 2004년 로잔 대회에서 매츠 투네학이 내린 정의, 곧 BAM을 '교차 문화적 환경'에 국한시키지 않는 정의를 포함한다.

> 선교로서의 비즈니스는 실질적이고, 실행 가능하고, 지속 가능하며, 수익성이 있는 비즈니스, 하나님 나라의 목적, 관점, 영향을 지니고, 영적으로, 경제적으로, 사회적으로, 환경적으로 사람들과 사회들의 변화를 이끄는 것, 그 모두가 하나님의 영광을 위한 것을 말한다.[13]

존슨은 또한 「선교학」(Missiology) 저널에 "일터 선교학을 위하여"란 글을 게재하기도 했다. 이 글에서 그는 일터야말로 최후의, 그리고 아마 가장 방치된 선교 현장일 것이라고 말한다. 존슨만이 그런 주장을 하는 것은 아니다.

때로 현대 선교의 창시자로 간주되는 윌리엄 캐리는 복음이 국제 무역의 수단을 통해 온 세계로 들어가는 것을 내다봤다. 그는 이사야 60장 9절에 나오는 텍스트를 인용했다. "곧 섬들이 나를 앙망하고 다시스의 배들이 먼저 이르되 먼 곳에서 네 자손과 그들의 은금을 아울러 싣고 와서 네 하나님 여호와의 이름에 드리려 하며 이스라엘의 거룩한 이에게 드리려 하는 자들이라 이는 내가 너[시온]를 영화롭게 하였음이라"[14] 캐리의 견해에 따르면, 우리에게 선원의 나침판이 있고 어느 바다라도 무역을 위해 안전하게 항해할 수 있는데 온 세계에 가서 복음을 전하지 않는 것은 용납할 수 없는 일이었다.[15] 소규모의 수입-수출 비즈니스와 대규모의 다국적 기업을 막론하고, 국제 무역은 신자들이 하나님이 사랑하는 세계 안에 모습을 드러내고, 사람들과 접촉하고, 말할 권리를 얻고, 예수님의 놀라운 좋은 소식을 나눌 수 있는 전례 없는 기회에 해당한다. 오늘날에는 수천 명의 신자들이 공식 선교사가 거부당하는 장소에서 그런 일을 하고 있다.

심지어는 기독교 이후 시대를 사는 유럽과 캐나다와 같은 이른바 '열린 국가들'('닫힌 국가들'은 아니라도 '접근하기 어려운')에서도 무역은 우리를 결코 교회의 문에 발을 들여놓지 않을 사람들과 접촉할 수 있게 해 준다. 스위스에 거주하는 벤처 자본가인 랄프 맥콜은 세계적인 그림에 대해 논평하면서 오늘날 '미전도 세계'는 유럽이고 '잃어버린 부족'은 다국적 기업이라고 주장했다.[16]

그러나 이제 나는 '선교로서의 비즈니스'로 간주하는 것과 간주하지 않는 것을 요약하려고 한다.

첫째, 선교로서의 비즈니스로 간주하지 않는 것이나. 선교로서의 비즈니스는 접근 제한 국가에서 오로지 복음 전도의 플랫폼이 되는 비즈니스가 아니다. 이 경우에는 선교 '현장'이 비즈니스 밖에 있고 사업가들은 선교사들이다. 일부 사람은 이를 '가짜' 비즈니스 또는 '일자리-탈취인 비즈니스'라고 불러 왔다. 그리고 사람들이 이런 가짜 비즈니스를 통해 그리스도인이 되면 무슨 일이 일어나는가? 다른 모델이 없는 만큼 그들은 가능하면 목사나 공식 선교사가 되려고 한다.

둘째, 사회적 기업으로서 사회적 필요를 채우기 위해 출범하는 비즈니스는 비록 지속 가능한 기업일지라도, 그리고 종종 '일자리 탈취인'이라도, 온전한 의미에서 선교로서의 비즈니스인지 의심스럽다. 왜 그런가? 선교 현장은 이 경우에도 비즈니스 밖에 있고, 비즈니스 자체를 하나님의 선교의 일부로 보는 데 관심이 없기 때문이다.

셋째, 이 부분이 이 이슈에 대한 내 입장을 밝히는 대목인데, 선교로서의 비즈니스는 그것이 몸담고 있는 사회에서 내부적으로, 주주들 가운데서 인간 번영과 새로운 삶을 가져오는 그 나라의 가치와 선교를 받아들이는 그 나라의 비즈니스다. 비즈니스 자체가 하나님의 선교의 일부이지 그저 '선교 현장'을 위해 존재하는 것이 아니다. '비즈니스는 선교 현장인 동시에 선교이고' 종종 일자리 창출자다. 여기서 선교 현장과 선교를 구별할 필요가 있다.

선교 현장으로서의 비즈니스

일터가 중요한 선교 현장이라고 생각하는 이유는 너무나 자명한데도 적이 우리의 눈을 가려서 가능성을 보지 못하게 했다. '첫째, 접근이 가능하다.' 일터는 외부인에게는, 특히 종교 전문가에게는 접근을 허용하지 않아도 거기서 일하는 사람들에게는 접근을 허용한다. 물론 사목을 용납하는 곳은 예외다. '둘째, 대다수 사람에게 일터는 대인 관계를 맺는 곳이다.' 회사는 하나의 공동체[문자적으로, 회사(company)는 'com'과 'pani'(공유하는 빵)이다], 삶과 사업을 공유하는 공동체이고, 종종 교회나 동네보다 더 깊은 사역을 위한 관계적 맥락을 제공한다.

'셋째, 순전한 시간의 문제가 있다.' 일하는 성인 대다수는 깨어있는 시간의 대부분을 이 공동체에서 보낸다. '넷째, 일터 자체가 복음과 목회적 돌봄의 문을 열어 주는 이슈들을 제기한다.' 정체성, 관계성, 우선순위, 신뢰성, 삶의 목적, 일-생활의 균형, 성공과 실패 등. '다섯째, 우리의 삶은 일터에서 열린 책과 같다.' 한 사람이 복음을 말로 들을 뿐 아니라 증인의 행위, 특히 일하는 방식으로도 듣는 등 관계 중심 복음 전도의 기회가 많다. '여섯째, 일터는 우리에게 어려움과 위기에 처한 사람들에게 다가갈 수 있게 해 준다. 곤경과 역경이 닥치면 일꾼은 이 문제를 교회에서 종교 전문가와 나누기보다 일터의 동료와 나누는 것을 더 좋아한다.

만일 모든 지역교회가 비즈니스 영역에서 일하는 평범한 교인들뿐 아니라 다른 국가로 출장을 나가서 그곳 정부와 산업계와 만날 기회가 많은 사업가들의 중요성을 인정하고 그들을 위해 기도한다면, 얼마나 큰 변화가 일어날지 상상해 보라. 그들은 개발도상국으로 출장을 가서 교회나 가정을 세우는 일을 돕는 일종의 팀으로서 기도 지원과 파송을 받을 만한 자격이 있지 않은가?

물론 본국과 해외에서 재정 후원을 받는 전통적 선교사는 세계의 많은 지역에서 손쉽게 구할 수 있다. 그러나 21세기에는, 빌리 그레이

엄에 따르면, "하나님의 다음 큰 사역의 하나는 일터에 속한 신자들을 통해 이루어질 것이다."[17] 따라서 닐 존슨은 하나님의 선교에서 일터의 위치를 요약하면서 이렇게 말한다. "우리는 일터를 그 자체로 선교 현장으로 접근해야 한다. … 그것은 특징적인 문화, 독특한 세계관, 그리고 사실상 땅의 모든 사람에게 영향을 주는 놀라운 역량을 지닌 장소다."[18] 이를 위해 존슨은 일터가 선교 현장이 될 수 있는 세 가지 방식을 개관한다.

첫째는 "외부인들, 즉, 비즈니스 공동체에 참여하는 사람이 아닌 자들, 그 공동체 내에서 비신자들을 회심시키고 제자로 삼으려는 사람들이 일터에 '들어오는' 선교"[19]다. 사목 프로그램과 더불어 점심시간 성경공부(보통은 일터의 외부인들에게 의존하고 내부자는 적어도 한 명이다)를 후원하는 많은 단체들이 부분적으로 이런 일을 한다. 둘째 방식은 "일터 '내의' 선교로서 일터에 참여하는 그리스도인들, 즉 내부자들이 그들의 작업 환경 내에서 복음을 전하고 제자로 삼고, 서로 네트워크를 구성하고 격려하는 경우다."[20] 일터 선교학의 셋째 방식은, 존슨에 따르면, 일터를 '통한' 선교로서 "내부자들이 그리스도를 위해 그들의 엄청난 (하나님이 주신) 영향력과 자원과 전문 기술을 활용하여 일터 바깥으로 손을 뻗치는 것"[21]이다. 한 친구가 생각난다. 그는 여러 자동차 대리점을 운영하면서 그 도시에서 전략적인 유익을 도모하기 위해 주택 공급, 사회 정의, 주변부 사람을 위한 교육 등 여러 분야에서 영향력을 발휘하는 사람이다. 그런데 하나님 나라에는 일터를 선교 현장으로 간주하는 것보다 더 많은 것이 있는가?

선교로서의 비즈니스

몇 년 전에 나는 한국에서 큰 소매업 체인의 회장을 방문한 적이 있다. 먼저 그는 많은 돈을 벌어서 선교에 기부할 의도로 비즈니스 세계에 들어갔다고 말했다. 그는 그렇게 했다. 이는 비즈니스를 '통한' 선교다. 이후 그는 비즈니스가 세계 전역으로 선교를 퍼뜨리는 수단임을 보기 시작했다. 그는 이런 일도 했다. 이 역시 비즈니스를 통한 선교다. 한국에서는 이런 사람들을 '비즈너리'(businaries)라고 부른다. 더 나아가, 그는 비신자들을 그리스도에게 인도하고 그들에게 사목의 섬김을 제공할 목적으로 비신자들도 고용하기 시작했다. 그러나 마침내 그는 그가 추진하는 일이 하나님이 그의 선교를 통해 땅에서 이루길 원하시는 일의 일부라는 것을 깨닫기 시작했다.

나는 중세 기독교 신학자 토마스 아퀴나스를 언급하며 이것을 설명하려고 한다. 그는 두 표를 사용해서 덕스러운 삶, 선교적 삶을 훌륭하게 설명했다. 하나는 육체적 자선 행위(선한 육적인 일)를, 다른 하나는 영적인 자선 행위(선한 영적인 일)를 위한 표다.

먼저 아퀴나스의 육체적 자선 행위에 대해 생각해 보자. 당신은 이것을 들을 때 어떤 생각이 떠오르는가?

- 굶주린 자를 먹이기
- 목마른 자에게 물을 주기
- 헐벗은 자에게 옷을 주기
- 피난처가 없는 자를 숨겨 주기

- 병자를 위문하기
- 포로에게 몸값을 지불하기
- 죽은 자를 매장하기

다음과 같은 것은 어떻게 생각하는가?

- 굶주린 자를 먹이기 (식품 산업)
- 목마른 자에게 물을 주기 (음료 회사)
- 헐벗은 자에게 옷을 주기 (의류 산업, 디자인)
- 피난처가 없는 자를 품어 주기 (손님 대접)
- 병자를 위문하기 (의료, 상담)
- 포로를 위해 몸값을 지불하기 (경찰, 군대)
- 죽은 자를 매장하기 (장례 사업)

이제 아퀴나스의 영적인 자선 행위에 대해 생각해 보자.

- 무지한 자를 가르치기
- 의심하는 자와 상담하기
- 슬픈 자를 위로하기
- 죄인을 책망하기
- 싱치에 대해 용서하기
- 우리를 괴롭히는 자를 참아 주기

- 모두를 위해 기도하기[22]

이 두 패널에서 우리는 이사야서 61장과 누가복음 4장에 나온 예수님의 말씀과 행위에 근거해 그 나라의 선교로 우리가 규정한 것을 잘 요약하게 된다. 말하자면, 가난한 자에게 복음을 전하는 것, 갇힌 자에게 놓임을 선포하는 것, 눈먼 자에게 시력을 회복시키는 것, 하나님의 은혜의 해를 선포하는 것, 범세계적인 사역, 그리고 우리의 일이다. '그러므로 우리가 일터에서 행하는 실제적인 일(대다수가 아퀴나스의 육체적 자선 행위에 속한다)은 하나님 나라 선교의 전부는 아니라도 일부에 해당한다. 장대한 이야기의 혼잡한 중앙(새 시대와 옛 시대의 중첩)에 속한 우리의 모든 일은 선한 것과 선하지 못한 것, 그 나라와 그 나라가 아닌 것의 혼합이다. 그러나 만일 그런 일을 믿음과 소망과 사랑으로 하나님을 위해 행한다면, 그것들은 지속되는 하나님 나라를 위한 중요한 일일 것이다. 그리고 아퀴나스가 말한 영적인 자선 행위가 일터에서 이루어질 때 역시 하나님의 선교를 완수할 수 있다.'

나는 하나님 나라의 비즈니스의 열 가지 특징을 다음과 같이 제안하는 바다.

1. 크든 작든 영향력의 범위를 지닌 그리스도인(들)의 현존
2. 하나님의 창조 목적과 조화를 이루는 제품이나 서비스
3. 단순한 재정적 이익보다(이것도 포함하지만) 더 크고 깊은 사명이나 목적을 가지고 어떤 식으로든 하나님 나라에 기여하는 비즈니스

4. 비즈니스나 기업이 그 나라의 현존을 시사하고 증언의 기회를 잡도록 권유한다.
5. 고객이 단지 이익의 수단이 아니라 존엄하고 존경받는 존재로 대우받는다.
6. 직원들과 일꾼들이 그들의 삶에서 더 큰 잠재력을 발휘하도록 준비된다. 그들이 그리스도인이라면, 그들은 믿음과 소망과 사랑으로(고전 13:13; 살전 1:2-3), 전심으로 일할 수 있다(골 3:22-25).
7. 비즈니스의 모든 측면이 잠재적인 사역이자 기도의 제목으로 간주된다.
8. 조직의 문화(상징, 가치관, 지배적인 신념)가 본질적으로 하나님의 말씀과 그 나라의 목적과 일맥상통한다.
9. 지도자들은 종으로서 그 비즈니스의 사명과 직원들, 고객들, 주주들의 최고의 이익을 도모하는 데 헌신하되 그들이 무엇보다 하나님의 종들이기 때문에 그렇게 한다.
10. 비즈니스가 은혜롭게 운영된다.[23]

그러면 우리는 이것을 어떻게 실행할 수 있을까?

일터에서의, 일터를 통한 선교

첫째, 구두적인 증언이 있다. 우리는 다른 모든 곳은 물론 일터에서도 하나님의 말씀과 그 나라의 좋은 소식을 전하도록 부름받았다. 그러려면 우리가 우리의 삶과 일을 통해 말할 권리를 얻어야 한다. 아시시의 성 프란체스코는 이런 말을 한 것으로 전해진다. "언제나 복음을 전파하되 필요하면 말을 사용하라." 그러나 우리 속에 있는 소망에 대한 이유를 제공할 준비를 갖추는 것은 매우 중요하다. 내가 목수로 일하는 동안 한 번은 특정한 작업을 하느라 여러 주간을 보내고 있었는데, 나와 함께 회반죽을 바르던 동료가 간식 시간에 "폴, 우리가 죽을 때는 무슨 일이 생기지?"라고 물었다. 이를 비롯한 여러 질문은 하나님 나라에 대한 답변을 요청한다. 사실 내 동료는 교회의 문에 발을 들일 사람이 아니라서 목사에게 그런 것을 결코 묻지 않을 것이다. 에이미 셔먼이 『그 나라의 소명』(Kingdom Calling)에서 말하듯이, 예수님 안에 있는 하나님 나라에 대해 증언하려면 우리의 언어가 바뀔 필요가 있다. "보통은 회중이 구도자로부터 '예수님을 당신의 마음속으로 영접하라'고 격려하도록 훈련을 받는다. 하지만 이는 예수님이 사용하신 언어를 반영하지 않는다. 그분이 실행하신 복음으로의 초대는 '와서, 내 나라에 들어가라'였다."[24]

둘째, 실제적인 섬김이 있다. 우리가 재능을 발휘하고, 공동체를 만들고, 재화와 서비스를 제공해 이웃을 섬길 때, 우리는 일터에서 하나님과 하나님의 목적(사역의 진정한 뜻)을 섬기고 있다. 좋은 일은 인간의 삶을 증진시키고, 사람들을 단순한 도구로 이용하지 않고, 피조물의 잠재력을 개발한다. 영국의 요크셔에 있는 한 시골 교회는 최근에 9만 달러에 달하는 스테인드글라스 창문으로 교회의 초기 멤버 중 한 사람에게 경의를 표했다. 그 교구민은 1836년에 가까운 마을인 손(Thorne)에서 태어난 배관공 토머스 크래퍼였다. 캐나다 신문 「글로브 앤드 메일」(The Globe and Mail)이 보도했듯이, "그 창문에는 현지의 업적을 축하하는 일환으로 우아하게 만든 변기의 실루엣이 들어 있다." 크래퍼는 수세식 변기를 발명한 사람이었다.[25]

셋째, 우리는 일터에서 그리고 세계적으로 공동체를 건설함으로써 하나님 나라의 선교를 증진한다. 우리는 일터에서 이웃을 돌보고 그 나라의 현존을 어느 정도 반영하는 회사 문화를 조성함으로써 공동체를 세운다. 즉, 사람들에게 의미를 부여하고, 재능을 발휘하게 하고, 사랑하는 법을 배우도록 돕는, 사람을 중시하는 상호 의존적인 공동체를 건설하는 것이다. 우리가 비록 고위층 리더십에 속하지 않더라도 사무실을 중심으로 영향력이 있는 만큼 동료들을 위해 기도하고 그들과 팀워크를 쌓을 수 있다.

넷째, 우리는 일터에서 구속적 역할을 수행할 수 있다. 랍비 마이클 스트라스펠드는 세 개의 개념(예배, 일, 섬김)을 표현하는 히브리어 단어 '아보다'(abodah)에 대해 이렇게 말한다. "일은 … 세계에 대한, 인류의 안식에 대한, 그리고 하나님에 대한 섬김의 한 형태다. … 그것은 '세계의 수선'(tikkun olam)을 이룰 잠재력을 갖고 있다."[26]

다섯째, 우리는 일터에서 선지자적 역할을 담당할 수 있다. 우리는 일터에 불의, 탐욕적인 경쟁, 일꾼들을 향한 우상숭배적 요구, 불의하고 불공정한 급여 패턴, 그리고 세계적 불공평에의 참여 등에 대한 책임을 물음으로써 하나님을 섬길 수 있다. 이런 식으로 우리는 개인적인 악뿐 아니라 구조적인 악, 즉 바울이 "통치자들과 권세들"로 불렀던 것에도 관여할 수 있다. 우리는 또한 역사의 최종적 완성과 새 하늘과 새 땅을 가리키고 이 세상적인 활동에 의미를 부여함으로써 선지자적으로 일할 수 있다.

그러므로 이는 선교 현장이나 선교를 택해야 하는 양자택일의 문제가 아니라 둘 다의 문제다. 일터를 선교 현장으로 간주하는 것은 신앙 공동체를 세우는 일(하나님의 선교의 두 차원 중 하나)을 도모하고, 일터를 선교로 보는 것은 인간 공동체를 세우는 일을 도모한다. 죄는 그리스도인들이 세상에서 수행하는 직접 전도의 노력을 왜곡하는 만큼 이런 활동도 오염시킨다. 그러나 선교 현장이자 선교로서의 비즈니스를 다 함께 묶으면 사업 활동은 세상에서 하나님과 하나님의 목적을 섬기는 하나의 방식이 된다. 우리가 "[당신의] 나라가 임하옵시며 [당신의] 뜻이 땅에서 이루어지이다"라고 기도할 때는 다음과 같은 가능성을 반드시 포함한다. 우리가 현재 땅에서 하나님의 뜻을 이루는 일에 그분과 함께 협력하는 것과, 또한 그 나라의 '아직'과 '오고 있음'이 완전히 '현재'와 '여기에'가 될 때인 그리스도의 재림을 향해 기도하고 일하는 것을 겸비할 가능성이다.

11
하나님 나라의 리더십
– 단순한 실용주의를 넘어서

내 직원들, 고객들, 그리고 공급자들은 내 회중이다.
내 비즈니스는 내 제단이다.
어느 일터 목사

여러분은 자기를 위하여 또는 온 양 떼를 위하여 삼가라
성령이 그들 가운데 여러분을 감독자로 삼고
하나님이 자기 피로 사신 교회를 보살피게 하셨느니라
바울, 행 20:28

최후의 작별 인사는 의미심장하나 주고받기가 어렵다. 내가 케냐의 서부 변두리에 위치한 교회에서 삼 일 간의 세미나를 끝낸 후 장로들로부터 받은 멋진 작별이 기억난다. 수석 장로가 "우리는 당신이 우리와 함께하는 동안 저지른 모든 실수를 용서합니다!"라고 말했다. 나는 깜짝 놀랐다. 내가 무슨 잘못을 했지? 그런데 이어서 이렇게 말하는 것이었다. "그리고 우리는 당신이 우리가 당신에게 지은 죄를 용서해 주리라고 믿습니다." 돌아보면 깨끗한 양심을 안고 떠나는 것이 아름다웠다는 생각이 든다. 에베소 교인들에게 말한 바울처럼, 나는 결코 그들을 다시 보지 못할 것이다. 이런 작별의 말은 주기 쉽지 않고 받기는 더 어렵다. 당시에 바울은 에베소에 있는 교회의 장로들에게 고별 인사를 하고 있었다. 그는 예루살렘으로 가는 중이었고 어려운 일이 닥칠 것을 알고 있었다. 이는 바울의 최후의 방문이었다. 그래서 이 작별의 말이 중요하다. "여러분은 자기 자신을 잘 살피라." 이는 여러분의 영성과 진정성에 신경을 쓰라는 것이다. 그리고 성령님이 여러분을 그 감독으로 세우신 "양 떼를 잘 보살피라"고 한다(행 20:28). 이는 다른 사람들을 지도한다는 뜻이다. 우리는 우리 자신과 함께 시작해야 한다.

우리 자신을 잘 살피는 것: 그 나라의 리더십은 진정성이 있다

'리더십'은 인간관계, 조직, 그리고 공동체 안에서 표출되어 팔로어십(followership)을 얻고 목표가 이루어지는 통로가 되는 영향력이다. 그 영향을 받는 사람들은 적게는 두 명, 많게는 이천 명에 이른다. 이뿐만이 아니다. '영적 리더십'은 지도자들의 영적인 삶에서 생기는 영향력이다. 이는 리더십이 단순한 실용주의 이상의 것임을 의미한다. 누가 무엇을, 언제, 어디서 하는가를 넘어선다는 뜻이다. 더 나아가, 영적 리더십은 당신이 섬기는 사람들의 영적인 삶을 북돋운다. 그러나 일반적 리더십과 영적 리더십을 모두 포함하는 '그 나라의 리더십'은 하나님 나라의 가치들과 목표들을 그 목적으로 삼고 있다. 그 가치들은 우리가 살펴본 대로 팔복의 가치들과 더불어 통합하기, 의미, 그리고 번영하기를 포함한다. 소금과 같은 그 나라의 가치들은 이런 것들도 포함한다. '용서와 책임성'(사람들에게 또 한 번의 기회를 주는 것과 십 리를 가는 것, 마 18:21-35; 5:41), '말과 행동의 일치'(당신이 "예"라고 할 때는 "예"라 하는 것, 내적인 삶과 외적인 삶의 일치, 투명함, 마 5:37), '청지기직'(다른 사람의 은사를 귀하게 여기고, 창조세계를 돌보고, 동기를 유발하고 칭찬하는 조직 문화를 개발하는 것, 마 25:14-30), '능력 부여'(다른 사람의 은사와 재능을 발휘시키는 것, 다른 이들이 섬기는 일에 번성하도록 돕는 것, 엡 4:11-12), '샬롬과 사회적 책임'(개인적으로 또 사회적으로 이웃을 사랑하는 것, 마 22:39), '기쁨'[환경에 좌우되지 않는 (하나님이 주시는) 넘치는 기쁨과 안녕을 경험하는 것, 어떤 이들은 이를 일터에서 느끼는 '재미'라고 불렀다, 빌 4:4]. 그래서 캐넌 스탠리 에번스는 한때 그리스도인을 "하나님이 영구적으로 창조하시는 삶의 기쁨에 의도적으로 도취된 채 [자기를] 통제하는 사람"[1])으로 묘사한 바 있다. 그 나라의 리더십의 목표는 조직과 그 사람들이 그들의 일과 혁신을 (현존하고 또 다가오는) 하나님 나라와 조화시키도록 이끄는 것이다. 그런데 우리는 어떻게 추종자들을 얻고 또 우리가 어떻게 추종자들이 되는가?

추종자를 얻는 것

영화제작자 레니 리펜슈탈이 1934년에 제작한 "의지의 승리"(The Triumph of the Will)[2]는 아돌프 히틀러에 관한 놀라운 선전 영화다. 오늘날 많은 이들은 그것이 DVD 박스가 말하듯 "나치 정권을 위해 선전하는 끔찍하게 조작적인 작품"이긴 하지만 역대 최상급 선전 영화라고 한다. 리펜슈탈에게 그것은 하나의 예술 형식이었고, 그녀는 남은 생애를 '예술 형식'의 정치적, 사회적, 그리고 윤리적 함의를 교묘히 얼버무리는 데 보냈다. 그 영화에서 그녀는 히틀러를 우월한 인간으로 그렸다. 디트리히 본회퍼는 별로 알려지지 않은 책『녹슬지 않은 칼』(No Rusty Swords)에서 이에 관해 말하면서 '그 지도자'는 다른 누구도 될 수 없는 인물이라고 한다. 이 사람은 그의 공동체의 각 멤버의 개체성을 자신의 모습으로 융합시킨다. 이 인물이 지도한 조직은 건강해 보이지만 실은 병들었다. 본회퍼는 이렇게 말한다.

> 그 지도자의 이미지를 위해 반드시 필요한 것은 그 인물이 앞으로 나갈 때 집단이 앞서 가는 그 사람의 얼굴은 보지 못하고 그를 뒤

에서만 보게 하는 것이다. 그의 인간성은 그의 지도자의 형태 속에 가려져 있다. … 그 지도자는 다른 누구도 될 수 없는 존재, 유일한 개인, 유일한 인물이다. 추종하는 자들과 그들의 지도자 간의 관계는 전자가 그들의 권리를 그에게 이양하는 것이다. 심화된 개인주의로 바뀌는 것은 바로 이런 형태의 집단주의다. 이런 이유로, 참된 공동체의 개념, 즉 책임성과 더불어 개개인이 책임 있게 서로에게 속한다는 인식에 바탕을 둔 그런 공동체 개념은 여기서 결코 성취되지 않는다.3)

"의지의 승리"에서 리펜슈탈은 히틀러가 컨버터블 벤츠를 타고 뮌헨으로 들어오는 모습을 그렸다. 그녀는 카메라를 열린 차의 뒤쪽에 세워서 당신이 히틀러의 얼굴이 아니라 그의 등만 볼 수 있게 했고, 그의 뻗은 팔은 열광하는 군중을 맞이하고 있었다. 풀러 신학교 신학 교수였던 고(故) 레이 앤더슨은 그 현상에 대해 이렇게 말했다.

기독교적 관점에서 보면, 진정한 리더십은 깊은 공동체 의식을 보존하고, 사람들의 욕구와 욕망을 집단적 통일성에 융합시켜 리더십이 그 지도자의 역할로 넘어가는 것을 피할 수 있어야 한다. … 이 전환은 추종하는 자들을 비인간화시키는 과정을 불러오고, **그 지도자의 진정한 인간성을 가리게 한다**. … 그는 '실물보다 더 큰' 존재가 되고, 그들이 성공과 권력욕을 향한 그들 자신의 개인주의적인 꿈들을 투사할 수 있는 대상이 된다.4)

그 나라 지도자의 성품

이와 대조적으로, 사도 바울은 그 나라의 지도자로서 취약했다. 그의 인간성은 결코 가려진 적이 없었다. 그는 그 자신을 있는 그대로 남들에게 쏟아 놓았다. 그는 자기가 KO를 당해도 나가떨어지지 않았다고 말했다!(고후 11:16-33) 그는 누군가가 죄를 범했다는 소식을 들었을 때 속이 탔다고(분노해서, 또는 혐오에 사로잡혀, 또는 둘 다로 인해) 했다. 그는 고린도후서 3장에서 우리는 모세와 같지 않다며 후자는 그 광채가 사라지고 있어서 주님과 교제하던 성막을 떠날 때는 그의 얼굴을 가려야 했다고 한다! 그 대신 우리는 '가리지 않은 얼굴'을 갖고 있고, 역할 놀이를 하지 않고, 실물보다 더 크게 보이지 않으며, 우리가 끊임없이 주님을 바라볼 때 사실은 점점 더 큰 영광으로 변형되고 있다. 우리는 (필름 사진을 찍을 때의) 컬러 사진 슬라이드와 비슷하다. 당신이 슬라이드를 보면 감광유제 속의 꾸물거리는 모양밖에는 거의 아무것도 볼 수 없다. 그러나 당신이 그것을 높이 들어 불빛에 비추면 아름다운 이미지를 보게 된다.

그러므로 추종자를 얻는 데 필수적인 '신뢰성'은 진정성에 기반을 두고 있다. 그것은 투명함, 정직, 온전함, 그리고 성실함과 관계가 있다. '투명함'은 완전히 열려 있는 것이다. 모든 생각과 행동이 하나같이 다른 사람들에게 가용하다. '정직'은 진실을 말하는 것이다. '온전함'은 흠이 없음, 건전함이다. 그리고 '성실함'은 라틴어(*sine ceres*)에서 유래하고, 이는 '왁스 없이'란 뜻이다. 고대 로마에서 일부 조각가들은 동상에 있는 흠을 감추려고 왁스를 사용했다. 햇볕이 왁스를 녹이거나 나쁜 날씨가 그것을 부식할 때까지는 아무도 그 흠을 보지 못했다. 이런 식으로 그들은 완전히 성실하지 않았던 것이다.[5]

처음에는 사람들이 카리스마와 자격 증명서를 신뢰하는 경향이 있으나 장기적으로는 성품을 신뢰할 필요가 있다. 그리고 성품은 우리가 삶의 연단을 겪으며 하나님께 반응하는 것에 따라 형성된다.

그러나 만일 그 나라의 리더십이 자기 자신을 잘 살피는 것을 포함한다면, 그것은 또한 당신이 섬기는 양 떼를 잘 살피는 것도 포함한다. 그리고 이는 추종자들의 최상의 이익을 도모하고 온 조직뿐 아니라 전인을 돌보는 것을 의미한다. 그것은 영적인 섬김보다 못하지 않고 오히려 그 이상이다.

양 떼를 잘 살피기 1: 그 나라의 리더십은 섬기는 리더십이다

그 나라의 지도자는 일차적으로 주님의 종이다. 이는 그 나라의 리더십은 본질적으로 영적 리더십임을 의미한다. 그 사람이 사업체, 행정 관청, 또는 다른 어떤 인간 기업을 이끌고 있든지 상관없이 그렇다. 경영의 구루 피터 블록은 영성을 이런 식으로 정의한다. "영성은 깊이 품은 일련의 개인적 가치들을 실행하고, 우리 자신보다 더 큰 세력이나 현존을 영화롭게 하는 하나의 과정이다. 그것은 우리가 행하는 일에서 의미를 찾고 그것을 하나의 제물로 취급하려는 우리의 열망을 표현한다."[6] 그렇긴 해도 기독교 영성에 대한 최상의 정의는 세군도 갈릴레아의 것이라고 나는 생각한다.

모든 영성은 우리를 먼저 사랑하신 분이 하나님이란 이 근본적인 사실로부터 나온다. … 만일 기독교 영성이 무엇보다도 우리를 사랑하셨고 우리를 찾으시는 하나님에 의한 주도권이고 그분에게서 오는 선물이라면, 영성은 우리를 인간화시키고 성화시키기 원하시는 이 하나님의 사랑에 대한 우리의 인정과 반응(이에 수반되는 모든 것과 함께)이다. 이 영성의 길은 구체적이되 결코 끝나지 않는 하나의 과정이고, 이로써 우리는 우리 자신을 창조세계를 향한 하나님의 계획과 동일시한다. 이 계획은 본질적으로 하나님 나라와 그 정의(거룩함)이기 때문에 영성은 이 나라를 우리와 남들에게 가져오려는 하나님의 뜻과 동일시되는 것이다.[7]

하나님의 종이 되는 것

그러면 하나님의 종이 된다는 것은 무슨 뜻인가? 한 여성이 일주일에 이틀 동안 우리 집에 온다. 그녀는 우리를 섬긴다. 내 아내에게는 신체적 장애가 있어서 이 여성이 세탁을 하고, 집을 청소하고, 아내와 나를 돕는다. 그녀는 종이다. 종은 다른 사람이 바라는 일을 행하는 사람이다. 그리고 우리는 누구의 바람을 따르고 싶은가? 그 타자는 일차적으로 사람들이 아니라 주님이다. 그래서 주님의 종은 하나님의 뜻에 따라 그분이 원하는 일을 행하는 사람이다. 그리고 이렇게 덧붙이는 것이 좋겠다. "어떤 대가를 치르든 세계의 필요를 채우는 것"이라고.

"어떤 대가를 치르든"이라는 어구를 포함하는 데는 이유가 있다.

구약의 이사야서에는 때로 "종의 노래"라고 불렸던 유명한 네 대목이 나온다. 이 대목들은 '주님의 종'에 관한 매우 인상적이고 풍부한 표현이다. 이사야서 42장 1-9절은 **종의 소명**이다. "내가 붙드는 나의 종, 내 마음에 기뻐하는 자 곧 내가 택한 사람을 보라"(사 42:1). 이 종은 선동자가 아니다. 그는 길거리에서 확성기를 붙잡지 않는다(사 42:2). 그는 상하고 깨어진 사람에 대한 깊은 존경심을 품고 있다. "[그는] 상한 갈대를 꺾지 아니하며"(사 42:3). 그는 정의를 세운다(사 42:3-4). 이후 이사야 49장 1-9절에서 그 종은 좌절을 경험한다. "내가 헛되이 수고하였으며 … 참으로 나에 대한 판단이 여호와께 있고"(사 49:4). 이는 '종에 대한 변호'다. 그러나 세 번째 종의 노래에서 그 종의 경험이 어두워진다. 이사야 50장 4-9절에서 종은 그가 삶에서 배운 것에 근거해 "학자들의 혀"(사 50:4)를 갖게 되었다고 말한다. 그러나 그건 쉽지 않다. "나를 때리는 자들에게 내 등을 맡기며"(사 50:6). 이는 **종의 겟세마네**다.

이 시점까지 그 아리송한 인물은 이스라엘의 온 국민, 또는 어쩌면 교회 내의 교회, 이상적이거나 영적인 이스라엘일 수 있었다. 그리고 마침내 그 종은 한 고독한 개인으로 집중된다. 이는 마치 모래시계의 모양처럼 백성 전체(가장 넓은 부분)로부터 선택된 소수를 거쳐 한 개인으로 좁아지는 것과 같다. 이사야 52장 13절-53장 12절에서 "그가 많은 사람의 죄를 담당[한다]"(53:12)고 한 고난받는 종은 궁극적인 종이신 예수님을 예견하는 인물이다. 이는 **종의 십자가**다. 리젠트 칼리지의 학장이었던 월터 라이트는 교무처장이었던 나에게 "우리가 이 조직의 고통을 감수해야 한다"라고 말하곤 했다. 다른 이들도 비슷한 말을 했다.

백성의 종이 되는 것

로버트 그린리프는 『섬기는 리더십』(Servant Leadership)에서 섬기는 지도자는 먼저는 지도자가 아니라 종이라고 말한다. "먼저는 종인 지도자는 '다른 사람들의 최우선적인 필요가 채워지는 것을 확실히' 하는 사람이다."[8] 이런 섬김의 태도는 어디서 올까?

그것은 경영 테크닉으로 생기는 것이 아니다. 그리고 단순한 실용주의도 아니다. 그것은 한 사람의 성품, 그의 영성, 그가 섬기는 대상, 사실은 하나님으로부터 온다. 결국 하나님이 땅에서 그의 섬김을 이행할 수 있는 종을 찾지 못하셨을 때 '그분이 예수님이라는 인물 안에서 그 자신의 종이 되셨다'(빌 2:7). 예수님은 아버지의 뜻에 따라 무슨 대가를 치르든지 간에 세상에 필요한 것을 행하기로 그 자신을 내놓으셨다. 따라서 예수님의 기독론적 호칭의 하나가 '그 종'(the Servant)인 것은 놀랍지 않다. 그는 사도행전에서 그렇게 불린다(행 3:13; 4:27). 그래서 그 종을 따른 이들 역시 종들임이 틀림없다.

따라서 피터 블록은 조직 내의 섬김에 대해 말하면서 섬기는 지도자는 다음 네 가지를 얻을 필요가 있다고 한다.

1. 권력 균형이 이루어진다. 사람들은 스스로 선택한 바를 행할 필요가 있다.

2. 일차적 헌신의 대상은 더 큰 공동체다.
3. 각 사람이 이 조직이 어떤 문화를 조성할지를 결정하고 그 목적을 규정하는 데 참여한다.
4. 보상을 균형 있고 공정하게 배분한다.[9]

섬기는 리더십은 노예근성을 만들지 않는다. 오늘날 일터와 세계에서 발생하는 많은 문제의 원인이 여기에 있다. 섬기는 지도자는 사람들이 요청하는 것이면 무엇이든 행하고 주도권을 거의 또는 전혀 잡지 않는 현관 흙털개와 같은 존재가 아니다. 오히려 섬기는 지도자는 사람들을 세우고 배우는 공동체를 만드는 여러 가지 일을 한다. 그는 공동체를 들여다보고 자기가 보는 것을 말하고 그 조직에 관해 진실을 말하는 '해석자'다. 그는 사람들 간에 건강한 연결망을 만들고 상호의존관계를 배양하는 '인간관계의 중매자'다. 그는 구조, 관계, 하부조직의 건강과 기능을 돌보는 '시스템의 목자'다. 그는 사람들 간의 연줄과 적절한 서비스 기회를 만드는 '은사의 브로커'다. 그는 조직의 DNA, 기원, 그리고 초기 역사의 함의를 발견하는 '유전적 상담사'다. 그는 선수로 참여하되 격려를 하는 '선수 겸 감독'이다. 그는 가능한 미래를 내다보고 거기에 도달하는 과정을 이끌어 가는 '안내자'다. 그는 유익하고 건설적인 조직 문화의 측면들을 배양하고 잡초는 시들어 죽게 허용하는 '정원사'다. 그는 항상 답변을 주기보다 더 많은 질문을 던지는 '교사'다. 끝으로, 그는 사람들을 머리와 왕이신 예수님께로 안내하고 그들로 하여금 지도자가 아니라 하나님께 의존하게 하는 '신탁 관리사'

다. 그런데 그 나라의 지도자가 되는 것이 주님의 종이 되는 것을 포함한다면, 그것은 또한 양 떼의 영혼을 비롯한 전인을 돌보는 것도 포함한다.

양 떼를 잘 살피기 2: 그 나라의 리더십은 전인에 관심이 있다

'영혼'을 갖고 있다는 생각은 기독교 문학에 너무도 깊이 뿌리박혀 있어서 우리가 그 뜻을 오해하지 않고 성경을 읽을 수 없을 정도다. 그러나 히브리 사상에 따르면 우리는 영혼을 갖고 있는 것이 아니다. 우리가 곧 영혼이다.『일상 기독교의 모든 것』(The Complete Book of Everyday Christianity)에서 나는 이런 생각을 표명했다.

일상 대화에서 영혼(soul)이란 단어는 적어도 두 가지를 의미할 수 있다. ① 고귀한 인간("항공기 추락에서 이백 영혼을 잃었다"). ② 인간의 영원한 또는 불멸의 부분, 썩지 않는 중심("우리는 시체를 그녀가 여전히 그녀의 영혼 속에 살아 있다는 중대한 지식에 맡긴다"). 우리는 전자가 후자보다 성경적 진리에 더 가깝다는 것을 알게 될 것이다(행 27:37의 KJV와 NIV를 비교해 보라). 성경에서 '영혼'과 '영'은 때로 사람의 내면, 특히 하나님과의 관계를 갈망하는 모습을 거론하기 위해 교호적으로 사용되곤 한다. 이 혼동에 단어 하나를 더해 보라. 사람의 동기를 유발하는 중심에 대한 은유로서 사용되는 '마음'이란 단어다.

이런 단어들의 복합적인 사용은 인간을 '똑딱똑딱' 움직이게 만드는 것과 영적인 사람을 구성하는 것에 관한 오늘날의 혼동을 반영한다.[10]

영혼은 몸속에 있는 불멸의 기관이란 생각, 몸과 관련된 것은 일시적인 문제인 반면 영혼과 관련된 것은 영원한 문제라는 생각은 너무나 깊이 뿌리박혀 있어서 그것에 반대하는 것은 이단에 가까운 듯이 보인다. 그러나 성경에서 영혼은 몸속에 있거나 몸의 일부가 아니고 죽음을 통해 방출되는 것도 아니다. 그것은 사람의 일부, 갈망하는 일부다. 하지만 종종 구약에 나오는 '영혼'은 신체적인 삶에서 분리될 수 있는 한 사람의 영적/정서적 일부를 가리키지 않는다. '영혼'은 그 사람을 **갈망하는 사람**,[11] 곧 생명을 갈망하고, 하나님을 갈망하고, 풍성한 열매를 갈망하고, 행복을 갈망하는 사람으로 지칭한다. 이런 것이 영혼-사람의 여러 측면이다. 그래서 그 나라의 리더십은 전인에 관심을 갖는 것이다.

영혼의 리더십은 전인의 리더십이다

성경적인 사람은 생명을 총체적 실체로 보고 두 부분으로 나누지 않는다. 생명은 처분 가능한 껍데기(몸)와 파멸될 수 없는 알맹이(영 또는 영혼)로 구분될 수 없는 것이다. 그래서 "내 영혼아 여호와를 송축하라 내 속에 있는 것들아 다 그의 거룩한 이름을 송축하라"(시 103:1)는 시편은 단순히 "'내 생명아' 여호와를 송축하라"로 번역될 수 있다. 인간은 서로 분리된 세 개의 구획을 가진 것이 아니라 정신적-영적-육체적(영혼-영-몸) 합일체다. 한 사람의 몸을 만지는 것은 곧 그 사람을 만지는 것이다. 이는 성(性)의 문제에 대한 중요한 기독교의 공헌이다. 우리는 결코 몸과 함께 성관계를 하는 것이 아니라 영혼과, 즉 사람과 하는 것이다! 감정을 건드리는 것은 사람을 건드리는 것이다. 영을 만지는 것은 전인을 만지는 것이다. 성경적 인간학에 따르면, 우리는 몸 또는 영혼 또는 영을 '갖고' 있는 것이 아니다. 우리가 몸이고 영혼이고 영이다. 그리고 죽임 이후 하나님 나라에 대한 우리의 궁극적 소망은 그리스인들이 말했던 영혼의 불멸이 아니라 몸(전인)의 부활이다.

그러므로 그 나라의 리더십은 한 사람의 영혼이 구원받았는지 여부에만 관심이 있는 것이 아니라 사람들이 하는 일과 그 일의 의미에 대해서도 관심이 있다. 그것은 은사와 재능을 표현하고 이웃 사랑에 기여하는 뜻깊은 일인가, 또는 로봇이 그것을 할 수 있는가? 그 나라의 리더십은 사람이 일하는 상황, 조직 문화에 관심이 있다. 그 문화는 유독한가, 아니면 능력을 부여하는가? 그 문화는 주도권을 억제하는가, 아니면 자기결정, 활동, 그리고 창의성을 북돋우는가? 그 나라의 리더십은 능력 부여에 관심이 있다. 일터는 막다른 골목과 같은가, 아니면 사람이 성장하고 새로운 기술을 배우도록 도와주는가? 그 나라의 리더십은 추종자들을 섬긴다. 그리고 우리는 리더십을 발휘하고 삶의 연단 가운데 그 나라의 지도자가 되는 과정에서 영적으로 성장하게 된다.

그 나라의 리더십은 하나의 영적 훈련이다

내가 수년 전에 "그 나라 리더십의 영성"에 관해 강의하면서 도움이 될 만한 영적 훈련들을 언급한 적이 있다. 그 내용은 내 책, 『믿음으로 사는 칠 일』(Seven Days of Faith)[12]에 담겨 있다. 거기에는 위를 향한 여정, 즉 기도, 금식, 성경 읽기, 그리고 성경 묵상과 같은 것들이 포함된다. 그리고 안으로의 여정, 즉 피정, 침묵, 예수님과 함께 당신의 인생을 훑어보고 과거의 상처를 다루는 것, 당신이 진정 누군지를 인식하는 것 등이 있다. 그리고 끝으로 밖으로의 여정, 즉 손님 대접, 섬김, 공동 예배와 같은 것들이 있다. 그런데 이런 훈련들은 그 나라의 지도자를 만드는 데 도움이 되지만 '리더십 자체'는 우리로 하나님을 향하게 하는 영적 훈련이다. 내가 겪은 경험을 예로 들어볼까 한다.

내 삶에 가장 큰 영향을 준 사람은 (믿기지 않겠지만) 내 보스였다! 월터 라이트 박사가 리젠트 칼리지의 학장으로 일할 때 나에게 교무처장이 되도록 요청했다. 나는 박사 학위가 없고 그때까지 대체로 행정적인 역할을 피해 왔기 때문에 그 자체가 하나의 이야기다. 물색 위원회와 만나는 오랜 과정을 거치고 아내와 기도한 후 나는 섬기기로 동의했다. 그때 월터가 나에게 네 가지 사항을 말했다. 첫째, "내가 당신의 성공을 보장한다. 만일 당신이 실패하면, 그것은 당신의 감독으로서 내가 실패했기 때문이다." 능력 부여에 관한 이야기다! 둘째, "당신의 연례 평가에서 부정적인 요소는 전혀 없을 것이다. 우리가 만나서 장문의 긍정적인 편지를 쓰기 전날 밤에 나는 늦은 시간까지 깨어 있을 것이다"(내가 그 편지를 읽고 "이게 정말로 나인가?"라고 생각하던 때가 기억난다). 셋째, "우리는 목요일마다 아침식사를 함께 하고, 잘 돌아가지 않는 일이 있으면 연례 평가에서가 아니라 당장 그 문제를 다룰 것이다." 넷째가 큰 사항이었다. "이 직무에서는 당신이 스스로를 추슬러야 할 것이다. 당신은 정말 가르치기를 좋아한다. 당신은 학생들로부터 굉장한 피드백을 받고 그것을 먹고 산다. 그러나 당신이 이 직무를 수행할 때는 긍정적인 반응을 얻지 못할 것이다. 오히려 많은 비판을 받을 것이다. 그래서 당신은 스스로를 추슬러야 할 것이다." 이어서 그는 멋진 말을 했다. "그리고 내가 당신을 도와주겠다." 그는 실제로 리더십의 우여곡절 가운데 나를 도와주었다. 그런데 이 이야기는 그 나라의 지도자들의 삶에 흔히 빠져 있는 한 훈련을 포함하고 있다. 그 훈련은 책임감이다.

책임감의 필요성

케파 셈팡기는 동아프리카 부흥운동 기간에 그리스도인이 된 사람이었다. 부흥운동이 일어날 때 사람들은 큰 찬양과 감사의 아우성과 함께 자기 죄를 공개적으로 고백했다. 그런데 케파의 고백은 개인적으로 나를 뒤집어 놓는다.

우리 가운데 기독교 공동체로 가서 이렇게 말할 수 있는 사람은 거의 없다. "이것은 여러분을 위해 깨어지는 나의 몸입니다. 나는 내 모든 전문 기술, 능력, 그리고 경제적 자원을 여러분이 마음대로 이용하도록 내어놓습니다. 그것들을 취해서 여러분 마음대로 이용하십시오." 우리가 이렇게 할 수 없는 것은 우리가 깨어지지 않았기 때문이다. 우리는 너무 교만해서 우리의 삶을 완전하지 않은 사람들에게 거저 줄 수 없다. 우리는 죄인들을 위해 우리 자신을 잃고 싶지 않다. 우리는 완전한 사람과 완전한 공동체를 찾고 싶지만 결코 그런 것을 찾지 못한다. 그래서 유다처럼, 우리는 우리가 속한 신자들의 몸에 부분적인 헌신만 하고, 우리는 우리의 정체성을 그들을 배신하는 데서 찾는다.[13]

그러므로 바울은 에베소 장로들과의 최종 작별을 이런 심란한 말로 마무리한다. "내가 떠난 후에 사나운 이리가 여러분에게 들어와서 그 양 떼를 아끼지 아니하며 … 내가 아노라"(행 20:29). 결국 그 나라에 반대하는 세력이 활동하고, 때로는 이리처럼 밖에서 우리에게 영향을 미치는 것으로 판명된다. 그러나 때로 우리는 내부에 있는 이리들에게 영향을 받는다. 이제 이 주제를 다루어 보자.

The Kingdom of God in Working Clothes

PART. 5

하나님 나라에 대한 저항

12
일터와 그 나라를 반대하는 세력

세례자 요한 때부터 지금까지 하늘 나라는 폭행을 당해 왔다.
그리고 폭행을 쓰는 사람들이 하늘 나라를 빼앗으려고 한다.
예수, 마 11:12(공동번역) [1]

내가 굶주린 자에게 먹을 것을 주면 그들이 나를 성자라고 부른다.
내가 가난한 자는 왜 가난한지 물어보면 그들은 나를 공산주의자라고 부른다.
콜롬비아의 사제 J. M. 보니노 [2]

이 세상에서 하는 일은 힘들다. 우리는 다층적인 싸움을 직면한다. 우리는 사람들과 씨름한다. 우리는 또한 하나님 나라에 대한 저항을 직면하되 '혈과 육을 상대할'(다른 인간 죄인들과의 씨름) 뿐 아니라 "통치자들과 권세들과 이 어둠의 세상 주관자들과 하늘에 있는 악의 영들을" 상대하기도 한다. '하늘'은 지금과 여기의 영적 차원들(엡 6:12)의 일부, 즉 대체로 "통치자들과 권세들"의 항목 아래 요약되는 것이다.

이 권세들은 하나님의 통치에 반대하는 구조와 제도(민주주의든 사회주의든 또는 자본주의든), 상상력을 포착하는 이미지들, 전통적으로 귀신과 마귀로 불리는 비가시적인 영적 존재들까지 포함한다(엡 6:11). 시편 46편에는 이런 유명한 문장이 나온다. "너희는 가만히 있어 내가 하나님 됨을 알지어다"(시 46:10). 이렇게 하는 것은 좋다. 사실 온갖 것이 항상 우리의 시선을 끄는 현실에서 TV를 끄고 인터넷을 그만두고 하나님께 주목하는 것은 좋은 일이고 필요한 일이다. 이처럼 주의가 산만한 세상에서는 큰 결단이다.[3] 그러나 시편은 이것을 말하는 것이 아니다. 하나님은 일차적으로 우리가 아니라 권세들에게 "조용히 해라. 중단해라. 그만두라. 너희 무기를 내려놓아라"고 말씀하신다. 이는 예수님이 배에 불어닥치는 폭풍을 향해 "바람과 물결을 꾸짖으시니 이에 그쳐 잔잔하여"졌던(눅 8:24) 것과 같다. 그것은 하나님이 폭풍을 향해 말씀하시는 대목이다. 그리고 일터에는 폭풍이 있다.

땅에서 보는 전경

존 에스코토는 마닐라에 사는 비즈니스 컨설턴트로 필리핀의 여러 다국적 기업에서 일한 바 있다. 그는 자신이 일터에서(그리고 우리도 어느 정도) 직면하는 그 나라에 반하는 현실, 그 문제의 규모와 복잡성을 이렇게 말한다.

다음은 우리나라에서 '수행되는 일의 방식', 즉 내가 접하고 숨 쉬는 '비즈니스 분위기'를 공유하는 사람들이 인정하는 방식에 대한 나의 관찰이다.
1. 최저 임금에 대한 노동자의 권리는 직업소개소의 이용을 통해 또는 근로자가 무료 숙식을 제공받는다는 이유로 과도하게 또 지속적으로 반대에 직면한다.
2. 부당한 노동 조건이 개선되길 바라는 노동자의 희망은 경영자 측에 지나치게 동정적인 노조의 결성에 의해 좌절된다.
3. 노동자의 완전한 생산성과 그에 대한 소유주의 권리는 전문 경영진의 정신적 나태와 열정의 부족에 의해 경시된다.
4. 진보적이고 도덕적으로 정직한 삶에 대한 노동자와 전문 경영

진의 권리는, 그 기관의 비전을 따르지 못하고 역할 모델이 되지 못하는 소유주와 정책입안자의 실패에 의해 봉쇄된다.

5. 노동자는 결국 학대하는 노동 지도자들 때문에 손해를 본다.
6. 고용주들의 정당한 관점은 경청되지 않고 즉시 부당한 것으로 낙인이 찍힌다.
7. 소유주들의 투자에 대한 완전 공개와 공정한 수익의 권리는 늘 우선순위에서 밀린다.
8. 환경이 굶주리는 주변 집단들이나 만족을 모르는 자본가들에 의해 오용된다.
9. 지역 사회는 기관들의 수익성 저하의 초기 징표나 부적절한 예산 때문에 피를 흘리고 더 나은 장소 이전으로 버림을 받는다.
10. 지역 사회는 자립하는 소규모 산업들을 세우지 못해서 현지 기관들이 떠날 때는 빈손이 된다.
11. 큰 공급자들은 제때에 결제를 받는 반면 작은 공급자들은 우선순위에서 밀린다.
12. 안전하지 않거나 필요하지 않은 제품이 거짓 광고를 타고, '매력적으로 미화되고', 시장에서 확산되도록 허용된다.
13. 경쟁이 너무도 치열해서 경쟁자들이 비겁한 전술과 비윤리적인 행습을 쓴다.
14. 공적 권위를 가진 자들과 사적 권위를 가진 사들은 그들이 최대한 희생시킬 수 있는 사람은 누구든 밀어붙이는 데 그들의 권력을 이용한다.

15. 기관의 문제들이 정치와 선정적인 미디어 때문에 지나치게 부풀려진다.
16. 전문 경영진과 이사들은 권력을 찬탈하고 그것을 보존하기 위해 물고 뜯고 싸우고, 기관, 가족, 친구, 심지어 일반 공중의 평판과 삶을 손상시키는 결정을 내린다.
17. 지역 기관과 외국 기관 사이의 협력 협정 중에 일방적인 것이 많다.
18. 신중하게 또는 통전적으로 고안되지 않은 정부 규정이 비윤리적 행습을 부추긴다.
19. 현지 상황에 맞지 않고 통전적이지 않은 원조나 보조금은 지속 가능한 또는 의미 있는 변화를 만드는 개입으로 귀결되지 않는다.
20. 졸업생들은 고용의 일단계도 넘을 준비가 되어 있지 않다.
21. 가난한 자는 더 가난해지고, 중산층은 사라지며, 부자는 더 부유해진다.[4]

요컨대, 이것은 세상과 육신과 마귀다. 이 셋은 하나님의 왕권에 대한 저항의 세 가지 차원을 잘 요약한 것이다. 성공회 기도서 중 하나는 이런 기도를 싣고 있다. "주님, 우리는 그대의 백성이 세상과 육신과 마귀의 유혹에 저항하고, 순결한 마음과 생각으로 유일하신 하나님인 그대를 따르도록 은혜를 허락하시길 그대에게 간구합니다. 우리 주 예수 그리스도를 통하여."[5] 하나님 나라에 반대하는 세력의 세 가지 차원은 성경이 묘사하는 바를 요약한 것이다.

'세상'에서 오는 저항- 통치자들과 권세들과 씨름하기[6]

성경은 '세계'(world, 세상)란 단어를 하나님이 "심히 좋았더라"(창 1:31)고 말씀하시는 창조 질서를 묘사하는 데 사용한다. 그러나 세계를 만드는 일에 관여한 것은 단순히 물질만이 아니었다. 하나님의 창조 활동은 인류를 구조화된 우주, 곧 시간(칠 일), 공간(성소 정원), 관계(언약적 결혼과 가족), 권위들, 한계와 구조(지식의 나무), 그리고 다른 피조물들(동물들과 뱀)을 내포한 우주에 두는 것을 포함했다. 결혼, 가족, 정부, 그리고 국경이 없는 세계(행 17:26)를 상상해 보라! 이 모두는 우리를 보호하고 우리로 하여금 의미 있는 삶을 살게 하려고 하나님이 설계하신 것이다. 라이트풋 주교는, 이는 우리가 혼돈이 아닌 코스모스 안에 살고 있다는 것을 의미한다고 말했다. 그러나 '세계'는 또한 하나님과 그의 목적에 반하여 조직된 세계 체계, 그럼에도 불구하고 하나님이 사랑하시는 것(요 3:16)을 묘사하는 데도 사용된다.[7] 우리가 세상에서 직면하는 반대 세력에는 사람들의 모든 죄악된 태도와 행동의 총합 이상의 것이 있다. 그것은 조직적인 악이다.

예수님은 세상이 성령을 받을 수 없고(요 14:17), 예수님을 미워하고, 또 신자들을 미워한다고(요 15:18) 가르치셨다. 신자들은 세상'으로부터' 선택받았고(요 15:19) 비록 세상 '안에' 살지만(요 17:15) 세상에 '속하지' 않는다(요 17:14). "이 세상에서는 너희가 환난을 당할 것이라"(요 16:33)고 예수님이 말씀하신다. 우리가 살펴볼 것처럼, 기독교적 해결책은 세상에서 탈출하는 것이나 영지주의자의 주장처럼 영/영혼을 물리적인 몸에서 빼내는 것이 아니라 우리의 신체적 삶을 제물로 하나님께 드림으로써(롬 12:1-2) 악과 악한 자에게 빠지지 않고(요 17:15) 전심으로 이 세상에서 사는 것이다. 세상은 우리를 순응케 하고 우리를 빚어내려고 하지만,[8] 그리스도인은 (개인적으로) 변화를 받고 사회의 변화를 도모하는 자가 되도록 부름을 받았다. 우리는 이것을 '동떨어진' 그리스도인으로서 행할 수 없다. 배(하나님의 백성의 상징)를 위한 장소는 물 안에 있고, 물이 배 속에 있으면 안 된다. 하지만 우리가 너무도 자주 보게 되는 것은 세상에서 자유롭다고 주장하며 해안으로 올라온 교회다. 그런데 그 배를 보면 온통 물로 가득 차 있다!

다면적인 반대

우리가 세상에서 겪는 환난은 다면적이고 하나님 나라의 삶을 주변화하거나 그것에 적극적으로 반대하는 불의하거나 무자비한 구조, 비즈니스와 재정의 시스템, 순응의 원리, 사회적 패턴, 관습, 그리고 전통을 통해 우리에게 온다. 이런 것들은 바울의 저술에 나오는 일단의 성경적 용어들, 즉 '권세(들), 왕권들, 권위들, 덕목들, 통치자들, 이름들, 그리고 보좌들'[9] 등으로 표현되어 있다. 이런 것을 지금 여기에서의 우리의 경험으로 옮기면 다음과 같다.

- 정치, 재정, 사법, 그리고 교회의 통치자들
- 전통들
- 우리의 상상을 사로잡는 이미지들
- 다루기 힘들게 된 제도들
- 공산주의, 자본주의, 사회주의와 같은 이데올로기들
- 구조들/조직들
- 맘몬-우리의 궁극적 안전보장으로 간주되는 돈
- 평생 사람들을 속박하는 죽음
- 귀신들과 마귀

성경에 나오는 권세들은 그 범위가 구조로부터 악마적 존재에까지 이르는 저항의 센터들이다. 그런데 우리가 종종 잊어버리는 것이 있다. 권세들은 그리스도에 의해 그리고 그리스도를 위해 창조된 것이란 사실이다(골 1:16). 권세들은 본래 선했으나 사탄에 의해 식민지화되었다. 그것들이 타락했고 그 자체의 생명을 취했으며 신인 것처럼 우리를 자신의 것으로 주장한다. 그러나 그리스도가 십자가를 통해 권세들을 이기셨고, 그들을 무장해제했으며, 그들의 가식적인 힘을 보여 주셨다(골 2:13 15).

신학자 오스카 쿨만은 그리스도의 사역에 비추어 권세들을, 죽도록 스스로를 차면서도 하나의 위협과 저항 세력임을 증명할 수 있는 '사슬에 묶인 짐승들'에 비유한다. 그것들은 히브리어나 아람어(종교), 헬라어(문화), 그리고 라틴어(정치) 등 세 언어로 적힌 "유대인의 왕"이란 호칭과 함께 예수님을 십자가에 못 박은 종교와 문화와 정치처럼 사슬에 묶여 있다. 그러나 예수님은 그의 부활과 승천을 통해 권세들을 이기셨다.

권세들을 다루는 것

일터에서 우리는 하나님이 사랑하시되 하나님의 통치에 저항하는 일에 푹 젖은 세상을 다루게 된다. 우리는 시장, 자본주의, 조직적인 악, 인종차별, 취소 문화, 그리고 특히 맘몬(우리의 절대적이고 최종적 안전보장과 같은 돈의 매혹)과 같이 거의 우상숭배를 요구하는 것들을 접하게 된다. 우리는 어떻게 통치자들과 권세들과 싸울 것인가? 경우에 따라 다르다. 우리가 어떤 권세와 마주하는가에 달려 있다. 때로는 최선의 전략이 재침례파의 입장처럼 무력함에 시달리는 것이다. 때로는 최선의 전략이 주류 개신교 교단들의 입장처럼 하나님이자 왕이신 분의 섭정으로서 거기에 들어가서 변화를 일으키는 것이다. 때로는 우리가 은사주의자들처럼 기도와 축귀로 반응한다. 그리고 이따금은 남미의 (가톨릭과 개신교의) 해방신학자들처럼 시민불복종운동과 의로운 혁명에 가담하기도 한다. 그러나 각 경우에 우리는 세상에서 물러나기보다는 그 나라에 참여함을 통해 그런 행동을 한다.

육신에서 오는 저항- 타락한 인간 본성 다루기

바울이 '육신'을 다룰 때는 보통 우리 몸부림의 장소가 우리의 물리적인 몸 안에 있다고 생각하는 것은 아니다. 사실 갈라디아서 5장 19-21절에 나오는 '육체의 일[또는 행실]'은 거의 모두 신체적인 것이 아니다. 그것들은 우리의 감정적이고 영적인 지향성을 다룬다. '육체'(육신)는 인간성이 그 자체 속으로 향한 채, 마치 그리스도가 오지 않은 것처럼 살고 일하고, 성령의 열매(갈 5:22-23)를 경험하는 것과 대조적으로 자율적으로 살고, 우리가 우리 자신의 신들이 되는 것을 의미한다. 사람들은 육체의 행실을 인간학의 견지에서 생각하는 경향이 있지만, 그것은 사실상 하나님 나라의 새로운 시대(성령의 시대)가 아니라 옛 시대에 사는 것, 곧 종말론과 관계가 있다. 일터에는 탐욕이 만연하고 육체의 행실 중 하나는 '질투'다(갈 5:21).

탐욕의 해부

탐욕은 어떻게 스스로를 밝히 드러내는가? 탐욕은 우리가 가진 것에 대한 불만족을 낳는다. 그것은 오로지 물질을 축적하고픈 욕망만 불러일으킨다. 그것은 우리가 더 많이 소유하지 않으면 성취감을 못 느낄 것이라고 부추긴다. 우리가 돈을 사랑하게 한다. 우리 자신과 다른 사람들을 단순한 소비자로 생각하게 만든다. 그리고 정욕처럼, 탐욕은 우리의 상상력을 공격한다. 그래서 그것은 (머릿속의) 으뜸가는 죄다. 초기 교부 에바그리오스(Evagrios)에 따르면, 탐욕은 순전히 물질적

욕심으로 정의되지 않고 "'아직 존재하지 않는 것에 관해 생각하는 것'의 원리, 희망과 두려움과 같은 가상의 것과 미래의 것에 대한 일종의 몰입에 의해" 정의된다고 한다.[10] 십계명에서는 그것이 '탐심'으로 불리고, 탐심은 십계명 중에 가장 내면적인 것이다(출 20:17). 그래서 탐욕을 마주치지 않고 비즈니스 또는 일터에 몸담는 것은 결코 쉬운 일이 아니다.

나는 누군가가 예수님을 따르는 자이고 광고 분야에서 일하는 그래픽 디자이너란 말을 들으면 항상 기쁘다. 그 분야는 우리가 반드시 있어야 할 장소다. 그러나 그것은 쉬운 과제가 아니다. 리처드 폴레이는 광고 역사를 가르치는 교수로서 그 위험성을 충분히 인식하고 있다.

> 먼저는 우리의 의식 속으로 이어서 우리의 내면의 목소리 속으로 들어오는 그런 침입은 우리를 평온한 고독에 집중하지 못하게 하고 자기 인식을 억제한다. 광고의 반복적이고, 환상적이고, 일방적이며, 종종 권면적인 수사적 양식들이 다 함께 묶여서 현실과 환상 간의 구별을 흐리게 하고 무비판적 의식, 수동성, 그리고 상대적 무력함의 상태를 만들어 낸다. 원치 않던 것이 원하는 것이 되고, 원하는 것이 필요한 것이 된다.[11]

내 조카는 큰 가구 회사의 전국 세일즈 매니저였다. 그의 세일즈 윤리는 이처럼 간단했다. "나는 세 개의 요건에 맞는 사람에게만 판매할 것이다. 그것을 원하고, 그것을 필요로 하고, 그것을 살 여유가 있는 사람들이다." 청교도 윌리엄 퍼킨스는 "직업[소명]에 관한 소고"에서 탐심을 다루는 방법을 제시한다.

1. 우리는 우리의 특정한 상황을 아무리 어렵다 해도 하나님의 섭리로 보도록 애써야 한다.
2. 우리는 하나님이 우리의 분깃(시 16:6)임을 우리의 양심으로 다짐해야 한다.
3. 우리는 이 세상에서 우리에게 실제로 필요한 것보다 더 많은 것을 추구하지 않기로 결심해야 한다. 우리는 풍부함을 위해 기도할 근거가 없다.[12]

우리는 육신을 죽이는 것(우리의 악한 욕망을 그리스도의 십자가에 못 박는 것)과 열망(성령님 안에서 숨 쉬는 것)으로 육신의 문제를 처리한다. 바울은 '육신'과 '성령'에 관해 말하면서 양자를 더 높고 더 낮은 인간 본성으로 생각하지 않고, 우리 인격과 일과 섬김의 지향성, 즉 그리스도가 없는 옛 시대인가, 아니면 성령님의 시대인 새 시대인가의 문제로 간주한다. "그리스도 예수의 사람들은 육체와 함께 그 정욕과 탐심을 십자가에 못 박았느니라 만일 우리가 성령으로 살면 또한 성령으로 행할지니"(갈 5:24-25).

그러나 가장 사악한 저항자들이 남아 있다.

마귀와 귀신들로부터 오는 저항
– 하나님 나라에 반대하는 인격적인 영적 존재들

어떤 저항은 지능과 의지가 있고 합목적적인 활동을 할 수 있되 하나님의 통치에 반대하기로 결정한 인격적인 영적 존재들로부터 온다. 하인리히 슐레어는 신약 저자들의 우주적 관점을 묘사하며 이렇게 말한다.

> 사탄과 그의 무리들, 지능과 권력욕을 겸비한 사악한 영의 다중적인 발전 양상과 유출들은 모든 부문과 모든 수준에서 세계와 인류에 영향을 미치는 것으로, 그들을 그것들의 권세의 도구와 전달자로 만드는 것으로 존재한다. 이 땅에서 그들의 권세로부터 완전히 자유로운 것은 아무것도 없다. 그들은 인간의 몸, 인간의 영, 우리가 '자연'이라 부르는 것, 그리고 심지어 역사의 형태들과 전달자들과 상황들까지 점유할 수 있다. 기독교의 가르침을 포함한 종교들조차 그들의 활동의 도구가 될 수 있다. 그들의 영은 모든 것에 침투하고 또 압도한다.[13]

영적 전쟁에 관한 많은 대중적인 소설과 논의, 특히 프랭크 프레티와 데이비드 왓슨의 저술들은 본질적으로 이런 접근을 취한다. 이보다 학술적 접근을 취한 책으로는 클린턴 아널드의 『어둠의 권세들』(*Powers of Darkness*)과 『바울 서신에 나오는 통치자들과 권세들』(*Principalities and*

Powers in Paul's Letters)이 있다. 그러나 이런 저자들은 그리스도인의 문제를 지나칠 정도로 너무 좁게 규정한다. 마귀가 모든 저항의 배후에 있는 것은 아니다. 그들은 선교를 중보와 축귀로 축소시킨다. 우리가 할 수 있는 일이 별로 없고 우리가 책임질 일도 거의 없다.

악마적인 것을 잃은 대가

그렇긴 해도, 우리는 존 스토트와 같은 인물들이 제공한 중요한 교정책, 즉 권세들의 위치를 구조에서 찾은 결과 우리가 악마적인 것을 잃어버렸다고 경고하는 목소리를 받아들여야 한다. **서양 사회는 대체로 삶에 대한 영적인 해석을 배격해 왔다.** 교회조차 무슨 일이 벌어지고 있는지를 알려고 사회적 분석으로 시선을 돌리고, 영적 실재들을 가시적으로 현존하는 것의 배후와 그 속에 남겨 둔다. 수년 전에 제임스 스튜어트는 성경적 틀이 소멸되는 지성적 역사를 다음과 같이 훌륭하게 추적했다.

> 바울의 "통치자들과 권세들"(그 악의적인 손아귀가 사람들의 영혼들을 쥐고 있어서 '둘째 아담이 싸워서 구출하는 일'을 불러일으킨 '악한 영의 세력들')이 이제는 단순한 묵시적 상상인 것으로 알려져 있다고 우리는 들었다. 이런 결과에 뉴턴, 다윈, 그리고 프로이트가 확실히 기여했다. 뉴턴의 작업은 자연 속에 비이성적인 원리가 있을 여지를 남기지

않았기 때문이다. 그리고 요한이 중요한 '아노미아'(anomia)란 단어의 사용으로, 그리고 바울이 '불법의 비밀'(요일 3:4)이란 어구로 특징짓듯이, 마귀는 본질적으로 비이성적이고 목적론적으로 정의하기 힘든 존재다. … 다윈의 생물학적 생존 경쟁의 그림은 근본적으로 귀신들과 주님의 나라 간의 우주적 싸움이란 성경의 그림을 대신한 것으로 환영을 받았다. 끝으로, 프로이트는 어둠의 권세들을 성공적으로 심리적 복합체, 신경증 등으로 분해함으로써 그들을 그들의 최후의 요새인 영혼에서 추방했다. 그래서 믿음의 선한 싸움이 단순히 내면의 개별적 적응의 문제가 되고 말았다.[14]

월터 윙크는 이 마지막 근대적인 관점을 구현하면서 이렇게 말한다. "우리 현대인은 어떤 의지력이나 상상력을 발휘해도 전통적으로 '통치자들과 권세들'의 범주 아래 뭉뚱그려진 이런 신화적인 실체들의 진정한 존재를 믿을 수 없다."[15] 하지만 성경적 그리스도인이 되려면 우리는 우리가 쉽게 확신할 수 없는 것으로 전환되어야 한다. 그리고 성경은 조직적인 악의 복잡성을 증언한다. 구조들, 영적 무리들, 천사들과 귀신들, 마귀, 그리고 최후의 적인 사망(고전 15:24-27) 등 영적 전쟁의 모든 영역들이다. 윙크처럼 제도들의 '영성'을 거론한다 해도 그것이 세상에서 마주치는 악의 복잡성을 완전히 묘사하지는 못한다. 권세들에 관한 진정한 성경 신학은 구조들뿐 아니라 예수님이 분명히 악한 영적 존재들과 마주치는 사복음서(예. 눅 9:1)도 포함해야 한다. 그러므로 실제로는 얼핏 자율적인 권세들로 보이는 많은 것이 사탄의 영향을 받고 있는 것이다. 권세들이 식민지화되어서 외세의 영향과 통제를 받게 된 것이다. 그리고 몇몇의 경우에는 생소한 권력(사탄)이 '자치권'을 갖고 있다.

악의 복잡성

성경의 마지막 책의 복잡한 환상은 영향력의 동심원들로 그려질 수 있는 다중적인 어려움을 나타낸다. 그 모두의 중심에 있는 붉은 용(사탄, 계 12장), 좀 더 큰 원에 해당하는 악마적 권위와 악마적 초자연주의를 대표하는 두 짐승(계 13장), 이방 문화와 (가장 바깥쪽의 원에 있는) 세계 체계로서의 바벨론의 총계를 대표하는 음녀(계 17장) 등, 이 정교한 그림은 세상에 있는 그리스도인이 다면적인 반대뿐 아니라 상호의존적으로 연결된 차원들이 속한 반대도 직면한다는 것을 보여 준다. 요한계시록은 바울 당시에 하나님의 선한 종이었던 로마서 13장의 정치권력이 요한계시록 13장에서 사탄의 도구(이 경우에는 동일한 정부라도 보다 식민지화되고 부패한)가 되었다는 것을 보여 준다. 이로써 초자연적이고 비인간적인 세력과 인사가 인간의 기관들과 구조들, 그리고 문화적 및 사회적 삶의 패턴에 영향을 줄 수 있다는 것이 드러난다. 동심원들의 중심에는 그 왕과 그 나라의 불구대천의 원수인 사탄이 있다.

마이클 그린은 네 개의 성경적 신념을 이렇게 개관한다.

1. 마귀나 사탄으로 불리는, 하나님을 반대하는 으뜸 세력이 있다.
2. 사탄은 인간들을 괴롭히는 악마적 동맹들을 갖고 있다.

3. 예수님은 사람들을 이런 세력들에서 해방시키려고 오셨다.
4. 예수님은 이런 해방 사역을 수행하도록 그의 제자들에게 능력을 부여하셨다.

그는 현명한 충고를 한다. "당신이 성령으로 충만하지 않을 때 이 사역을 홀로 수행하려고 하지 말고, 그것에 푹 빠지지 말라. 그 사역을 추구하지 말라. 그것에 의해 놀라지 말라."[16]

예수님은 사역을 시작할 때 마귀와 마주쳤다. 예수님이 성령의 인도로 들어간 사탄의 세 가지 시험은 우리 역시 일터에서 사탄의 시험을 받는 영역들이다. "이 돌들로 떡덩이가 되게 하라." 양식 공급의 시험이다. "성전 꼭대기에 세우고 … 뛰어내리라 기록되었으되 '그가 너를 위하여 그의 사자들을 명하시리니 그들이 손으로 너를 받들어 발이 돌에 부딪히지 않게 하리로다.'" 쾌락의 시험이다. "만일 내게 엎드려 경배하면 이 모든 것을 네게 주리라." 권력의 시험이다.[17]

우리가 동아프리카에서 보낸 십 년 중 첫해에 나는 한 성숙한 목사에게 붙어 있었다. 집집마다 방문하는 과정에서 나는 캐넌 망가야에게 "당신은 귀신을 쫓아내는가?"라고 물었다. 그는 "아니, 그런 적이 없다"라고 응답했다. 나는 깜짝 놀랐다. 이후 그는 "예수님이 쫓아내신다"라고 말하는 것이었다. "좀 더 말해 달라"고 부탁하자 그가 이렇게 대답했다. "우리가 어느 곳에 문제가 있다는 것을 알면 우리 둘이 그 집에 가서 예수님께 그 문제를 처리해 달라고 기도한다. 이후 우리는 이튿날 예수님이 행하신 것을 보려고 돌아간다." 놀랍다. 오늘날 하나님이 어떻게 달리 권세들에게 말씀하시겠는가?

오늘날 권세들과 씨름하도록 돕는 하나님

시편 46편은 놀라운 격려의 말로 시작한다. "하나님은 우리의 피난처시요 힘이시니 환난 중에 만날 큰 도움이시라"(시 46:1). 이 시편은 하나님이 피난처와 요새로서 우리를 보호하신다고 세 차례나 말한다(시 46:7, 11). 첫째, 보호가 있다. 둘째, 도움과 힘이 있다. '항상 존재하는 도움'이시다. 피난처는 외부에 있다. 힘은 내부에 있어서 약한 자가 행동하도록 능력을 실어 준다. 시편 46편에는 하나님의 놀라운 이미지가 두 개 나온다. 첫째, 성, 피난처, 또는 보호하는 요새가 있다. 그러나 두 번째 이미지는 생명과 에너지를 나르는 강이다(시 46:4). "한 시내가 있어 나뉘어 흘러 하나님의 성 곧 지존하신 이의 성소를 기쁘게 하도다 하나님이 그 성 중에 계시매 성이 흔들리지 아니할 것이라 새벽에 하나님이 도우시리로다." 이곳, 싸움과 공격, 유혹, 안팎의 소란의 한복판에 생명의 근원, 자양분의 근원이 있다. 이는 분명히 예루살렘에 대한 언급이지만 그 도시만을 지칭하지 않는다. 그 도시는 흐르는 물이 없어서 히스기야가 성벽 밖에 있는 기혼 샘에서 물을 끌어오기 위해 단단한 반석을 통과하는 수로를 개통시켜야 했기 때문이다.

하나님의 도움을 묘사하는 그림은 포위된 도시에 조용히 물을 공급하시는 모습이다. 내가 가진 중세 신학이 담긴 세계 지도는 예루살렘을 모든 것의 중앙에 두고 있다. 이는 성경적 근거가 있다. 인간 이야기 전체가 성취되는 종말에 대한 선지자 에스겔의 환상에는 이상적인 예루살렘의 그림, 곧 성전에 있는 하나님의 보좌로부터 흘러나오는 강이 있고 양편의 나무들이 매달 열매를 맺고 나뭇잎이 나라의 치유를 위해 존재하는 그림이 나온다. 그리고 그 선지자는 그 강 속을 걷도록 초대받는다. 그는 발목에 이어 허리와 가슴이 잠기는 등 점점 더 깊은 곳으로 간다. 그러므로 우리는 새롭게 하고 상쾌한 하늘나라의 강물로 걸어 들어가도록 초대를 받은 것이다.

하나님의 도시를 기쁘게 하는 강의 이미지는 하나님의 거처인 하늘나라를 가리킨다. 그리고 신약의 마지막 책에도 이 강이 다시 나타나서 새 예루살렘으로부터 흐르고 양편에 생명나무가 있고 나뭇잎이 나라의 치유를 위해 존재하는 모습으로 나온다. 하늘은 생명이 나오는 곳이다. 그리고 놀랍게도, C. S. 루이스와 같은 사람들은 내세를 위해 산 사람들이 이 세상에 가장 도움이 되었다고 말한다. 이는 하나님의 통치와 사랑의 중심(여기서 도시와 강으로 그려진 곳)을 지향하는 사람들이 이 세상에서 가장 중요한 것을 행할 능력이 있다는 뜻이다. 영국의 노예 무역을 폐지하려는 운동을 사실상 이끌었던 것은 하늘을 흠모하는 사람들이었다. 하늘을 흠모하는 사람들이 병원, 호스피스, 대학교를 창립했고, 로마의 쓰레기 더미에서 버려진 아기들을 구출했다. 하늘을 흠모하는 사람들이 이류급이었던 여성의 지위를 끌어올렸다.

그렇다, 보호와 공급이 그 나라 안에 있다. 그런데 셋째로 현존도 있다. '항상 존재하는' 도움이 있는 것이다.

만일 하나님이 부재하거나 세력과 같은 비인격적 존재라면 앞에 나온 보호와 공급 중 어느 것도 일어날 수 없기 때문이다. 바울은 하나님의 전신갑주에 관한 논의를 기도에 대한 요청으로 마무리한다. "모든 기도와 간구를 하되 항상 성령 안에서 기도하고 이를 위하여 깨어 구하기를 항상 힘쓰며 여러 성도를 위하여 구하라"(엡 6:18). 기도는 하나님과 친구 관계이고, 하나님께 주의를 기울이고, 늘 함께하시는 하나님과 함께 있는 것이다. 우리가 개인적으로, 사회적, 영적으로, 그리고 관계적으로 어떤 도전을 직면하든지 간에 하나님은 함께하신다. 사실 하나님은 정부에, 미디어에, 그리고 일터에 계신다.

1985년에 게일과 나는 옛 소련에서 지하교회 목사들을 훈련하고 있었다. 어느 날 크레믈린 아래서 사진을 찍고 있는데 한 남자가 퉁명스럽게 말을 걸었다. 아니, 내가 그렇게 느꼈다. 내가 허락도 없이 그의 사진을 찍었다고 그가 간주한 것으로 오해한 것이다. 내가 아내의 사진을 찍은 거라고 설명하자 그는 완벽한 영어로 "아니오, 나와 내 친구의 사진을 찍어 주실래요?"라고 묻는 것이었다. 내가 사진을 찍어 주자 그는 "당신은 그리스도인인가요?"라고 물었다. 나는 이전에 이런 질문에 대답하지 말라는 경고를 받은 터였다. 그러나 성령님의 인도하심으로 "그렇다"라고 응답했다. 나는 그에게도 그리스도인이냐고 물었다. 그는 "그렇다"라고 대답하더니 주머니에서 예수님의 성상을 꺼내 시편 51편을 완벽하게 암송했다. 나는 그가 누군지 물었다. 그는 러시아에서 정상급 정부 영화제작자인데, 예수님의 복음을 최대한 그의 영화 속에 넣는다고 이야기했다. 우리는 한 교회로 들어가서, 촛대에 불을 붙이고, 함께 기도했다. 하나님은 항상 존재하는 도움을 공급하신다.

아니, 하나님이 계시지 않는 곳이 있는가?

인격적이고 보호하시고 공급하시는 하나님은 우리가 일터와 다른 곳에서 직면하는 저항의 권세와 씨름할 수 있는 능력을 주신다. "하나님은 우리의 피난처시요 힘이시니 환난 중에 만날 큰 도움이시라."

하나님 나라의 사역과 선교를 위한 또 하나의 자원은 하나님의 백성, 곧 교회다. 이제 이 주제를 다루어 보자.

The Kingdom of God in Working Clothes

13
교회는 어떻게 볼 것인가?
– 하나님 나라의 백성

우리는 교회를 전파하기 위해서가 아니라
그 나라를 선포하기 위해 보냄을 받았다.
모르티메르 아리아스 [1]

만일 교회가 세상에 소망, 사랑, 믿음, 정의와 평화의 메시지를 전하려면,
이런 것이 교회 자체 내에서 눈에 보이고 손에 만져져야 한다.
데이비드 보쉬 [2]

교회와 하나님 나라는 동일한 것이 아닌데도 많은 사람은 그렇게 생각한다! 구약학자 존 브라이트는 『하나님의 나라』에서 "신약에는 가시적인 교회를 하나님 나라와 동일시하는 경향이 없다"[3)]라고 말한다. 그러나 교회와 하나님 나라의 관계는 매우 중요하다. 교회는 그 나라의 가시적 노출부, 우리가 일터에서 저항을 직면할 때의 자원, 그리고 그 나라가 왔고 또 오고 있다는 희망의 징표이다. 찰스 링마가 말하듯이, 교회는 그 나라의 표징, 성례, 그리고 종이다. 이 삼중적 의미를 설명하는 것이 중요하다. 왜 그런가? 교회가 그리스도를 위해 사람들을 얻고 교회 자체를 증진시키는 것 말고는 세상에 존재하는 목적을 여러 면에서 잃어버렸기 때문이다.

오늘날 교회의 문제 중 하나는 '그 나라를 도입하는 것'보다 '교회를 도입하는 것'에 관심이 있다는 점이다. 우리는 교회 성장, 교회 개척, 그리고 전도와 봉사 활동을 통해 교회를 도입한다. 그런데 교회는 어떻게 그 나라를 도입하는가? 그리고 일터는 그 방정식에서 어떤 모습으로 나타나는가?

서방과 북방에 있는 교회와 그 나라

오늘날 지구의 북방과 서방에 사는 많은 사람이 교회를 그만두었다 (아프리카와 아시아의 많은 지역은 그렇지 않다). 예전에 외국에서 어느 교수의 수양회에 참가했을 때 우리가 몸담은 서방 문화에 대한 논평을 요청받은 적이 있다. 나는 이렇게 말했다. 우리는 기독교세계 '이후'(우리가 우리의 믿음을 강화시키려고 문화나 국가에 의지할 수 없다는 뜻), '포스트'모던(절대적 진리는 없고 단지 당신의 진리와 내 진리만 있는 것으로 추정된다는 뜻), 그리스도인 '이후'(사회가 참으로 세속화되었다는 뜻), 그리고 교회 '이후'(많은 진정한 그리스도인들이 교회를 포기했다는 뜻). 이를 영국의 시인이자 문학평론가인 앨저넌 찰스 스윈번이 이런 잊지 않는 말로 묘사했다. "그분이 만일 나병에 걸린 신부인 교회와 함께 나에게 오지 않는다면 나는 십자가에 못 박힌 자를 예배할 수 있다.")[4]의 시대에 살고 있다고. 그러나 끝으로, 나는 오늘날 서방에 사는 우리에게는 '그리스도인 이후의 그리스도인들'(post-Christian Christians, 어떤 이들은 예수의 진정한 제자들이나 그들 자신을 '그리스도인'이란 이름과 연관시키지 않는다는 뜻)이 있다고 교수들에게 말했다. 그런 사람들은 그들 자신을 교회가 아니라 하나님 나라와 더 관계가 있는 것으로 보고 싶어 한다. 이는 그릇된 입장이라고 나는 생각한다. 그 이유를 설명해 보겠다.

교회와 하나님 나라의 관계는 까다로운 사안이다. 최근에 스콧 맥나이트는 『하나님 나라의 비밀』(Kingdom Conspiracy)에서 그 나라의 '백성' 차원에 초점을 두면서 '나라'는 왕이신 예수님의 통치를 받는 '백성'을 묘사한다고 주장한다. 우리 눈에 보이는 것은 그 나라의 출범이 현재의 나라와 '아직'의 나라 사이에 긴장을 조성하는 모습뿐이다. 하지만 '교회'는 그와 똑같은 현실, 즉 현재는 혼합되고 다소 혼잡스러운 모습이고 아직 완전한 순결함에 이르지 못한 모습을 묘사한다.[5] 그러나 '백성으로서의 그 나라'에 대한 맥나이트의 강조는 그 나라의 역동적 차원을 놓치고 있다. 하나님의 능동적 통치가 단지 교회의 모인 삶과 흩어진 삶에만 있지 않고 세상에도 있다는 사실이다. 그래서 맥나이트가 "그 나라 선교는 교회의 선교이고, 교회의 선교는 그 나라의 선교이며, 따라서 교회의 선교가 아닌 그 나라의 선교는 없다"라고 말했는데, 이는 교회를 오로지 '백성'으로서의 그 나라와 동일시한 것이다. 그러나 그 나라는 '백성'과 '장소'와 '현존'이다. 그 나라는, 하나님의 최종적인 통치가 새 하늘과 새 땅에서 나타나듯이, 우리의 주님이 역동적으로 다스리는 곳이다. 여기에 한 백성, 한 장소, 그리고 하나님의 현존이 있다.

하지만 맥나이트는 이 방정식을 통해 교회는 교회를 '도입하기' 위해서가 아니라 하나님 나라를 도입하기 위해 부름을 받았다고 옳게 지적한다. 그 나라는 맥나이트가 믿는 것보다 더 폭넓지만 말이다. 한 독자는 서평에서 이렇게 말한다. "그의 요점은 어떤 일이든 아무리 사회적으로 유익하거나 도덕적으로 칭찬할 만해도 교회와 직접 결부되고 사람들을 그리스도에게 인도하는 유일한 목적으로 행해지지 않은 것은 그 나라의 일이 아니라는 것이다. 그리고 의도적이든 아니든, 그가 의미하는 '교회'(the Church)는 오로지 제도적인 교회라는 인상을 받는다."[6] 그래서 나는 내 동료, 찰스 링마의 요약을 상기하게 된다. "하나님 나라는 하나님이 세계에서 지탱하고, 새롭게 하고, 성취하는 모든 활동이고, 우리는 그 활동에 참여하고, 그것을 증언하고, 그 현현을 기뻐하도록 초대받았다." 링마는 이렇게 말을 잇는다. "그 나라 안에서 탄생한 교회는 하나님 나라를 반영하고 또 다른 이들을 그 품속으로 초대하도록 되어 있다. 이렇게 할 때 교회는 하나님 나라의 '표징, 종, 그리고 성례'가 된다."7) 우리는 이제 링마가 말한 교회와 그 나라의 삼중적 관계를 풀어 볼 필요가 있다.

하나님 나라의 표징으로서의 교회

교회는 그 자체를 위해 존재하지 않는다. 교회는 아름다운 (그리스도의) 몸, 오로지 존재하기 위한 시스템이 아니라, 분명한 목적이 있어서 다가오는 아름다운 어떤 것의 표징으로서 이 시대에 심긴 '존재하며 행동하는' 시스템이다. 그 아름다운 것은 하나님 나라다. 우리가 살펴보았듯이 그 나라는 인간의 삶과 기업과 창조세계의 번성과 관계가 있다. 교회는 그 나라의 일부이나 종말이 오기 시작했다는 것과 하늘이 땅에 오기 시작했다는 것을 보여 주는 징표로 존재한다. 교회는 예수님이 말씀하신 것, 곧 '만물이 새롭게 되는 것'이 시작되었고 특히 사람들이 중생하는 것과 함께 시작되었다는 징표다. 이를 요한복음과 몇몇 서신에서는 '새로운 탄생'이라 부른다. 교회가 담당하는 '징표'의 기능을 이렇게 그려 볼 수 있겠다.

도로 설계자들이 언덕을 거치는 고속도로를 건설하려고 할 때는 보통 언덕을 오르내리는 길을 만들지 않고 그것을 관통해서 도로가 평평하게 유지될 수 있게 한다. 그러나 그렇게 할 때 그들은 절단의 양면의 모든 지층을 드러내게 된다. 바닥에 있는 기반암, 자갈, 모래, 그리고 표토 등이다. 우리가 자동차로 그곳을 통과할 때 보게 되는 것은 노출부뿐이다. 그러나 노출부는 금방 보이지는 않아도 더 많은 것이 있다는 징표다. 그러므로 교회는 함께하는 삶에서 그 나라의 가치와 미덕을 받아들이고, 새롭게 하시는 하나님의 능력을 보여 주고, 현재는 보이지 않아도 하나님이 인간 번영, 참된 인간성, 그리고 갱신을 가져오려고 세상에서 일하고 계시는 실재를 가리켜 준다. 이제 교회가 어떤 방식으로 그 나라의 표징의 역할을 하는지 다루어 보려 한다.

- 교회는 그 자체로 사람들과 모든 곳을 새롭게 하시는 것을 보여 주는 표징이다. 그 나라 안에서 동반자가 되는 사람들(계 1:9)은 새로운 삶, 새로운 탄생, 새로운 포도주, 그리고 새로운 시대를 경험했다. 그렇다고 해서 교회 안의 사람들이 완전하다는 뜻은 아니다. 그러나 그들은 구원받고 있고, 변화되고 있고, 또 변형되는 중이다(고후 3:18). 그들은 다가오는 나라의 표징이다. 그리스도인들이 확실한 부활의 소망을 품고 죽는 모습도 그 나라가 왔고 또 오고 있다는 표징이다.

- 교회는 서로 다른 인종, 배경, 부유한 자와 가난한 자들을 다 함께 묶어 주고 그들의 경계를 허물고 모두 포용한다. 이는 장차 모든

언어, 인종, 그리고 족속이 합병되지 않고 하나가 될 때 새 하늘과 새 땅에서 구성될 궁극적 공동체의 전조가 된다. 이것이 진실인 것은 그리스도의 십자가가 사람들을 나누는 담을 헐어 버렸기 때문이다(엡 2:14-17). 교회는 동일한 말투를 쓰고 어쨌든 모일 사람들로 구성된 '한통속'의 클럽이 아니다.

- 교회는 예배 의식을 통해서뿐 아니라 매주 칠 일의 삶에서도 하나님을 예배하는 경배의 공동체다. 앞에서 언급했듯이, 만일 누군가가 하루 24시간, 일주일에 칠 일 동안 하나님을 예배하길 원치 않는다면, 그 사람은 아마 새 하늘과 새 땅에서 하나님의 보편적 임재 안에 있길 원치 않을 것이다.

- 교회는 사랑의 공동체다. 물론 교회가 사랑을 독점하는 것은 아니다. 교회는 구원받는 과정에 있는 죄인들로 구성되어 있어서 때로는 말썽을 부리고 사랑이 부족하기 때문이다. 그러나 그것은 주목할 만한 공동체다. "보라 이 그리스도인들이 어떻게 서로를 사랑하는지"라고 초기 그리스도인들에 대해 말하곤 했다. 오늘날에도 사람들이 병자에게 먹을 것을 전달하고, 개인적 돌봄을 제공하고, 죄수를 방문하고, 과부의 필요를 채우고, 고아를 받아들인다는 소문을 들으면 종종 그렇게 말하곤 한다.

- 교회는 기쁨의 공동체다. 기쁨은 행복 이상의 것이다. 행복은 환경의 영향을 받기 때문이다. 기쁨은 신약이 시사하듯이 그리스도인의 삶의 특징이라서 사람들은 서로에게 기쁨의 문안을 할 수 있었다.[8]

그러므로 교회는 가리키는 것, 곧 표지다. 그것은 예수님의 왕권에 대한 반응의 공적인 기둥이다. 그것은 하나님이 갱신과 새로운 삶을 가져오는 일을 하고 계신다는 사실을 증언한다. 그러나 교회는 단지 표지만은 아니다. 교회는 하나님 나라의 성례이기도 하다.

하나님 나라의 성례로서의 교회

정교회 신학자 알렉산더 슈메만은 교회는 "성례, 곧 그 나라의 선물, 시작, 현존, 약속, 실재, 기대이다"[9]라고 말한다. '성례'(sacrament)란 단어는 군인들이 하는 군사적인 복종 맹세를 의미하는 라틴어 단어 '사크라멘툼'(sacramentum)에서 유래한다. 이 단어가 기독교 예배에서의 어떤 의례와 의식을 가리키는 데 더 자주 사용되어 왔지만 말이다. 그러나 성례의 가장 흔한 정의는 아우구스티누스의 것으로 알려져 있다. 그는 『성공회 기도서』(Book of Common Prayer)에서 성례를 "내면적이고 영적인 은총의 외적이고 가시적인 표징"[10]으로 정의했다. C. O. 뷰캐넌은 이 주제에 관한 뛰어난 글에서 예배갱신운동과 에큐메니컬 운동이 "얼마나 많은 성례가 있는가?"에 관한 16세기의 논의에 존재했던 교회의 성례전적 삶의 차원을 어떻게 회복했는지 기술하고 있다. 뷰캐넌에 따르면, 성례를 받은 수령인들은, 프로테스탄트 전통에 속한 두 사람이든, 가톨릭 전통에 속한 일곱 명이든 상관없이, "세상에서 하나님 사랑의, 화평케 하는, 선교적인, 그리고 다른 과업들을 이행해야 할 그들의 소명"[11]을 인정하고 있다고 한다. 이상하게도, 이는 라틴어 단어 '사크라멘툼'의 본래 뜻, 곧 군사적 내지는 선교적 맹세로 되돌아가게 한다! 그런데 교회는 성례를 거행할 뿐 아니라 교회 자체가 하나의 성례, 곧 세상에서 은총의 수단이다.

이는 교회가 세상에서 내면적이고 영적인 은총이 외적으로 드러난 '실질적인' 표시임을 의미한다. 말하자면, 교회(물론 건물이 아니라 사람들)는 은총을 세상 속으로 가져오되 사람들이 머리이신 예수 그리스도의 영향 아래서 살며 일함으로써 그렇게 한다는 뜻이다. 선교학자 레슬리 뉴비긴은 교회가 보통은 그 자체를 사람들이 잠자는 곳(그들의 집) 근처에 두는 한편 일터에서 교회로 존재할 필요가 있다고 주장한다. 그는 "교회는 일꾼들이 있는 곳에 있어야 하고, 그들이 말하는 언어를 말해야 하고, 그들이 거주하는 세계에 거주해야 한다"고 파격적인 제안을 한다. 그는 여러 실제적인 제안을 내놓는다. 모임은 일터에서 또는 일터 근처에서 개최되어야 하고, 문화적 의미에서 그 지역에 맞아야 하고, 리더십 구조도 지역적 특성을 지녀야 한다. "이런 교제 그룹들은 사실상 말씀이 전파되고 성례들이 온전히, 또한 정당하게 집행되는 정식 회중들의 위상으로 높여져야 한다." 그렇게 됨으로써 교회는 사회에서 은총의 수단이 된다.[12]

설사 교회를 사람들이 잠자는 곳 이외에는 두지 않을지라도(슬프게도, 다른 곳에 두는 경우는 드물다) 교회는 갱신과 희망과 번영을 가져오는 은총의 수단이다. 교회가 언제나 이런 일을 해 왔는가? 물론 그렇지 않다. 교회는 구원받고 있는 죄인들의 공동체다. 그러나 교회가 세상에 어떤 유익이라도 주었는가? 교회가 세상 속으로 은총, 영적인 도움, 그리고 희망을 가져왔는가? 그렇다. 놀랍게도 세기가 바뀔 때마다 그래 왔다. 오늘날에도 마닐라에 소재한 아시아 신학교의 학생들과 직원들과 교수들은 코로나 팬데믹 기간 동안 감옥에 음식, 마스크, 희망을 포함한 은총과 도움을 가져가는 중이다. 1930년에 한 캐나다인 목사는 교회가 서양 세계에서 사회적이고 영적인 기여를 한 역사(병원, 호스텔, 전염병 기간에 죽은 자를 묻기, 대학교 창립, 기근과 자연재해 동안 구호품 제공하기 등)를 돌아보고, 우리는 약자와 피해자를 돌보는 앰뷸런스로서뿐 아니라 선구자로서 역사상 최선의 일을 수행해 왔다고 결론지었다.[13]

교회의 삶 자체가 교회를 세상을 위한 성례로 만든다. 어느 의미에서 우리는 일요일을 월요일로 가져간다. 그럼으로써 교회는 그 예배 의식을 통해서 은총을 세상으로 가져간다. '예배 의식'(liturgy)은 문자적으로 '사람들의 일'을 의미한다. 그러나 이 일은 예배다. 수도사들은 그들의 예배 의식을 '하나님의 일'로 거론한다. 때로는 그들이 들판과 부엌에서 하는 일을 더 적은 일로 생각하는 등 이중적인 방식으로 그렇게 한다. 그러나 그들은 그들의 존재 전체로 하나님을 예배하는 일에 헌신하는 평범한 예배자로서 삶 전체를 예배로 삼는다. 이는 바울이 로마서 12장 1-2절에서 말했듯이 신체적인 삶 전체를 하나님께 산제물로 드리는 '참되고 합당한 예배'다. 슈메만은 성찬을 "다가오는 세계의 '서문', 그 나라에 들어가는 문"이라고 부르고 "동시에 [성찬은] 우리가 다가오는 나라를 선포할 때, 우리는 하나님이 **이미 우리에게 그것을 주셨음**을 긍정하는 것"이라고 한다.[14] 그렇게 함으로써 우리는 모든 것이 하나님의 은총과 영광으로 가득한 신성한 것이라고 선언한다. 모든 것은 신성하거나 더럽혀진 것이지 세속적인 것은 아니다.

신학자 한스 부어스마는 이렇게 말한다.

> 성례의 언어는 우리의 지상의, 시공간의 실재 속에 거하시는 하나님의 진정한 임재와 삼위일체 하나님의 무한한 초월적 신비를 모두 인정한다. 이 성례전적인 참여는 요한이 "새 하늘과 새 땅"(계 21:1)으로 묘사하는 새 예루살렘에서 완성에 도달할 것이다.[15]

유대인 신학자 아브라함 헤셀은 안식일에 대해 이와 똑같이 말한다. 헤셀에게 안식일은 '땅에서의 하나님의 통치의 현존'이다. 그래서 조슈아 스위든은 "주님의 날은 저주가 풀린 것을 경축하는 날이다. 그리스도 안에서 새로운 창조가 시작되었고 회복이 시간 속을 뚫고 들어온다"[16]고 말했다.

그러므로 여러 면에서 교회는 그 나라의 성례다. 교회는 이 세상에서 일어나는 일을 위한 중보기도를 통해 이를 행한다. 교회는 하나님이 세상에 가져오시는 내적이고 영적인 은총을 가리키는 공동 예배를 통해 이를 행한다. 교회는 교인들이 행하는 일을 통해, 그들이 모일 때 함께 하는 예배-일(예배 의식)을 통해 이를 행한다. 교회는 사태가 궁극적으로 어디로 향하는지를 가리키는 지표로서 이를 행한다. 이 세계가 하나님 나라로 변형되고 있음을 가리킨다는 뜻이다. 그리고 교회는 우리가 이제 살펴볼 것처럼 그 나라의 종이 됨으로써 이를 행한다.

하나님 나라의 종으로서의 교회

하워드 스나이더는 『왕의 공동체』(Community of the King)에서 매우 중요한 두 편의 진술을 한다. 첫째, 하나님의 마스터플랜은 그의 창조세계(사람들과 '만물', 엡 1:10)의 회복이다. "사람들의 구속이 하나님 계획의 중심이지만 그것이 그 계획의 원주는 아니다."[17] 그러나 둘째는 이것이다. 하나님의 계획 안에 있는 교회는 "복음 전도를 위한 하나님의 일꾼 그 이상이다. 그것은 그리스도에게 순종하여 하나님의 우주적 목적 전체를 실행하는 존재다."[18] 여기에 교회를 도입하는 것과 그 나라를 도입하는 것의 차이가 있다. 이는 어떻게 일어나는가?

개인적 차원으로 보면, 사람들이 이 세상에 존재하면서(교회의 흩어진 삶) 섬기고, 증언하고, 구제 사업을 하고, 일터에서 그 나라의 일을 수행하고, 교육과 정치와 예술 분야에서 변화를 일으킨다. 그렇게 함으로써 그들은 그 나라의 일에 참여한다. 우리가 앞에서 살펴보았듯이, 그들은 증언(언어로, 또 언어 없이)을 통해, 그들이 몸담은 곳에서 그들의 일을 통해 그렇게 한다. 교회는 모임과 흩어짐이 반복되는 리듬이다. 흩어진 삶은 사람들이 세상에 씨로 뿌려지고 심기고 잠기는 모습이다. 그들은 사회에 침투해서 소금의 역할을 한다. 예수님은 그 나라에 대해 침투의 이미지를 많이 사용하셨다. 소금, 빛, 누룩, 씨, 열쇠, 그리고 불 등이다. 그러면 공동의 삶은 어떤가?

각 지역교회가 교인들로 하여금 일터에서 하나님과 이웃에게 전임 사역을 하도록 능력을 부여하는 일은 매우 중요하다. 나는 이것을 목사들과 교회 지도자들의 편에서 교인들이 온 우주에 그 나라를 가져오도록 그들의 사역을 돕는 데 필요한 도구 세트라고 부른다(엡 4:10). 열 개의 도구는 다음과 같다.

- 공동 예배에서 사용할 도구(일요일 또는 토요일): 매주 또는 매달, 월요일부터 금요일까지 세상에서 일하는 한 사람과 인터뷰를 하고 그 사람을 위해 기도하는 것.
- 소그룹이 사용할 도구: 소그룹 성경공부를 주일 설교와 연결시키되 특히 당신이 일, 섬김, 또는 소명 분별 등에 관해 시리즈로 설교할 때 그렇게 하는 것. 소그룹에서 일과 섬김의 주제를 다루는 성경공부 교재를 사용하는 것.
- 지역교회에서 사용할 세미나 도구: 교인들을 발제자로 선발해서 직장 생활의 여러 측면에 초점을 두는 짧은 세미나를 개최하는 것. 예컨대, "누구의 일이 하나님께 중요한가," "당신의 소명을 분별하는 법," 그리고 "당신의 영혼을 일터로 가져가기" 등이다. 일터변혁연구소(IMT)에는 이런 세미나의 샘플이 있다(registrar@imtglobal.org에 접속하라).
- 지역교회에서 사용할 기독교 교육 도구: 주일학교에서 일에 관한 과목을 개설하라. 일에 관한 짧은 영상을 이용해도 좋다(유용한 자료를 imtglobal.org에서 구할 수 있다).
- 간사 충원 도구: 비교적 큰 교회는 간사 한 명을 일터 담당 사역자로 고용하여 사람들이 신앙과 일을 통합하도록 격려하고, 일터를

방문해서 사람들을 멘토링하고, 통합을 위한 세미나와 워크숍을 개설할 수 있다. 작은 교회는 은퇴한 사람을 리더십에 끌어들이거나 일터 담당 사역자나 코치로 자원봉사를 하게 할 수 있다. 이 사람은 또한 청소년을 대상으로 소명 분별의 영역에서 사역하고 모든 좋은 직업이 하나님과 이웃을 섬기는 현장임을 가르칠 수 있다.

- 커뮤니케이션 도구: 교회 수첩을 인쇄하거나 온라인에 올릴 때 교인들의 허락을 받고 그들의 직업을 밝혀도 좋다.
- 목회적 돌봄의 도구: 교회 지도자들은 최소 2시간 동안 교인들의 일터를 방문해 그들을 위해 조용히 기도할 수 있고, 간식 시간이나 점심시간에 방문해서 그들의 일이 어떤 점에서 사역인지, 그들이 직면하는 이슈가 무엇인지, 그들의 신앙이 그런 이슈를 다루는 방식에 어떻게 기여할 수 있는지 등에 대해 논의할 수 있다. 만일 목사가 매주 반나절을 교인들의 일터에서 보낼 수 있다면, 일꾼을 격려할 뿐 아니라 목사와 일꾼 양측에서 많은 것을 배울 수 있을 것이다.
- 위임의 도구: 교인들이 일터나 (교회 밖의) 다른 영역에서 입증된 사역을 갖고 있다면, 주일 예배나 교회 집회에서 공개적으로 그들을 그 사역으로 파송하고 위임할 수 있다. 일터변혁연구소에 실린 자원들을 활용하라.
- 네트워크 도구: 한 달이나 격주에 한 번씩 같은 지역에서 일하는 교인들이 조찬 모임을 가지면 일터에서의 사역을 위해 서로를 세

우는 놀라운 일을 수행할 수 있다.
- 소명 분별의 도구: 지역교회는 사람들이 자기의 소명을 분별할 수 있는 최상의 맥락이다. 우리는 '누가' 부르고 있는지, 하나님의 부르심이 사람들에게 어떤 의미가 있는지를 알고 있기 때문이다. 이는 청소년 프로그램을 통해, 청소년 주일학교와 어른 성경공부를 통해, 어린이 프로그램을 통해, 그리고 실제 체험을 수반하는 세미나를 통해 시행될 수 있다. 일터변혁연구소에서 제공하는 세미나를 참고하라.[19]

이밖에 교회가 그 나라의 종이 될 수 있는 다른 길도 있다. 바로 이런 것이다. 하나님의 백성에게 그 나라의 의식을 불러일으켜서 그들로 그 나라가 오고 있는 신호를 보고 기뻐하며 그 나라가 점점 더 올 수 있도록 기도하게 하는 것이다.

교회는 하나님 나라의 표징이고 성례이며 종이다. 존 브라이트가 말하듯이, "신약 교회는 하나님 나라의 백성이다."[20] 그러므로 교회의 삶과 사역을 폭넓게 이해하고 수행하는 것은 "주의 나라가 임하옵소서"란 기도가 실행되는 모습이다. 교회가 행할 중요한 일은 교회를 도입하는 것이 아니라 하나님 나라의 표징과 성례와 종이 되는 것이다.

The Kingdom of God in Working Clothes

14
일하면서 하늘로 가는 여정

우리에게 닥칠 수 있는 유일한 궁극적 재난은
우리 자신이 이곳 땅에서 편안하게 느끼는 것임을 내가 깨닫게 되었다.
말콤 머거리지 [1]

자신의 일을 신실하게 하나님께 바친 모든 사람은 그분에 의해
새로운 시대에 참여하도록 일으킴을 받을 것이고, 그들의 수고가 유실되지 않고
완성된 그 나라에서 그 자리를 찾게 되었다는 것을 알게 되리라.
레슬리 뉴비긴 [2]

이 천국 복음이 모든 민족에게 증언되기 위하여
온 세상에 전파되리니 그제야 끝이 오리라
예수, 마 24:14

이번 장의 제목이 도발적인 것을 나도 시인한다. 특히 루터와 같은 개신교 신자는 우리가 선행으로 하늘에 갈 수 있다는 생각을 반대하기 때문이다. 물론 루터 당시에 이런 생각, 즉 우리가 인간의 업적으로, 기도문을 읊어서, 구제를 해서, 또는 교회에서 섬김으로써 하늘에 간다는 생각이 그득했던 곳은 교회만이 아니다. 오늘날 우리에게도 있다. 그리고 어쩌다가 루터는 선행에 관한 뛰어난 글을 썼다. 내가 시인할 것이 또 하나 있다. 이 제목을 내가 좋아하는 로마가톨릭 저자인 스테판 비신스키 추기경에게서 빌려왔다는 사실인데, 그는 예전에 요한 바오로 2세의 멘토로 일했던 폴란드인 저자다. 『수고하는 모든 자들』(*All You Who Labor: Work and the Sanctification of Daily Life*)[3]이 그의 저서 『일하면서 하늘로 가는 여정』(*Working Your Way to Heaven*)의 원래 제목이다. 이는 오해의 소지가 있으나 훌륭한 제목이다. 나는 이 제목을 진지하게 받아들이고 싶다. 우리가 이생에서 행한 일의 일부가 영구히 남아 내세에서 그 자리를 찾게 될까? 그리고 우리는 새 하늘과 새 땅에서 일하게 될까, 아니면 그냥 둘러앉아서 똑같은 경배 찬송을 한없이 부르기만 할까?

그 나라가 임하는 장대한 피날레

새로운 세계가 오는 중이다. 하나님 나라는 지금 존재하기 때문에 이제 오기 시작한 것이다. 그러나 그 나라는 아직 오지 않았다. 그것은 고기 속의 소금과 반죽 속의 누룩처럼 여기에 있으나 완전히 도래하진 않았다. 이는 실로 하나님 나라의 신비다. 그러나 비밀은 아니다.

그 신비가 이제 예수님의 가르침과 사역과 인격에 의해 드러났다. 그러면 그 나라가 역사의 종말에 완전히 도래할 때, 그리스도가 재림해서 인간 역사의 장대한 피날레가 있을 때는 과연 어떤 모습일까? 이 세계는 쉿 하는 소리나 쾅 하는 소리로 끝나지 않을 테고, 예수님이 재림할 때는 그분과의 장대한 만남으로, 죽은 자들의 부활로, 모든 사람에 대한 최후의 심판으로, 새 하늘과 새 땅의 출범으로, 그리고 하나님 나라의 완성으로 끝날 것이다. 이는 북미의 서부로 여행하던 초기 탐험가들이 로키산맥에서 바라보던 북미의 다섯 산들의 정상과 비슷하다. 그들은 다섯 정상들을 알아볼 수는 있어도 어느 것이 첫째인지, 둘째인지 등을 알아챌 수는 없었을 것이다. 그러므로 영광스러운 미래가 우리를 기다리고 있으나 현재의 관점에서 그 정확한 순서는 다소 불확실하다.

성경의 마지막 책인 요한계시록은 그 왕과 그 나라에 관한 내용이다. 요한계시록의 환상과 그것을 둘러싼 사건들이 다음 구절에 요약되어 있다. "세상 나라가 우리 주와 그의 그리스도의 나라가 되어 그가 세세토록 왕 노릇 하시리로다"(계 11:15). 요한계시록은 환상적인 책이고 내가 그리스도인이 된 첫날밤에 읽었던 첫 번째 책이다. 그것은 오늘날 존재하지 않는 문학의 한 장르인 묵시록이다. 요한의 묵시록(계시록)은 우리를 용들, 짐승들, 천사들, 우주적 대재앙, 그리고 찬송을 부르는 순교자들의 세계로 안내한다. 우리는 위층과 아래층에서 벌어지는 드라마를 보며 매혹적인 한 환상에서 다음 환상으로 휩쓸리고, 하늘에서 땅으로 내려왔다가 다시 하늘로 올라간다. 심판의 대접들이 땅 위에 쏟아지는 동안 움츠린 군중이 언덕에게 어린양의 진노에서 그들을 덮어달라고 부르짖는다. 최후의 전쟁, 멋진 혼인 잔치, 그리고 정교한 동산 도시가 등장한다.

묵시록과 1세기의 관계는 공상과학 소설과 21세기의 관계와 같다. 공상과학 소설을 에베소에 사는 1세기 천막장이에게, 또는 묵시록을 오늘날 보스턴이나 홍콩에 사는 택시운전사에게 설명한다고 상상해 보라. 하지만 서로 비교할 수는 있다. 요한의 계시록은 점차 어두워지는, 사자가 어두워지다가 죽임을 당했으나 서 있는 어린양으로 변형되는 슬라이드 쇼에 견줄 수 있다. 그것은 일곱 봉인, 나팔, 대접이 겹치는 순서로 등장하고, 극적 강도(또는 심포니)가 최고조에 이른 순간에 중요한 목회적 메시지들이 주어지고 신약의 모든 나머지 부분보다 더 많은 노래가 나오는 극적 형식으로 조직된 한 편의 드라마다. 그러나 어떻게 비교하더라도 BC 200년에서 AD 100년 사이에 꽃피었던 그 독특한 문학 형식을 제대로 다룰 수 없다. 사도 요한은 틀림없이 묵시론자다.[4]

누가 그 책을 읽고 싶어 할까? 그 책을 읽어서 무엇을 얻을까?

그 책은 아시아의 로마 지방, 즉 오늘날의 터키에 있는 일곱 교회에게 쓴 글이었다. 그 가운데 일부는 우호적인 문화의 유혹을 받고 있었고 일부는 적대적인 문화의 박해를 받는 중이었다. 오늘날의 교회와 별로 다르지 않다. 그런데 당신은 지금 물에 빠져 죽어 가는 사람에게 한 편의 시를 내밀지는 않을 것이다. 하지만 만일 누군가가 무의미함의 바다에서 익사하는 중이라면 한 편의 시 또는 묵시록이 적절할 수도 있다.

그리고 이 책이 바로 그런 것이다. 이는 상상을 통해 사람들의 믿음을 북돋운다. 이는 하나의 예술 형식으로서 우리의 영혼에 살며시 들어온다. 이는 일상생활의 베일을 벗기고 성령 안에 있는 사람에게 세상이 어떻게 보이는지를 보여 준다. 이와 동시에 우리에게 최종 종말에 관한 환상을 제공한다. 그리고 그 종말은 아름답고도 끔찍하다. 혼인이라서 아름답고 격변이라서 끔찍하다. 그것이 끔찍한 것은 하나님의 통치에 대한 모든 반대, 악의 세력과 인물들이 최종적으로 처분되어야 하기 때문이고, 그것이 아름다운 것은 예수님과의 장대한 만남, 하나님의 백성과 그들의 주님이자 왕이신 예수님과의 종국적 교제가 있기 때문이다. 이는 하늘과 땅의 최종적 합일인 것으로 판명된다. 19장을 읽어 보라. "만왕의 왕이요 만주의 주"(계 19:16)이신 분이 혼인과 격변이 일어나게 하는 장면이다. 그 나라가 완전히 왔다. 이것은 완벽히 도래한 새로운 세계다.

변형된 에덴

그래서 우리는 요한계시록 21장과 22장으로 안내를 받아서 회복된 에덴이 아니라 변형된 에덴동산, 즉 하나님의 모든 백성의 최종 거처이자 일터인 새 예루살렘을 위한 맥락에 해당하는 동산의 종국적 환상 속으로 들어간다. 거기에 성경에 담긴 최고의 갱신 구절이 나오는데, 바로 예수님이 왕의 보좌에 앉아 "내가 만물을 새롭게 하노라"(계 21:5)고 말씀하시는 장면이다. 이것은 아주 새로운 창조세계가 아니다. 일부 사람들이 사도 베드로의 아리송한 말(벧후 3:10-13)을 잘못 해석하듯이, 그리스도가 재림할 때 하나님이 세계의 모든 것을 말살시키실 것처럼 생각하면 안 된다. 사실 이 대목은 우리가 새(정말로 새롭게 된) 하늘과 새(새롭게 된) 땅을 바라보는 모습으로 끝난다(벧후 3:13). 우리가 이 어구에서 새 땅을 빠트리면 안 된다. 따라서 우리가 이생과 내세에서 수행하는 일에 관한 두 질문은 그 답변을 부분적으로 이 신약의 낯선 마지막 책에서 찾게 된다. 우리가 제기하는 질문은 다음과 같다.

첫째, 우리가 이생에서 행한 어떤 일이, 만일 주님을 위한 것이라면, 새롭게 된(물론 완전해진) 창조세계에서 그 자리를 차지할 것인가? 둘째, 우리는 새 하늘과 새 땅에서 일할 것인가, 아니면 그냥 둘러앉아서 기타를 치며 똑같은 찬송을 백만 번이나 부를 것인가? 로버트 파라 카폰은 '천국에 가는 것'에 관한 일반적인 생각을 이렇게 요약한다.

우리에게, 천국은 침대보를 깔고 종이 날개를 가진 영들이 구름

위에 앉아서 딸랑거리는 음악을 연주하되 그들의 파이프를 청소하는 후광이 지겨워서 나가떨어질 때까지 그렇게 하는 인간적으로 부적절한, 딴 세상의 상태다. 우리가 마음속에 천국을 그릴 때, 천국은 아기의 엉덩이 하나도, 여자의 가슴 하나도, 남자의 벗은 가슴 하나도 담고 있지 않다. 영화롭게 된 A팀과 B팀 간의 부활된 야구 게임은 더더욱 없다. 그러나 성경에서는 천국이 소년들과 소녀들이 길거리에서 노는 도시로 나온다. 그것은 공공사업부가 콘크리트 블록 대신 자수정을, 문을 만들려고 리츠 호텔만큼 큰 진주를 사용하여 세운 빌딩들이다. 그리고 내부에서는 어린양의 혼인 잔치를 열어 모든 만찬을 마감하는 하나의 만찬이다. 그것은 요컨대 혼인한 땅이다. 어느 땅도 버려지지 않았다. 그것은 옮길 수 없는 하나님의 눈동자와 같은 세계다.[5]

한 가지는 확실하다. 우리는 하늘에서 떠다니는 몸이 없는 영혼들이 아니라, 보이지 않는 하늘과 보이는 땅이 어린양의 혼인 잔치라 불리는 영화로운 합일을 통해 함께하게 된, 아름답게 갱신된 창조세계에 사는 완전히 부활한 사람들일 것이라는 사실이다.

우리의 일은 영구히 남을까?

이것이 우리가 제기하는 첫째 질문이다. 오늘날 대다수 그리스도인은 오직 복음 사역만 영구히 남는다고 생각하는 맥락에서 이 질문을 던진다. 이런 생각은 대대로 사람들을 전임 사역으로 몰고 갔고 마치 누구든지 예수님의 시간제 제자가 될 수 있는 것처럼 만들었다. 그러나 이런 이원론적인 노동관, 즉 교회에서 하는 일은 영구히 남고 세상에서 하는 일은 한 줄기 연기 속으로 사라진다는 견해와 반대로, 이생에서 믿음과 소망과 사랑으로 행한 일은 영구히 남고 새 하늘과 새 땅에 기여할 것이라고 믿을 만한 성경적 이유들이 있다. 따라서 우리가 행하는 일 중에 천국의 가구가 될 만한 일이 무엇인지 묻는 것은 좋다. 우리가 이생에서 행하는 일, 우리가 손, 마음, 또는 영혼으로 만든 것이 잔존할 뿐 아니라 영화롭게 될 것이라고 말할 수 있는 성경적 이유는 다음 아홉 가지다.

첫째, 이생과 내세 사이에는 불연속성이 있으나 연속성도 있다. 새 예루살렘은 하나의 도시와 땅인 만큼 이 세계와 연관되어 있다(계 21-22장).

둘째, 예수님의 부활한 몸은 이생에서 생긴 상처를 지니고 있었으나 이제는 변형되어 믿음의 수단이 된다(요 20:27). 우리가 자연과 문화에 저지른 난폭한 행위는 최후의 아마겟돈과 최후의 갱신에 의해 지워지지 않을지 몰라도 하나님의 은혜로 변형될 수 있다. 이는 우리의 소망의 일부다. 우리는 초월적 추론을 통해 우리가 이생과 이 세계에서 남긴 흔적이 영구히 남을 것으로 상상할 수 있다. 노천 탄광, 잘 손질된 정원, 삼나무 데크, 위성 수신소, 그리고 우리가 이 세계에서 행하는 일의 선과 악 등. 그러나 변형이 있을 것이다. 예수님이 "세상[만물]이

새롭게 될 것"(마 19:28)이라고 말씀하셨듯이, 그때에는 '새' 하늘과 '새' 땅이 있을 것이다.[6]

셋째, 최후의 심판에서 예수님은 개인적으로 이생에서 행한 우리의 섬김을 받으신다. "너희가 내게 한 것이다"라고 그분이 말씀하실 것이다(마 25:31-46).

넷째, 사도 바울은 고린도 교인들에게 보낸 편지에서, 만일 우리의 일이 그리스도 위에 세워진다면 그 일은 종말에 그대로 남을 것이라고 말한다. 만일 그것이 남지 않는다면, 그 일은 종말에 큰불로 태워질 것이다. 비록 일꾼인 우리는 구원을 받을지 몰라도 말이다. "만일 누구든지 금이나 은이나 보석이나 나무나 풀이나 짚으로 이 터[그리스도] 위에 세우면 각 사람의 공적이 나타날 터인데 그 날이 공적을 밝히리니 이는 불로 나타내고 그 불이 각 사람의 공적이 어떠한 것을 시험할 것임이라 만일 누구든지 그 위에 세운 공적이 그대로 있으면 상을 받고 누구든지 그 공적이 불타면 해를 받으리니 그러나 자신은 구원을 받되 불 가운데서 받은 것 같으리라"(고전 3:12-15).

다섯째, 심판의 불(벧후 3:7)은 말살이 아니라 변형(벧후 3:13)을 의미한다. 그 이미지는 원광을 가마솥에 넣고 온도를 높여서 불순물을 태우는 것으로 이루어져 있다. 그다음 구절은 우리가 새 하늘과 새 땅을 기다리고 있음을 강조한다.

여섯째, 땅이 신음하며 해방을 기다리고 있다(롬 8:19-22). 우리의 미래는 하늘 같은 땅 내지는 땅 같은 하늘이다.

일곱째, 고린도전서 13장 13절에 따르면 믿음과 소망과 사랑은 영원히 남을 것인데, 이 각각의 미덕들뿐 아니라 믿음과 소망과 사랑으로 행한 일도 그렇다. 가톨릭 학자 존 호히는 후자에 해당하는 일터 미덕의 세 요소에 대해 이렇게 말한다.

> 영원히 남는 것은 믿음과 소망과 사랑의 행위들 그 자체가 아니라 믿음과 소망과 사랑 안에서 행한 일인 듯 보인다. 영원히 남는 것은 순수한 의도만이 아니고 한 사람 안에 그저 주입된 세 개의 신학적 미덕들, 즉 발휘되지 않은 채 거주하는 믿음과 소망과 사랑도 아니다. 영원히 남는 것은 이 미덕들 위에서 취해진 행동, 의도에서 흘러나오는 실천, 그 미덕들이 빚어내는 일이다. 이런 것들이 영구히 남는다!⁷⁾

여덟째, 요한계시록 14장 13절에 의하면, 그리스도인들의 행위는 새 하늘과 새 땅에서 그들을 따른다고 한다.

아홉째, 바울은 "주 안에서 행한 [우리의] 수고"(고전 15:58)가 헛되지 않다고 말한다. "항상 주의 일에 더욱 힘쓰는 자들이 되라 이는 너희 수고가 주 안에서 헛되지 않은 줄 앎이라." 그런데 주 안에서 행한 우리의 수고가 부활의 장(章)에 배치되어 있는 만큼 그것은 말 그대로 이생에서 하는 우리의 수고다. N. T. 라이트는 이렇게 말한다.

> 주 안에서 너희 수고가 헛되지 않다. 너희는 예수님을 따르고 있고 성령의 능력으로 우리의 세계를 빚어내고 있다. 그리고 최후의

완성이 도래할 때, 너희가 행한 일은, 그것이 성경공부나 생화학 분야든, 설교나 순수 수학의 분야든, 구덩이를 파는 것이든 교향곡을 작곡하는 것이든, 항상 있을 것이고 영원히 남을 것이다(고전 15:58).[8]

이브 콩가르는 제2차 바티칸 공의회를 준비하는 과정에서 먼저 많은 신학적 작업을 했다. 콩가르는 이 문제를 간명하게 표현한다.

존재론적으로, 이는 변화되고 새롭게 되어서 그 나라가 될 세계다. 그래서 … 이원론적 입장은 틀리다. 최종 구원은 생존자들이 하나님이 전적으로 지으신 또 다른 배로 옮겨 타는 것이 아니라 우리 땅의 선박이 놀랍게 다시 뜨는 것으로 이루어질 것이다.[9]

둘째 질문은 성경의 마지막 책이 부분적으로만 답변할 뿐이다.

우리는 새 하늘과 새 땅에서 일할 것인가?

이 질문을 다루려면 두 개의 접근방식을 취할 수 있다. 첫째는 신학적인 접근이고 둘째는 텍스트적 접근이다.

첫째, 신학적 답변에 관해서는 우리가 새 하늘과 새 땅에서 단순한 불멸의 영혼들(그리스의 미래관)이 아니라 완전히 인간적인 존재(영화된 몸을 포함한)가 될 것이라고 말하는 바다. 사람에 대한 히브리적이고 성경적 견해에 따르면, 몸은 고귀하고 거룩한 영혼을 위한 악한 껍질이 아니다. 우리는 영혼과 몸을 '가진' 존재가 아니다. 우리는 곧 몸이고, 곧 영혼이고, 곧 영이다. 우리는 심신적-영적인 완전체다. 그러므로 우리가 영혼을 몸에서 나오게 해서 구원을 받는다는(이는 우리가 죽을 때 일어난다) 그리스의 견해와 반대로, 성경이 말하는 인간의 미래는 영화된 영혼이 담긴 몸 또는 몸이 있는 영혼이다. 우리는 땅에서 살 때보다 더욱 하나님의 형상으로 지어진 완전히 인간적 존재가 되는 만큼 일도 하게 될 것이다. 이것이 하나님의 형상으로 지어졌다는 말의 뜻의 일부이기 때문이다. 하나님은 일꾼이시고 계속 일하고 계시다(요 5:17). 그리고 그분은 우리를 그의 형상을 따라 일꾼으로 만드셨다(창 1:27-28). 그때가 되면 겪어야 할 저주, 죄, 가시와 엉겅퀴, 고약한 고객, 그리고 최종 결산을 우려하느라 잠 못 이루는 밤도 없을 것이다. 조지 맥도널드는 어린이책을 통해 하늘에서 돈 없이 일어나는 교환을 예상하는데, 그 교환은 곧 비즈니스에 해당한다. 두 명의 마케팅 교수들은 사람들이 선택을 내리도록 돕기 위해 판매자가 필요할 것으로 추정한다![10] 그러므로 인간이 된다는 것은 일한다는 것을 의미한다. 그리고 그때가 되면 우리는 더욱 인간적인 존재가 될 것이다.

둘째 답변은 텍스트적인 것이고 특히 요한계시록의 텍스트에 근거를 둔다. "만국이 그 빛 가운데로 다니고 땅의 왕들이 자기 영광을 가지고 그리로[거룩한 도성으로] 들어가리라"(계 21:24). 이 '영광'은 이 땅의 모든 나라의 문화 중에 최상의 것으로서 테크놀로지, 예술, 문학, 서비스, 공예품, 그리고 생산품 등이다. 인간의 창의성이 완전히 또 아름답게 표출될 것이다. "사람들이 만국의 영광과 존귀를 가지고 그리로 들어가겠고"(계 21:26). 따라서 그때가 되면 문화적 창조물과 나눔이 있을 것이다. 그러나 문화를 넘어 완성된 나라의 백성이 펼치는 활동도 있다.

이 사람들은 일을 할 것이다. "그분은 영원무궁토록 그들과 함께 다스릴[일할] 것입니다"(계 22:5, 메시지). 그리고 "그 [생명] 나무 잎사귀들은 만국을 치료하기 위하여"(계 22:2) 있다. 생명의 강 양편에는 에덴동산을 상기시키는 생명나무 한 그루만 있지 않고 생명의 '나무들'이 있다. 그리고 그 나무의 잎사귀들은 만국을 치료하기 위해 존재한다. 때로 의사들은 나에게 자기들이 하늘에서 할 일이 없을 것이라고 말한다. 그러면 나는 이렇게 대답한다. 당신이 현재 갖고 있는 은사와 재능과 성격이 무엇이든 간에 그런 것이 새 하늘과 새 땅에 있을 것이고 높이 들림을 받을 것이다. 당신의 소명, 곧 사람들을 돕는 것은 죽음과 함께 끝나지 않고 공식적 퇴직과 함께는 더더욱 그렇다. 그 소명은 영원까지 지속된다. 그리고 모든 하늘이 치료이고 갱신이라면 어떻겠는가? 그리고 당신의 은사와 재능이 하나님의 임재와 어린양의 사랑의 공동체에서 새롭게 표출된다면 어떻겠는가?

그리고 과연 누가 거기에 있고 싶지 않을까? 오래전에 클라크 피녹이 리젠트 칼리지에서 한 과목을 가르치면서 고린도전서의 한 대목을 읽은 적이 있다. "기록된 바 하나님이 자기를 사랑하는 자들을 위하여 예비하신 모든 것은 눈으로 보지 못하고 귀로 듣지 못하고 사람의 마음으로 생각하지도 못하였다 함과 같으니라 오직 하나님이 성령으로 이것을 우리에게 보이셨으니 성령은 모든 것 곧 하나님의 깊은 것까지도 통달하시느니라"(고전 2:9-10). 이후 피녹은 눈물을 흘리며 이렇게 말했다. "그것은 이와 같다. 작은 소녀가 크리스마스 선물로 아기 인형을 받고 싶어 한다. 그러나 그녀가 받은 것은 살아 있는 아기 자매다."

W. H. 오든은 찰스 윌리엄스의 『비둘기의 강림』(The Descent of the Dove)을 소개하면서 그것을 뚜렷하게 표현한다.

> 찰스 윌리엄스는 단테조차 실패한 것, 즉 아무도 여태껏 지옥에 '보내진' 적이 없다는 것을 우리에게 보여 주는 데 성공한다. 오히려 그 사람이 거기에 가겠다고 고집할 뿐이다. 그리스도인들이 믿듯이, 만일 하나님이 사랑이라면 어느 의미에서 그분은 전능하지 않다. 그분은 그분 자신이 되길 그치지 않고는 그의 피조물들에게 그의 사랑을 받아들이도록 강요할 수 없기 때문이다. 하나님의 진노는 '그분의' 진노가 아니라 그의 사랑을 느끼나 그것을 거절하는 자들이 느끼는 방식이고, 거절의 권리는 그들의 창조주마저 그들에게서 빼앗을 수 없는 특권이다.[11]

여태껏 아무도 지옥에 보내진 적이 없다. 나는 이것이 요한복음에 나오는 예수님의 말씀을 잘 번역한 것이라고 생각한다. "심판을 받았다고 하는 것은, 빛이 세상에 들어왔지만, 사람들이 자기들의 행위가 악하므로, 빛보다 어둠을 더 좋아하였다는 것을 뜻한다"(요 3:19, 새번역).

달리 말하면, 사람들은 그 나라와 그 왕의 빛이 있는 곳에서 스스로를 심판한다는 것이다. 일부 사람은 지옥에 가겠다고 고집한다. 왜 그럴까? 왜냐하면 천국은 우리가 알려진 것처럼 우리가 얼굴과 얼굴을 맞대어 보며 알게 될 하나님의 임재로 충만하기 때문이다.

그렇다. 창조성이 거기에 있을 것이다. 그렇다. 인간애가 거기에 있을 것이다. 그렇다. 일이 거기에 있을 것이다. 그러나 무엇보다도, 하나님과 더불어 모든 민족과 문화와 배경 출신의 하나님의 백성이 거기에 있을 것이다. 그리고 우리가 이룬 것들(관계적, 도구적, 의료적, 가정적인 것, 서비스와 건설적인 일) 중 일부가 영원토록 남을 것이다. 우리는 기쁨으로 계속 일하게 될 것이다. 영국의 시인 러디어드 키플링은 그것을 이런 식으로 그렸다.

지구의 마지막 그림이 그려지고 몸통들이 뒤틀리고 말랐을 때,
가장 오랜 색채들이 퇴색되고 가장 어린 비평가가 죽었을 때,
우리는 안식할 테고, 우리에게 믿음이 필요할 테고
– 한두 억겁 동안 누울 것이며,
모든 선한 일꾼들의 주인이 우리로 새롭게 일하게 할 때까지.
그리고 선했던 사람들은 행복할 테고,
그들은 황금 의자에 앉을 것이다.
그들은 10리그짜리[12] 화폭에 혜성의 머리칼로 만든 붓으로
첨벙첨벙 튀길 것이다.
그들은 초상화를 그릴 만한 진정한 성인들을 찾을 것이다

– 막달라 마리아, 베드로, 바울.
그들은 한자리에서 한 시대 동안 일해도
전혀 피곤하지 않을 것이다!
그리고 주인 홀로 우리를 칭찬할 것이고, 주인 홀로 탓할 것이다.
그리고 아무도 돈을 위해 일하지 않을 테고, 아무도 명성을 위해
일하지 않을 테다.
그러나 각자 일하는 기쁨을 위해,
그리고 각자 그의 별도의 별에서,
만물의 하나님을 위해 자기가 보는 그대로
그 대상을 그릴 것이다![13]

결론적으로 나는 이렇게 덧붙이는 바다. 완성된 나라에서 입을 우리의 작업복은 하얀색일 것이다. 이것이 성경의 마지막 환상이 보여 주는 모습이다. 그 장대한 만남에서, "신부에게 빛나고 깨끗한 모시옷을 입게 하셨다"(계 19:8, 새번역).

주

서론

1) Witherington, *Work*, 116에 인용된 것.
2) Benedict XVI, *What It Means to Be a Christian*.
3) 조지 래드(George Ladd)는 그 나라의 미스터리를 이렇게 설명한다. "하나님 나라는 여기에 있으나 저항할 수 없는 능력을 지니지 않는다. 그 나라는 왔으나 형상을 갈아서 가루로 만드는 돌과 같지 않다. 이와 반대로, 그 나라는 씨를 뿌리는 사람과 같다. 그 나라는 그 자체를 사람들에게 강요하지 않는다." Ladd, *Gospel of the Kingdom*, 56.
4) 임시목사 톰 메이의 종려주일 설교에서(West Point Grey Baptist Church, Vancouver, BC, March 28, 2021).
5) Wai Yen Millie Chan, Guided Study paper for Regent College, April, 2021(미출간 보고서). 필자의 허락을 받고 게재함.
6) Imtglobal.org.
7) Ringma, email, February 8, 2021.

01. 하나님 나라가 일터에서 번영하다

1) Pink, *Whole New Mind*, 35에 인용된 것.
2) Pennington, *Sermon on the Mount and Human Flourishing*, 290-91.
3) Capon, *Parables of the Kingdom*, 5.
4) Capon, *Parables of the Kingdom*, 15.
5) Klappert, "King," 379에 인용된 것.
6) Caragounis, "Kingdom of God/Heaven," 420. 이 해박한 글은 그 나라에 대한 신약의 언급들을 검토할 뿐 아니라 그 나라가 이미 왔는지, 역사의 종말에 오는지, 아니면 둘 다인지에 관한 폭넓은 신학적 문헌까지 비평한다.
7) Diehl and Diehl, *It Ain't Over Till It's Over*, 129-30에 인용된 것.
8) Leech, *True Prayer*, 78에 인용된 것.
9) 조너선 페닝턴은 "인간 번영과 성경"(Human Flourishing and the Bible)이란 훌륭한 글에서 인간 번영을 묘사하는 세 개의 히브리어 단어를 이렇게 설명한다. '샬롬'은 온전함을 뜻한다. '아쉐렘'(*asherem*)은 번영하는 사람의 상태를 뜻하며 "주님에 대한 신실함과 지혜로운 삶에서 나오는 다산과 번영과 안전이 꽃피는 것"이다. 그리고 '타민'(*tamin*)은 보통 '거룩한'으로 번역되지만, 페닝턴이 말하듯이 "성경이 사용하는 '거룩한'이란 단어를 면밀히 살펴보면 그것이 온전하고 완전하다는 뜻임을 알게 된다." 44-46.
10) Motyer, *Prophecy of Isaiah*, 500.
11) Loren Wilkinson이 1975년 성탄절에 위드비섬에서 인용한 것.
12) Blake, "Vision of the Last Judgment," 1027.

13) Pennington, "Human Flourishing and the Bible," 40.
14) Pennington, "Human Flourishing and the Bible," 51–53.
15) Pennington, "Human Flourishing and the Bible," 52에 인용된 것.
16) 모티어는 이렇게 표현한다. "그래서 그분[예수님]은 이 지점에서 자신의 사명에 대한 이해를, 세상을 정죄하는 것이 아니라 세상을 구원하는 것으로 표현했다(요 3:17). 하지만 그분은 또한 자신에게 맡겨진 심판을 실행할 날이 오고 있다는 것도 알았다(요 5:22–29). 달리 말해, 이사야가 양면적인 사역으로 보는 것을 주님은 각각 자신의 초림과 재림에, 종의 사역과 기름 부음을 받은 정복자의 사역에 배당하신다." Motyer, *Prophecy of Isaiah*, 499–500.
17) Kaemingk and Wilson, *Work and Worship*.
18) 일터변혁연구소(IMT)는 신앙과 일을 통합하려는 세계적 운동의 일부다. 연구소는 영상, 강의, 세미나, 그리고 리더십 훈련을 제공한다(imtglobal.org를 보라). 신앙과 일의 통합 운동의 현황을 개관한 글로는 Johnson and Rundle, "Distinctives and Challenges of Business as Mission"을 추천한다. 그들은 2003년 현재 이 운동과 연관된 단체가 1,200개가 되고 더 많이 생기는 중이라고 한다.
19) Leech, *Experiencing God*, 379에 인용된 것.

02. 일터에서 이중 스파이가 되다

1) Ellul, *Presence of the Kingdom*, 45.
2) 마르틴 루터의 '두 나라'에 대한 매우 발전된 해석은 하나님 나라와 세상 나라의 실재를 받아들이는 것을 내포한다. 여기서 루터는 두 시대, 즉 옛 시대와 성령의 새 시대에 관한 신약의 가르침에 기초해 영적 권위와 세속적 권위 사이에 선을 긋는다. Nygren, "Luther's Doctrine of the Two Kingdoms"를 보라.
3) Ellul, *Presence of the Kingdom*, 45.
4) Goslinga, *Joshua, Judges, Ruth*, 46.
5) 이처럼 빈틈없는 행동은 이집트에 살던 히브리인 산파들이 히브리인 남자아이들은 모두 죽이라는 바로의 명령을 받았을 때 취한 것이다. "히브리 여인은 애굽 여인과 같지 아니하고 건장하여 산파가 그들에게 이르기 전에 해산하였더이다"(출 1:19). 본문은 "그 산파들은 하나님을 경외하였으므로 하나님이 그들의 집안을 흥왕하게 하신지라"(출 1:21)고 말한다. 그래서 모세가 구출되었다.
6) 이원론이 어떻게 출현했는지, 그리고 성경이 이원론을 어떻게 무너뜨리는지에 대해 알고 싶으면 Stevens and Lim, *Money Matters*, chapter 4, "God and Caesar"를 보라.
7) 바르멘 선언(1934)은 이렇게 말한다. "우리는 우리가 예수 그리스도에게 속하지 않고 다른 주(主)에게 속하는 삶의 영역들이 있다고 하는 거짓 가르침을 배척한다." Leith, ed., *Creeds of the Churches*, 520.
8) Kraybill, *Upside-Down Kingdom*, 245.
9) Murry, *Like Christ*, 56–57.

03. 그러면 그 내부는 어떤 모습인가?

1) Sherman, *Kingdom of Calling*, 33–34에 인용된 것.
2) Laing, *Politics of Experience and the Bird of Paradise*, 15.
3) Alexander and Brown, eds., *To Whom Shall We Go?*, 35에 인용된 것.

4) Arias, *Announcing the Reign of God*, 46-47.
5) 마 19:27-30과 그 미래 지향성을, 막 10:29-31과 그 현재 지향성을 비교해 보라.

04. 하나님 나라는 어떻게 오는가? - 하나님의 주도권

1) Bright, *Kingdom of God*, 169.
2) Ringma, 강의에서, 2008.
3) Perkins, *Golden Chain*, 177.
4) Bright, *Kingdom of God*, 7.
5) Waltke, *Genesis*, 50.
6) Stevens, "Covenant Mandate"를 보라. 하나님과의 교제는 성소에 함축되어 있고 창세기 3장 8절에 명시되어 있다. "그들이 그 날 바람이 불 때 동산에 거니시는 여호와 하나님의 소리를 듣고." 이것은 전임 직분이다. 공동체 건설은 여자를 남자와 동등하고 남자에게 알맞도록 창조하신 것과 "하나님이 자기 형상 곧 하나님의 형상대로 사람을 창조하시되 남자와 여자를 창조하시고"(창 1:27)라는 말에 함축되어 있다. 이것 역시 가정과 사회에서 공동체를 건설하는 전임 직분이다. 공동-창조성은 "바다의 물고기와 하늘의 새와 가축과 온 땅과 땅에 기는 모든 것을 다스리[라]"(창 1:26)는 명령과 "생육하고 번성하여 땅에 충만하라, 땅을 정복하라"(창 1:28)는 명령에 담겨 있다. 일꾼이신 하나님이 자신의 형상을 지닌 인간을 만드시고, 인간은 창조세계의 잠재력을 개발하고 또 "그것을 경작하며 지키게"(창 2:15) 될 것이다. 이것 역시 또 다른 전임 직분이다. 언약 명령에 대한 더 완전한 개관을 보려면 Stevens, *Other Six Days*, 91-105를 참고하라.
7) Dumbrell, "End of the Beginning." G. K. 빌(G. K. Beale)은 이렇게 말한다. "덤브렐은 언약신학의 영역에서 가장 유익하고 창의적인 기여를 한다. 특히 이 점에서 저자의 이 저술은 그의 이전의 책 『언약과 창조』(*Covenant and Creation*, Lancer/Paternoster, 1984)를 더욱 발전시킨 것이다. 그 책에서는 성경에 줄곧 나오는 언약(들)의 다양한 표현은 '창조의 사실 자체로 암묵적으로 맺고 창 6:18과 9:7-13의 내용에서 다시 세워진 단 하나의 성경적 언약'의 여러 측면일 뿐이라고 주장한다(참고. *End of Beginning*, p. 103). 덤브렐은 아브라함 이후의 모든 언약과 약속은 일차적으로 그 언약의 긍정적 발전으로 의도된 것이라는 타당한 주장을 편다(예. pp. 49-52, 97-99, 129, 134, 149, 195). 이와 마찬가지로, 아브라함의 언약은 타락으로 도입된 문제들이 어떻게 해결될 것인지를 설명하는 기본 방침으로서 창세기의 앞선 장들 뒤에 배치되어 있다(참고. p. 132)."
8) Dumbrell, *Covenant and Creation*, 41.
9) Bright, *Kingdom of God*, 23.
10) Bright, *Kingdom of God*, 66-67, 저자 강조.
11) Bright, *Kingdom of God*, 76.
12) Bright, *Kingdom of God*, 89.
13) Bright, *Kingdom of God*, 97.
14) "그리스도가 세례받을 때와 변형될 때 아버지는 이 구절[시 2:7]과 사 42:1에서 끌어온 말로 그를 아들이자 종으로 선언하셨다(마 3:17; 17:5; 벧후 1:17)." Kidner, *Psalms 1-72*, 51.
15) Bright, *Kingdom of God*, 196-7.
16) Marshall, "Son of God," 776.
17) 예컨대, 마가복음에는 그 어구가 14번 나온다. 막 2:10, 28; 8:31, 38; 9:9, 12, 31; 10:33, 45; 13:26; 14:21a, b, 41, 62.

18) Wright, "Jesus," 349.
19) Wright, "Jesus," 350.
20) Moltmann, *Trinity and the Kingdom*, 32.
21) Stevens, *Abolition of the Laity*, 57.
22) Gunton, *One, the Three and the Many*, 163 (저자 강조).
23) 신약에 나오는 인자에 대한 다른 언급은 행 7:56; 히 2:6; 계 1:13; 14:14 등에 있다. 에녹1서와 에스라4서에서는 인자가 메시아, 하나님의 아들, 그리고 선택받은 이와 긍정적으로 동일시되고 있다. "그것은 유대인이 아닌 사람에게는 의미가 없었을 용어였다. … 현대의 독자들이 대체로 그 용어의 본래 뉘앙스를 포착하지 못하는 만큼(자기 호칭이나 단 7장에 대한 암시로나) 초기 교회가 그것을 사용하지 않은 사례는 오늘날에도 여전히 타당하다. 참으로 '인자'를 (하나님의 아들'로 표현된) 예수님의 신성과 상반되는 그분의 인성을 가리키는 수단으로 사용할 심각한 위험이 있는 데 비해, 사실 다니엘의 배경은 옛적부터 계신 이와 밀접한 관계가 있는 인물을 암시한다." Marshall, "Son of Man," 781.
24) 사실은 아기 예수가 "이방을 비추는 빛"(눅 2:32)이 될 것이라고 확언했던 노인 시므온이 최초의 '선교사'였다. 그는 아기 예수를 축복하며 하나님 나라가 유대인의 나라 이상임을 보았다.
25) Bright, *Kingdom of God*, 216.
26) Bright, *Kingdom of God*, 190.
27) 사복음서 외의 신약 구절들, 특히 바울과 베드로가 그 나라를 선포한 본문은 다음과 같다. 행 19:8; 20:25; 28:23, 31; 롬 14:17; 고전 4:20; 15:24; 갈 5:21; 골 1:13; 히 12:28; 약 2:5; 벧후 1:11.
28) France, *Divine Government*, 29.
29) 앞에서 살펴보았듯이, 조지 래드는 그 나라의 미스터리를 이렇게 설명한다. "하나님 나라는 여기에 있으나 저항할 수 없는 능력을 지니지 않는다. 그 나라는 왔으나 형상을 갈아서 가루로 만드는 돌과 같지 않다. 이와 반대로, 그 나라는 씨를 뿌리는 사람과 같다. 그 나라는 그 자체를 사람들에게 강요하지 않는다." Ladd, *Gospel of the Kingdom*, 56.
30) Dumbrell, *End of the Beginning*, Introduction에서.

05. 하나님 나라는 어떻게 오는가? – 인류의 주도권

1) Sherman, *Kingdom Calling*, 238에 인용된 것.
2) Arias, *Announcing the Reign of God*, 17.
3) 조지 래드는 그의 고전적인 책에서 이렇게 말한다. "하나님 나라는 기적이다. 그것은 하나님의 행동이다. … 사람들은 그 나라를 건설할 수 없다. … 그것은 하나님의 통치다. … 그 열매는 인간의 노력이나 기술이 아니라 그 나라의 삶으로 생산된다. 그것은 하나님의 행실이다." 그러나 그는 나중에 눅 10:7, 9에 의거해 이렇게 결론짓는다. "그러므로 하나님 나라는 우리 주님의 인격 안에서뿐 아니라 그의 제자들을 통해서도 사람들 가운데서 일하고 있었다. 그들이 갈릴리의 여러 성읍에 그 나라의 말씀과 징표들을 가져왔기 때문이다." Ladd, *Gospel of the Kingdom*, 64, 115.
4) Waltke, *Old Testament Theology*, 218.
5) Dumbrell, "Creation, Covenant and Work," 17.
6) Bright, *Kingdom of God*, 39.
7) Bright, *Kingdom of God*, 149.
8) Bright, *Kingdom of God*, 154.

9) Bright, *Kingdom of God*, 169.
10) Bright, *Kingdom of God*, 134.
11) Bright, *Kingdom of God*, 170.
12) Bright, *Kingdom of God*, 174–75.
13) 브라이트는 하나님 나라와 교회에 한 장 전체를 할애한다(215–43). "예수님은 어떤 교회 조직도, 가장 참된 부류의 조직도 만들지 않으셨으나, 메시아로서 그분은 남은 자를 부르시기 위해 오셨다. 그분의 부르심에 순종했던 참된 이스라엘 속에 그분의 교회, 그분의 에클레시아(즉, 부르심을 받은 자들)의 씨가 있다. … 신약 교회는 스스로를 … 그 나라의 백성으로, 이미 오는 시대 속에 살고 있는 '종말론적 공동체'로 보았다. 그리고 교회는 부활과 예상된 종말 사이의 마지막 날에 모든 세계에 그 나라를 선포하고 또 그 통치에 순응하도록 사람들을 불러오는 일에 바쁜 공동체였다." Bright, *Kingdom of God*, 225, 232.
14) 내가 받은 이메일에서(2021년 2월 10일), 저자 강조.
15) 다시금 조지 래드의 말을 숙고하라. 한편으로, 래드는 "하나님 나라는 하나의 기적이다. 그것은 하나님의 행동이다. 그것은 초자연적이다. 사람들은 그 나라를 세울 수 없고, 그들은 그것을 일으킬 수 없다"라고 말한다. 그러나 다른 한편, 래드는 이렇게 말한다. "[주님의 제자들은] 그 나라의 표징을 행했다(눅 10:9, 17). … 그런즉 하나님 나라는 우리 주님의 인격 안에서뿐 아니라 그의 제자들을 통해서도 사람들 가운데서 일하고 있었다. 그들이 갈릴리의 여러 성읍에 그 나라의 말씀과 표징들을 가져왔기 때문이다." Ladd, *Gospel of the Kingdom*, 64, 115.
16) Arias, *Announcing the Reign of God*, 118.
17) 마 10:7.
18) 마 13:23.
19) 행 8:12.
20) 행 19:8.
21) 행 17:16–34.
22) 행 20:25, 28:23–31.
23) 마 16:19.
24) 하나님의 백성이 역사적으로 좋을 때와 나쁠 때 무엇을 했는지를 표로 만든 훌륭한 다음 책을 보라. Oliver, *Social Achievements of the Christian Church*.
25) 마 13:52.
26) 이 말은 1959년 트루블러드가 맥매스터 대학교에 초빙 강사로 왔을 때 내가 들었던 것이다.
27) Stevens, ed., *Webster's New Explorer Desk Encyclopedia*, 899.
28) 이 주제에 관한 충분한 논의를 보려면 Witherington, *Work*를 참고하라. 그리고 Stevens, *Other Six Days*와 *Work Matters*, 17–20장도 보라. 서양 세계에서 그리스 철학자들로부터 오늘에 이르기까지 노동 윤리와 일에 대한 관점의 발달 과정에 대해서는 Hardy, *Fabric of This World*를 보라.
29) Sherman, *Kingdom Calling*, 238에 인용된 것.
30) Wright, *Surprised by Hope*, 200.
31) 하나님 나라의 가치들에 관해서는 Bakke, *Joy at Work*를 보라. 용서와 책임성–사람들에게 또 한 번의 기회를 주기, 십 리를 가기(마 18:21–35; 5:41); 언행일치–"예"할 것은 "예"하기, 내면과 외면의 일치, 투명함(마 5:37); 공평과 공의–보상으로 올바른 일을 행하기, 순전한 제품, 돈의 취급; 비범한 섬김–의무를 넘어서기(골 4:1; 눅 17:7–10); 경계를 허무는 행위(눅 5:27–31); 청지기직–타인의 은사를 귀하게 여기기, 창조세계를 돌보기, 힘을 실어 주는 조직 문화를 개발하기(마 25:14–30); 힘을 실어 주기–다른 사람들의 은사와 재능을 풀어 주기, 다른 사람이

잘 섬기도록 돕기(엡 4:11-12); 샬롬과 사회적 책임–개인적 및 사회적 이웃 사랑(마 22:39); 기쁨– 환경에 좌우되지 않는 (하나님이 주시는) 기쁨과 안녕을 경험하기–어떤 이들은 이것을 일터에서 '재미'라고 불렀다(빌 4:4).

32) Bright, *Kingdom of God*, 242-43.
33) Sherman, *Kingdom Calling*, 238에 인용된 것.

06. 작업복을 입은 왕

1) 이 요약은 슬로바키아의 브라티슬라바에 소재한 Integra의 소장 앨런 부사드에게 빚진 것이다.
2) 우리 웹사이트를 보라. imtglobal.org.
3) Smith, *Magnificent Story*, 60.
4) Newbigin, *Honest Religion for Secular Man*, 42.
5) Capon, *An Offering of Uncles*, 163-64. "우리 시대에 신학이 할 일은 해석이기보다는 관조다. 하나님과 세계는 안전하게 분석되기 전에 치켜들고 우! 아! 하고 외칠 필요가 있다."
6) Laing, *Politics of Experience and the Bird of Paradise*, 15, 118.
7) 갈 2:20; 고후 12:2; 요 15:4을 보라.
8) Deismann, *Paul*, 150-56.
9) Torrance, *Trinitarian Perspective*, 1.
10) Smith, *Magnificent Story*, 125에 인용된 것.
11) Thompson, *Colossians and Philemon*, 71을 보라. "'위의 것을 생각하다'라는 것은 '하늘에 관해 생각하다'라는 뜻이 아니라 본인의 삶과 헌신을 자아나 세상보다 하나님을 지향한다는 뜻이다. 아타나시우스는 언젠가 인간의 곤경을 감각들의 그릇된 방향으로 묘사한 적이 있다. 인간들은 '그들의 눈을 더 이상 위쪽으로 향하지 않고 아래쪽으로 향했다.' 그들은 '하나님에 관해 자연과 감각의 세계에서 찾고 있었고 그들 스스로 신들인 체하고 있었다.'"
12) Thompson, *Colossians and Philemon*, 71. 이원론은 다음 장에서 좀 더 완전히 설명될 것이다.
13) Thompson, *Colossians and Philemon*, 7, 44, 65.
14) Thompson, *Colossians and Philemon*, 66.
15) Thompson, *Colossians and Philemon*, 72.
16) Weil, *Waiting on God*, 91-92.

07. 가장 소중한 하나님 나라의 가치

1) 가치와 미덕의 관계에 대한 성찰은 Benson, "Virtues" and "Values"를 참고하라.
2) Thompson, *Colossians and Philemon*, 71. "그러나 '위의 것'을 생각하는 것이 마치 그리스도 안에서 그리고 그리스도를 위해 창조된 세계에 무관심한 영성을 의미하는 것처럼, 여기에 하늘의 것과 땅의 것을 갈라놓는 이원론은 없다."
3) 이원론이 세계를 전염시킨 과정을 개관한 글로는 Stevens and Lim, *Money Matters*, 42-53을 참고하라.
4) Wright, *After You Believe*, 223, 저자 강조.
5) Trueblood, *Common Ventures of Life*.
6) Schmemann, *For the Life of the World*, 11, 18, 저자 강조. '성찬'(Eucharist)은 헬라어 단어로서 성찬(Communion)이나 주님의 만찬과 동의어가 되었지만 본래 '감사'의 뜻을 지니고 있음을 주목하라.

7) Sayson, "Church Fathers and IMT."
8) Pink, *Whole New Mind*, 61.
9) Pink, *Whole New Mind*, 218에 인용된 것.
10) Behr, *Becoming Human*, 1에 인용된 것.
11) Banks, "Blessing," and Miller, "Success."
12) 인간의 번영에 관한 짧은 글을 보려면 Pennington, "Human Flourishing and the Bible"을 읽으라. 보다 포괄적인 접근은 다음 책에 나온다. Pennington, *Sermon on the Mount and Human Flourishing*.

08. 하나님 나라의 역설적인 가치 – 팔복과 일터

1) Pennington, *Sermon on the Mount and Human Flourishing*, 154에 인용된 것.
2) Alexander and Brown, eds., *To Whom Shall We Go?*, xvi에 인용된 것.
3) 팔복의 전반부와 후반부의 관계는 매우 복잡한데 본래의 헬라어에서 다른 언어로 번역하면 더욱 어려워진다. Pennington, *Sermon on the Mount and Human Flourishing*, 62–67.
4) Pennington, *Sermon on the Mount and Human Flourishing*, 47.
5) 페닝턴은 그 헬라어 단어를 'blessed'로 번역한 것은 잘못이라고 주장한다. 'blessed'는 히브리어 단어 'barak'을 번역한 것이고, 이는 신적 은총에 대한 하나님의 권위 있는 선언, 곧 효과적인 연설을 뜻하기 때문이라고 한다. 한편 'makarios'에 가장 가까운 히브리어 단어는 '복'을 가리키는 히브리어 단어(barak, '하나님으로부터 오는'–이는 언약적 언어다)가 아니라 'asre'(시편 1편에 사용된)다. 구약의 헬라어 번역본에는 'makarios'가 언제나 'asre'를 번역한 것으로 나온다. 그래서 페닝턴은 이렇게 말한다. "행복(asherism, asre)이나 축복(macarism)을 선언하는 것은 공동체의 다른 멤버, 현인, 또는 선생에 대해 가치 진술을 하는 것이고 그 대상(들)을 '명예로운' 존재로 선언하는 것이다"(Pennington, *Sermon on the Mount and Human Flourishing*, 49).
6) Pennington, *Sermon on the Mount and Human Flourishing*, 61.
7) Pennington, *Sermon on the Mount and Human Flourishing*, 47.
8) Johnson, *Beatitudes*, 42.
9) 누가는 '심령이 가난한 자'가 아니라 그냥 '가난한 자'라고 말한다. "너희 가난한 자는 복이 있나니 하나님의 나라가 너희 것임이요"(눅 6:20).
10) Pennington, *Sermon on the Mount and Human Flourishing*, 154에 인용된 것.
11) 신 17:14–20, 특히 20절에 나오는 왕의 요건을 보라.
12) Alexander and Brown, eds., *To Whom Shall We Go?*, 31에 인용된 것.
13) Johnson, *Beatitudes*, 83에 인용된 것.
14) 눅 10:25–37, 15:11–32.
15) Alexander and Brown, eds., *To Whom Shall We Go?*, 35.
16) Johnson, *Beatitudes*, 128–42.
17) Arias, *Announcing the Reign of God*, 43.
18) Capon, *Parables of the Kingdom*, 19–20.
19) 재구성한 팔복은 일터변혁연구소 웹사이트(imtglobal.org)에 실린 비디오 #10 "Doing God's Business"에 담겨 있다.
20) Alexander and Brown, eds., *To Whom Shall We Go?*, 1, 11, 26, 36, 50, 62, 79, 90.

09. 하나님 나라의 사역 – 일터에서 성직주의 초월하기

1) MacLeod, *Only One Way Left*, 38.
2) 이번 장의 일부 내용은 Stevens, *Other Six Days*, 131–90에서 발췌한 것이다.
3) Gillespie, "Laity in Biblical Perspective," 327.
4) Congar, *Lay People in the Church*, xi.
5) 콩가르는 이 삼중적 직분을 그의 평신도 신학의 문법으로 삼지만, 이 직분들이 모든 백성의 사역이라고 표현하는 데까지는 미치지 못한다. Congar, *Lay People in the Church*, 121–323.
6) Congar, *Lay People in the Church*, 61–62. 콩가르는 그의 입장을 옹호하려고 토마스 아퀴나스를 인용한다. Thomas Aquinas, *Summan theologia*, III, q.22.a.1 and II–II, q.183, a.2.
7) 이에 대해서는 이 주제에 관한 나의 대표 저술인 *Other Six Days*를 참고하라.
8) 막 1:14–15; 눅 4:21; 4:43; 마 10:7; 24:14.
9) 예. 행 8:12; 14:22; 19:8; 28:23, 31.
10) Forsyth, *Positive Preaching and the Modern Mind*, 53. 구두 사역을 위해 교회를 준비시키는 것에 관해서는 Stevens, *Equipper's Guide to Every-Member Ministry*를 보라.
11) Allen, *Missionary Methods*, 160–161.
12) Costa, *Magnificence of Work*, 177.
13) Fischer, "Luther on the Priesthood of All Believers," 298에 인용된 것.
14) Fischer, "Luther on the Priesthood of All Believers," 303에 인용된 것.
15) Capon, *An Offering of Uncles*, 163.
16) Costa, *Magnificence at Work*, 177.
17) De Pree, *Leadership Is an Art*, 9.
18) Dumbrell, *End of the Beginning*, 42.
19) Congar, *Lay People in the Church*, 237.
20) Costa, *Magnificence at Work*, 177.
21) Harkness, *Church and Its Laity*, 156에 인용된 것.

10. 하나님 나라의 선교 – 비즈니스를 통한 선교를 넘어서

1) Johnson, "Toward a Marketplace Missiology," 87에 인용된 것.
2) Bosch, *Transforming Mission*, 148.
3) Yamamori and Eldred, eds., *On Kingdom Business*, 7, 강조체는 그의 것. 이 책의 부록 D는 사례 연구들로 가득한데(325–37). 스티브 런들과 패트릭 라이는 이 선교에 초점을 맞추는 *Marketplace Annotated Bibliography* (Pete Hammond, R. Paul Stevens, Todd Svanoe 공저)에 나오는 책들을 열거하고 있다.
4) Baker, "Missional Geometry."
5) Baker, "Missional Geometry," 47.
6) Baker, "Missional Geometry," 53, 저자 강조.
7) Baker, "Missional Geometry," 54, 저자 강조.
8) 나는 존 제퍼슨 데이비스의 글에 빚지고 있음을 밝힌다. 그는 초기 교회에서 현재에 이르는 마 28:18–20의 해석의 역사를 추적해서 그 텍스트의 온전한 뜻이 윌리엄 캐리로 시작되는 선교학적 함의와 함께 어떻게 교회의 논쟁들로 인해 모호하게 되었는지를 보여 준다. 데이비스는 "이 중요한 텍스트의 일터 함의는 오늘날에 이르러서야 주목을 받기 시작할 뿐이다"라고 말한다. Davis, "Teaching Them to Observe All that I Have Commanded You."

9) Bosch, *Transforming Mission*, 148.
10) Wright, "Integral Mission and the Great Commission."
11) Alter, *Managing the Double Bottom Line*.
12) Johnson, *Business as Mission*, 27-28, 저자 강조.
13) Johnson, *Business as Mission*, 28-29에 인용된 것.
14) Carey, *An Enquiry*, 68. 캐리는 이렇게 말한다. "이는 교회가 영광스럽게 증가할 때, 마지막 날에, 상업이 복음 전파에 기여할 것이라는 뜻인 듯하다."
15) Carey, *An Enquiry*, 67.
16) 맥콜이 1988년 봄 리젠트 칼리지에서 강의할 때 들은 것.
17) Eldred, *God Is at Work*, 46에 인용된 것.
18) Johnson, "Toward a Marketplace Missiology," 90.
19) Johnson, "Toward a Marketplace Missiology," 91.
20) Johnson, "Toward a Marketplace Missiology," 91.
21) Johnson, "Toward a Marketplace Missiology," 91.
22) Thomas Aquinas, "Treatise on Faith, Hope and Chrity," *Summa Theologica*, Part II of second part, Q 32, art 2.
23) 이에 대한 보다 완전한 설명과 큰 계명이 회사에 적용될 때 어떤 모습을 띠는지에 대해서는 다음 웹사이트에서 글을 요청하길 바란다(registrar@imtglobal.org).
24) Sherman, *Kingdom Calling*, 84.
25) Kroeker, "Dangerous to the Status Quo," 2.
26) Sherman, *Kingdom Calling*, 130에 인용된 것.

11. 하나님 나라의 리더십 - 단순한 실용주의를 넘어서

1) Leech, *Experiencing God*, 103에 인용된 것.
2) Reinfenstahl, dir., *Triumph of the Will*.
3) Bonhoeffer, *No Rusty Swords*, 186-200.
4) Anderson, *Minding God's Business*, 79, 저자 강조.
5) Erisman, *Accidental Executive*, 113.
6) Block, *Stewardship*, 48.
7) Galilea, *Way of Living Faith*, 20.
8) Greenleaf, *Servant Leadership*, 13.
9) Block, *Stewardship*, xxi.
10) Stevens, "Soul."
11) Wolf, *Anthropology of the Old Testament*, 10, 저자 강조.
12) Stevens, *Seven Days of Faith*.
13) Sempangi, "Walking in the Light," 25.

12. 일터와 그 나라를 반대하는 세력

1) 이는 어려운 구절임을 인정한다. 그 맥락은 세례 요한이 하나님 나라를 위해 섬기다가 감옥에 갇힌 상황이다. 헬라어 단어 '하르파조'(*harpazo*)는 보통 '약탈하다' 또는 '붙잡다'라는 뜻이다. 이 어구는 다음 두 개의 뜻을 지닐 수 있다. 첫째, 예수님의 제자들 중 일부와 요한의 제자들 중

일부가 예수님의 사명을 로마로부터의 민족적 해방으로 돌리려고 애쓰고 있다는 뜻이다. 그러나 이보다 더 가능성이 높은 뜻은 그 폭행은 "'하나님 나라'가 직면하는 난폭한 반대에 해당하고, 이는 이미 그 나라의 반포자의 체포와 투옥으로 나타났고, 보다 불길하게 예수님에 대한 점증하는 공식적 반대에서 그 전조가 드러난다"라는 것이다. France, *Matthew*, 195.
2) Bonino, *Doing Theology in a Revolutionary Situation*, 44.
3) Crawford, *World Beyond Your Head*를 보라.
4) 존 에스코토는 마닐라에서 실시된 ATS-MBA 프로그램의 '일의 신학' 코스를 밟은 내 학생이었다.
5) Collect, 삼위일체 주일 이후 18번째 일요일, *Anglican Prayer Book*, 247.
6) 권세들을 다루는 오늘날의 많은 저자들을 포함해 그에 관한 보다 상세한 논의는 Stevens, *Other Six Days*, 215-42를 보라. 이번 장의 몇 단락은 그 책에서 가져왔다.
7) 요 14:17; 15:18, 19; 17:14, 15; 16:33; 요일 2:15.
8) 이에 관한 명료한 논의는 Berger, *Sacred Canopy*, 1장에 나온다.
9) 롬 8:38; 고전 15:24; 엡 1:21; 3:10; 6:12; 골 1:16; 2:10, 15.
10) Jordan-Smith, "Seven (and more) Deadly Sins," 41 (강조체는 그의 것). 일곱 가지 큰 죄와 성령의 열매에 관한 진전된 논의는 Stevens and Ung, *Taking Your Soul to Work*에 실려 있다.
11) Pollay and Stevens, "Advertising," 26.
12) Perkins, *Works of That Famous Minister*, 770C.
13) Schleir, *Principalities and Powers in the New Testament*, 28-29.
14) Stewart, *Faith to Proclaim*, 76-77.
15) Wink, *Naming the Powers*, 4.
16) Green, *Evangelism in the Early Church*, 189.
17) 이 세 가지 시험은 *Seven Days of Faith* (개정판), 137-60에 설명되어 있다.

13. 교회는 어떻게 볼 것인가? - 하나님 나라의 백성

1) Arias, *Announcing the Reign of God*, 118.
2) Bosch, *Transforming Mission*, 414.
3) Bright, *Kingdom of God*, 236.
4) 이 글은 수년 동안 내 노트에 적혀 있었지만 정확한 출처를 알 수 없었다. 스윈번은 1837년에 태어났다. 그의 전기 작가 글렌 에브레트는 이렇게 말한다. "그가 기독교를 다루는 모습은 그만의 특유한 것인 듯하다. 말하자면, 그는 조직화된 종교에 반대하는 것을 기뻐했고 로마가톨릭 교회가 분립된 이탈리아에서 한 정치적 역할로 인해 그 교회를 잔혹하게 공격했지만, 그는 종종 신성모독적인 목적을 위해 성경적 암시를 상세하게 활용하곤 한다. 앨저넌은 옥스퍼드에 있을 때 허무주의로 전향했지만 '프로세르피나에게 바치는 찬송'과 '헤르타'가 분명히 보여 주듯이 종교에 무관심하게 된 적은 없었다." 찰스 스윈번은 그의 시 "프로세르피나에게 바치는 찬송"에 담긴 한 줄로 유명하다("아 창백한 갈릴리인이여, 그대가 정복했도다. 세계가 그대의 숨결로 회색이 되었도다").
5) McKnight, "Church and Kingdom," 38.
6) Grayson, "Faith Meets World."
7) 2021년 2월 10일에 필자가 받은 이메일.
8) 행 15:23; 약 1:1; 고후 13:11; 눅 1:28; 마 28:9; 빌 3:1; 4:4; 4:10; 요삼 4. Barclay, *Flesh and Spirit*, 76-83도 보라.

9) Schmemann, *For the Life of the World*, 113.
10) Buchanan, "Sacrament."
11) Buchanan, "Sacrament," 607.
12) Kaemingk, "Lesslie Newbigin's Missional Approach," 326에 인용된 것.
13) Oliver, *Social Achievements of the Christian Church*.
14) Schmemann, *For the Life of the World*, 39.
15) Boersma, *Heavenly Participation*, 187.
16) Sweeden, *Church and Work*, 113. 여기서도 헤셸이 인용된다.
17) Snyder, *Community of the King*, 48.
18) Snyder, *Community of the King*, 55.
19) 목사의 도구 상자는 일터변혁연구소에서 구할 수 있다. registrar@imtglobal.org에 접속하라.
20) Bright, *Kingdom of God*, 242-43.

14. 일하면서 하늘로 가는 여정

1) Muggeridge, *Jesus Rediscovered*, 17-18.
2) Sherman, *Kingdom Calling*, 236에 인용된 것.
3) Wyszynski, *All You Who Labor*. 저자는 11장에서 "일에 담긴 구속의 신비"와 "구원의 도구로서의 일"에 관해 쓰고 있다.
4) Stevens, "Poems for People in Distress"를 보라. 이 내용의 일부는 이 글에서 발췌한 것이다.
5) Capon, *Parables of the Kingdom*, 92.
6) 이에 관한 더 자세한 논의를 보려면 Stevens, *Seven Days of Faith*, 43-51을 참고하라.
7) Haughey, *Converting Nine to Five*, 106.
8) Wright, *Challenge of Jesus*, 180-181.
9) Congar, *Lay People in the Church*, 92.
10) Steen and VanderVeen, "Will There Be Marketing in Heaven?"
11) Williams, *Descent of the Dove*, viii.
12) 1리그는 3.9-7.4킬로미터. 역주
13) Kipling, "When Earth's Last Picture Was Painted."

참고문헌

Allen, Roland. *Missionary Methods: St Paul's or Ours?* Grand Rapids: Eerdmans, 1961. 『바울의 선교 vs 우리의 선교』, IVP

Anderson, Ray. *Minding God's Business.* Grand Rapids: Eerdmans, 1986.

Alexander, Irene, and Christopher Brown, eds. *To Whom Shall We Go? Faith Responses in a Time of Crisis.* Eugene, OR: Wipf and Stock, 2021.

Alter, K. S. *Managing the Double Bottom Line.* Washington, DC: Pact, 2000.

Arias, Mortimer. *Announcing the Reign of God: Evangelization and the Subversive Memory of Jesus.* Eugene, OR: Wipf and Stock, 2001.

Arnold, Clinton E. *Powers of Darkness: Principalities and Powers in Paul's Letters.* Downers Grove, IL: InterVarsity, 1992. 영적 전쟁(이레서원)

Baker, Dwight. "Missional Geometry: Plotting the Coordinates of Business as Mission." In *Business as Mission: From Impoverished to Empowered,* edited by Tom Steffan and Mike Barnett, 42–54. Evangelical Missiological Society Series 14. Pasadena, CA: William Carey Library, 2006.

Bakke, Dennis W. *Joy at Work: A Revolutionary Approach to Fun on the Job.* Seattle: PVG, 2005.

Banks, Robert. "Blessing." In *The Complete Book of Everyday Christianity,* edited by Robert Banks and R. Paul Stevens, 72–74. Downers Grove, IL: InterVarsity, 1997.

―――. *God the Worker: Journeys into the Mind, Heart, and Imagination of God.* Claremont, CA: Albatross, 1992.

―――. *Faith Goes to Work: Reflections from the Marketplace.* Eugene, OR: Wipf and Stock, 1999.

Barclay, William. *Flesh and Spirit: An Examination of Galatians 5:19–23.* London: SCM, 1962.

Behr, John. *Becoming Human: Meditations on Christian Anthropology in Word and Image.* Crestwood, NY: St. Vladimir's Seminary Press, 2013.

Benedict XVI. *What It Means to Be a Christian.* https://books.google.com/books/about/What_it_Means_to_be_a_Christian.html?id=L41HDwAAQBAJ.

Benson, Iain. "Values." In *The Complete Book of Everyday Christianity,* edited by Robert Banks and R. Paul Stevens, 1064–66. Downers Grove, IL: InterVarsity, 1997.

―――. "Virtues." In *The Complete Book of Everyday Christianity,* edited by Robert Banks and R. Paul Stevens, 1069–72. Downers Grove, IL: InterVarsity, 1997.

Berger, Peter L. *The Sacred Canopy: Elements of a Sociological Theory of Religion.* Garden City, NY: Doubleday and Co., 1967.

Blake, William. "A Vision of the Last Judgment." In *William Blake's Writings,* Vol. II, edited by G. E. Bentley Jr., 1007–28. Oxford: Clarendon, 1978.

Block, Peter. *Stewardship: Choosing Service Over Self-Interest.* San Francisco: Berrett & Koehler, 2013.

Boersma, Hans. *Heavenly Participation: The Weaving of a Sacramental Tapestry.* 1st ed. Grand

Rapids: Eerdmans, 2011.

Bonhoeffer, Dietrich. *No Rusty Swords: Letters Lectures and Notes 1928-1936*. The Collected Works of Dietrich Bonhoeffer, vol. 1. New York: Harper & Row, 1965.

Bonino, J. M. *Doing Theology in a Revolutionary Situation*. Philadelphia: Fortress, 1975.

Bosch, David J. *Transforming Mission: Paradigm Shifts in the Theology of Mission*. Maryknoll, NY: Orbis, 1991.

Bright, John. *The Kingdom of God*. Nashville: Abingdon, 1953. 하나님의 나라(크리스천다이제스트)

Buchanan, C. O. "Sacrament." In *New Dictionary of Theology*, edited by Sinclair B. Ferguson and David F. Wright, 606-8. Downers Grove, IL: InterVarsity, 1988.

Capon, Robert Farrar. *An Offering of Uncles*. New York: Harper & Row, 1969.

———. *The Parables of the Kingdom*. Grand Rapids: Eerdmans, 1985.

Caragounis, Chrys C. D. "Kingdom of God/Heaven." In Joel Green, Scot McKnight, and I. Howard Marshall, eds., *Dictionary of Jesus and the Gospels*, 417-30. Downers Grove, IL: InterVarsity, 1992.

Carey, William. *An Enquiry into the Obligations of Christians to Use Means for the Conversion of the Heathens*. London: Carey Kingsgate, 1792.

Charles, J. Daryl. *Wisdom and Work: Theological Reflections on Human Labor from Ecclesiastes*. Eugene, OR: Cascade, 2021.

Collins, Phil, and Stevens, R. Paul. *The Equipping Pastor: A Systems Approach to Congregational Leadership*. Washington, DC: Alban Institute, 1993.

Congar, Yves. *Lay People in the Church: A Study for a Theology of the Laity*. Translated by D. Attwater. Westminster, MD: Newman, 1957.

Cosden, Darrell. *The Heavenly Good of Earthly Work*. Peabody, MA: Hendrickson, 2006.

Costa, John Dalla. *Magnificence at Work: Living Faith in Business*. Ottawa: Novalis, 2005.

Crawford, Matthew B. *Shop Class As Soulcraft: An Inquiry into the Value of Work*. New York: Penguin, 2009.

———. *The World Beyond Your Head: On Becoming an Individual in an Age of Distraction*. New York: Farrar, Straus, and Giroux, 2015.

Dale, Eric Steven. *Bringing Heaven Down to Earth: A Practical Spirituality of Work*. New York: Peter Lang, 1991.

Daniels, Denise, and Shannon Vandewarker. *Working in the Presence of God: Spiritual Practices for Everyday Work*. Peabody, MA: Hendrickson, 2019.

Davis, John Jefferson. "'Teaching Them to Observe All that I Have Commanded You': The History of the Interpretation of the 'Great Commission' and Implications for Marketplace Ministries." South Hamilton, MA: Gordon-Conwell Theological Seminary, unpublished, 1998.

De Pree, Max. *Leadership Is an Art*. New York: Doubleday, 1989. 리더십은 예술이다(한세)

Deissmann, Adolf. *Paul: A Study in Social and Religious History*. Translated by W. E. Wilson. New York: George H. Duran, 1926.

Dickson, John. *Humilitas: A Lost Key to Life, Love, and Leadership*. Grand Rapids: Zondervan, 2011.

Diehl, William E., and Judith Ruhe Diehl. *It Ain't Over Till It's Over*. Minneapolis: Augsburg, 2003.

Dumbrell, William. *Covenant and Creation*. Nashville: Thomas Nelson, 1984. 언약과 창조(크리스챤 서적) 새언약과 새창조(CLC)

―――. "Creation, Covenant and Work." Crux vol. XXIV, no. 3 (September 1988) 14-24.

―――. *End of the Beginning: Revelation 21-22 and the Old Testament*. Homebush West, NSW: Lancer, 1985.

―――. "The End of the Beginning: Revelation 21-22 and the Old Testament." The Moore College Lectures 1984. *Themelios* 15:2. https://www.thegospelcoalition.org/themelios/review/the-end-of-the-beginning-revelation-21-22-and-the-oldtestament/.

Eldred, Ken. *God Is at Work: Transforming People and Nations Through Business*. Ventura, CA: Regal, 2005.

Ellul, Jacques. *The Presence of the Kingdom*. New York: Seabury, 1967.

Erisman, Albert M. *The Accidental Executive: Lessons on Business, Faith, and Calling from the Life of Joseph*. Peabody, MA: Hendrickson, 2015.

Fischer, R. H. "Luther on the Priesthood of All Believers." *The Baptist Quarterly* 17 (July 1958) 293-311.

Forsyth, P. T. *Positive Preaching and the Modern Mind*. Grand Rapids: Eerdmans, 1964.

France, R. T. *Divine Government: God's Kingship in the Gospel of Mark*. London: SPCK, 1990.

―――. *Matthew*. Tyndale New Testament Commentaries. Grand Rapids: Eerdmans, 1985.

Galilea, Segundo. *The Way of Living Faith: A Spirituality of Liberation*. Quezon City, Philippines: Claretion, 1982.

Garber, Steven. *The Seamless Life: A Tapestry of Love and Learning, Worship and Work*. Downers Grove, IL: InterVarsity, 2020.

Gillespie, Thomas W. "The Laity in Biblical Perspective." *Theology Today* 36:3 (October 1979) 315-27.

Goossen, Richard J., and R. Paul Stevens. *Entrepreneurial Leadership: Finding Your Calling, Making a Difference*. Downers Grove, IL: InterVarsity, 2013.

Goslinga, C. J. *Joshua, Judges, Ruth*. Grand Rapids: Zondervan, 1986.

Grayson, Rob. "Faith Meets World: Reflections on faith in a messed-up but beautiful world." Blog. https://www.faithmeetsworld.com/review-kingdom-conspiracy-byscot-mcknight/.

Green, Michael. *Evangelism in the Early Church*. Grand Rapids: Eerdmans, 2000.

Greenleaf, Robert. *Servant Leadership: A Journey into the Nature of Legitimate Power and Greatness*. Mahwah, NJ: Paulist, 1977.

Gunton, Colin. *The One, the Three and the Many: God, Creation and the Culture of Modernity*. Cambridge: Cambridge University Press, 1993.

Hamilton, James M. *Work: And Our Labor in the Lord*. Wheaton, IL: Crossway, 2017.

Hardy, Lee. *The Fabric of This World: Inquiries into Calling, Career Choice, and the Design of Human Work*. Grand Rapids: Eerdmans, 1990.

Harkness, Georgia. *The Church and Its Laity*. New York: Abingdon, 1962.

Haughey, John. *Converting Nine to Five: A Spirituality of Daily Work*. New York: Crossroads, 1989.

Holland, Joe. *Creative Communion: Toward a Spirituality of Work*. Mahwah, NJ: Paulist, 1989.

Jensen, David H. *Responsive Labor: A Theology of Work*. Louisville: Westminster John Knox, 2006.

Jeremias, Joachim. *The Parables of Jesus*. Rev. ed. London: SCM, 1972.

John Paul II. *On Human Work*. Boston: St. Paul Editions, 1981.

Johnson, Darrell W. *The Beatitudes: Living in Sync with the Reign of God*. Vancouver, BC: Regent College Publishing, 2015.

Johnson, C. Neal. *Business as Mission: A Comprehensive Guide to Theory and Practice*. Downers Grove: IVP Academic, 2009.

────. "Toward a Marketplace Missiology." *Missiology* 31:1 (January 2003) 87–95.

Johnson, C. Neal, and Steve Rundle. "Distinctives and Challenges of Business as Mission." In *Business as Missio: From Impoverished to Empowered*, edited by Tom Steffan and Mike Barnett, 19–36. Evangelical Missiological Society Series 14, 2006.

Jordan–Smith, Paul. "Seven (and more) Deadly Sins." *Parabola* 10 (Winter 1985) 34–45.

Kaemingk, Matthew. "Lesslie Newbigin's Missional Approach to the Marketplace." *Missiology: An International Review* vol. XXXIX, no. 3 (July 2011) 323–33.

Kaemingk, Matthew, and Cory B. Willson. *Work and Worship: Connecting Our Labor and Liturgy*. Grand Rapids: Baker, 2020.

Keller, Timothy, and Katherine Leary Alsdorf. *Every Good Endeavor: Connecting Your Work to God's Work*. New York: Dutton/Penguin Group, 2012.

Kidner, Derek. *Psalms 1–72: An Introduction and Commentary*. Downers Grove, IL: InterVarsity, 1973.

Kipling, Rudyard. "When Earth's Last Picture Was Painted." Bartleby.com/364/124.html.

Klappert, Berthold. "King, Kingdom." In *The New International Dictionary of New Testament Theology*, vol. 2, edited by Lothar Coenen, Erich Beyreuther, and Hans Bietenhard, 372–90. Grand Rapids: Zondervan, 1969.

Kraybill, Donald B. *The Upside-Down Kingdom*. Scottsdale, PA: Herald, 2003.

Kroeker, Wally. "Dangerous to the Status Quo." *The Marketplace: MEDA's Magazine for Christians in Business* (January–February 2001) 2.

Ladd, George Eldon. *The Gospel of the Kingdom: Popular Expositions on the Kingdom of God*. Grand Rapids: Eerdmans, 1959.

Laing, R. D. *The Politics of Experience and the Bird of Paradise*. Harmondsworth, UK: Penguin, 1970.

Leech, Kenneth. *Experiencing God: Theology as Spirituality*. San Francisco: Harper & Row, 1985.

────. *True Prayer: An Invitation to Christian Spirituality*. San Francisco: Harper & Row, 1980.

Leith, John H., ed. *Creeds of the Churches*. New York: Anchor, 1963.

MacLeod, George. *Only One Way Left*. Glasgow: The Iona Community, 1956.

Marshall, I. Howard. "Son of Man." In *Dictionary of Jesus and the Gospels*, edited by Joel Green, Scot McKnight, and I. Howard Marshall, 775–81. Downers Grove, IL: InterVarsity, 1992.

McKnight, Scot. "Church and Kingdom: Let's Get Our Analogies Straight." *Regent World* 27:1 (January 21, 2015) 1.

Meilander, Gilbert C., ed. *Working: Its Meaning and Its Limits*. Notre Dame, IN: University of Notre Dame: 2000.

Miller, Hal. "Success." In *The Complete Book of Everyday Christianity*, edited by Robert Banks and R. Paul Stevens, 988–91. Downers Grove, IL: InterVarsity, 1997.

Moltmann, Jurgen. *The Trinity and the Kingdom*. Translated by Margaret Kohl. San Francisco: Harper & Row, 1991.

Motyer, J. Alec. *The Prophecy of Isaiah: An Introduction & Commentary*. Downers Grove, IL:

InterVarsity, 1993.

Muggeridge, Malcolm. *Jesus Rediscovered*. London: Collins, 1969.

Murray, Andrew. *Like Christ*. New York: Hurst and Co., n.d.

Newbigin, Lesslie. *Honest Religion for Secular Man*. Philadelphia: Westminster, 1966.

―――. *Signs Amid the Rubble: The Purpose of God in Human History*. Grand Rapids: Eerdmans, 2003.

Novak, Michael. *Business as a Calling: Work and the Examined Life*. New York: Free Press, 1996.

Nygren, Anders. "Luther's Doctrine of the Two Kingdoms." *Ecumenical Review* 1:3 (April 1949) 301–10.

Oliver, Edmund H. *The Social Achievements of the Christian Church*. Vancouver, BC: Regent College Publishing, 2004.

Pennington, Jonathan T. *The Sermon on the Mount and Human Flourishing: A Theological Commentary*. Grand Rapids: Baker Academic, 2017.

―――. "Human Flourishing and the Bible." In *Counting the Cost: Christian Perspectives on Capitalism*, edited by Art Lindsley and Anne R. Bradley, 44–46. Abilene, TX: Abilene Christian University Press, 2017.

Perkins, William. *A Golden Chain* (1592). In *The Courtenay Library of Reformation Classics*, III, *The Work of William Perkins*, edited by I. Breward. Appleford, UK: Sutton Courtenay, 1970.

―――. "Treatise on Vocations." In *The Works of William Perkins*, Vol. 10, edited by Joseph A. Piper and J. Yuille, 31–107. Grand Rapids: Reformational Heritage, 2020.

―――. *The Works of That Famous Minister of Christ in the University of Cambridge*. London: John Legatt, 1626.

Pierce, Gregory F. A. *Spirituality at Work: 10 Ways to Balance Your Life on the Job*. Chicago: Loyola, 2001.

Pink, Daniel H. *A Whole New Mind: Why Right-Brainers Will Rule the Future*. New York: Riverhead, 2006.

Plantinga, Cornelius, Jr. *Not the Way It's Supposed to Be: A Breviary of Sin*. Grand Rapids, Eerdmans, 1996.

Pollay, Richard, and R. Paul Stevens. "Advertising." In *The Complete Book of Everyday Christianity*, edited by Robert Banks and R. Paul Stevens, 23–27. Downers Grove, IL: InterVarsity, 1997.

Preece, Gordon. *Changing Work Values: A Christian Response*. Melbourne: Acorn, 1995.

Richardson, Alan. *The Biblical Doctrine of Work*. London: SCM, 1954.

Riefenstahl, Leni, dir. *The Triumph of the Will*. 1935. www.synapse-films.com.

Ryken, Leland. *Work and Leisure in Christian Perspective*. Eugene, OR: Wipf and Stock, 2002.

Sayson, David. "The Church Fathers and IMT." Presentation to IMT Fellows Plus, Vancouver, BC, November 6, 2020.

Schleir, Heinrich. *Principalities and Powers in the New Testament*. New York: Herder and Herder, 1964.

Schmemann, Alexander. *For the Life of the World: Sacraments and Orthodoxy*. Crestwood, NY: St Vladimir's Seminary Press, 1988.

Schumacher, Christian. *God in Work: Discovering the Divine Pattern for Work in the New Millennium*. Oxford: Lion, 1998.

Sempangi, Kefa. "Walking in the Light." *Sojourners*, July 1981.

Sherman, Amy L. *Kingdom Calling: Vocational Stewardship for the Common Good.* Downers Grove, IL: InterVarsity, 2011.

Sherman, Doug, and William Hendricks. *Your Work Matters to God.* Colorado Springs, CO: NavPress, 1987.

Silvoso, Ed. *Anointed for Business: How Christians Can Use Their Influence in the Marketplace to Change the World.* Ventura, CA: Regal, 2002.

Smith, James Byran. *The Magnificent Story.* Downers Grove, IL: InterVarsity, 2017.

Snyder, Howard. *The Community of the King.* Downers Grove, IL: InterVarsity, 2004.

Stackhouse, Max L., Dennis P. McCann, Shirley J. Roles, and Preston N. Williams, eds. *On Moral Business: Classical and Contemporary Resources for Ethics in Economic Life.* Grand Rapids: Eerdmans, 1995.

Steen, Todd, and Steve VanderVeen. "Will There Be Marketing in Heaven?" *Perspectives* (November 2003) 6–11.

Steffen, Tom, and Mike Barnett, eds. *Business as Mission: From Impoverished to Empowered.* Evangelical Missiological Society Series. Pasadena, CA: William Carey Library, 2006.

Stevens, Mark A., ed. *Webster's New Explorer Desk Encyclopedia.* Springfield, MA: Merriam-Webster, 2003.

Stevens, R. Paul. *The Abolition of the Laity: Vocation, Work and Ministry in Biblical Perspective.* Carlisle, UK: Paternoster, 1999.

———. "The Covenant Mandate—An Approach to the Theology of the Laity." Unpublished, Regent College, 1989.

———. *Doing God's Business: Meaning and Motivation for the Marketplace.* Grand Rapids: Eerdmans, 2006.

———. *The Equipper's Guide to Every-Member Ministry.* Downers Grove, IL: InterVarsity, 1993.

———. *The Other Six Days: Vocation, Work, and Ministry in Biblical Perspective.* Grand Rapids: Eerdmans, 1999.

———. "Poems for People in Distress: The Apocalypse of John and the Contemplative Life." *Themelios* 18 (January 1993) 11–14.

———. *Seven Days of Faith.* 2nd ed. Eugene, OR: Cascade, 2021.

———. "Soul." In *The Complete Book of Everyday Christianity*, edited by Robert Banks and R. Paul Stevens, 922–26. Downers Grove, IL: InterVarsity, 1997.

———. *Work Matters: Lessons from Scripture.* Grand Rapids: Eerdmans, 2012.

Stevens, R. Paul, and Clive Lim. *Money Matters: Faith, Life and Wealth.* Grand Rapids: Eerdmans, 2021.

Stevens, R. Paul, and Alvin Ung. *Taking Your Soul to Work: Overcoming the Nine Deadly Sins of the Workplace.* Grand Rapids: Eerdmans, 2010.

Stewart, James. *A Faith to Proclaim.* London: Hodder and Stoughton, 1953.

Sweeden, Joshua R. *The Church and Work: The Ecclesiastical Grounding of Good Work.* Eugene, OR: Pickwick, 2014.

Tan, Kim. *The Jubilee Gospel: The Jubilee, Spirit and the Church.* Colorado Springs, CO: Authentic, 2008.

Thompson, Marianne Meye. *Colossians and Philemon.* The Two Horizons New Testament Commentary. Grand Rapids: Eerdmans, 2005.

Torrance, Thomas F. *Trinitarian Perspectives: Toward Doctrinal Agreement*. Edinburgh: T. & T. Clark, 1994.

Trueblood, Elton. *The Common Ventures of Life*. New York: Harper and Bros., 1949.

Van Duzer, Jeff. *Why Business Matters to God: And What Still Needs to Be Fixed*. Downers Grove, IL: InterVarsity Academic, 2010.

Van Sloten, John. *Every Job a Parable: What Walmart Greeters, Nurses & Astronauts Tell Us about God*. Colorado Springs, CO: NavPress, 2017.

Vest, Norlene. *Friend of the Soul: A Benedictine Spirituality of Work*. Cambridge, MA: Cowley, 1997.

Volf, Miroslav. "Human Work, Divine Spirit, and the New Creation: Toward a Pneumatological Understanding of Work." *Pneuma: The Journal of the Society for Pentecostal Studies* (Fall 1987) 173–93.

———. *Work in the Spirit: Toward a Theology of Work*. Oxford: Oxford University Press, 1991.

Waltke, Bruce K. *Genesis: A Commentary*. Grand Rapids: Zondervan, 2001.

———. *Old Testament Theology*. Grand Rapids: Zondervan, 2007.

Weil, Simone. *Waiting on God: The Essence of Her Thought*. Translated by Emma Craufurd. London: Fontana, 1959.

Whelchel, Hugh. *How Then Should We Work? Rediscovering the Biblical Doctrine of Work*. Bloomington, IN: West Bow, 2012.

Williams, Charles. *The Descent of the Dove: A History of the Holy Spirit in the Church*. New York: Meridian, 1956.

Wink, Walter. *Naming the Powers: The Language of Power in the New Testament*. Philadelphia: Fortress, 1984.

Witherington, Ben, III. *Work: A Kingdom Perspective on Labor*. Grand Rapids: Eerdmans, 2011.

Wolff, H. W. *Anthropology of the Old Testament*. Translated by M. Kohl. Philadelphia: Fortress, 1981.

Wright, Christopher. "Integral Mission and the Great Commission: 'The Five Marks of Mission.'" 2014. https://www.loimission.net/wp-content/uploads/2014/03/Chris-Wright-IntegralMissionandtheGreatCommission.pdf.

Wright, N. T. *After You Believe: Why Christian Character Matters*. San Francisco: HarperOne, 2012.

———. *The Challenge of Jesus: Rediscovering Who Jesus Was and Is*. Downers Grove, IL: InterVarsity, 1999.

———. "Jesus." In *The New Testament Dictionary of Theology*, edited by Sinclair B. Ferguson, David F. Wright, and J. I. Packer, 348–51. Downers Grove, IL: InterVarsity, 1988.

———. *Surprised by Hope: Rethinking Heaven, the Resurrection, and the Mission of the Church*. New York: HarperOne, 2008.

Wyszynski, Stefan Cardinal. *All You Who Labor: Work and the Sanctification of Daily Life*. Manchester, NH: Sophia Institute, 1995.

Yamamori, Tetsunao, and Kenneth A. Eldred, eds. *On Kingdom Business: Transforming Missions Through Entrepreneurial Strategies*. Wheaton, IL: Crossway, 2003.

사명선언문

너희가 흠이 없고 순전하여……세상에서 그들 가운데 빛들로
나타내며 생명의 말씀을 밝혀 _ 빌 2:15-16

1. 생명을 담겠습니다
만드는 책에 주님 주신 생명을 담겠습니다.
그 책으로 복음을 선포하겠습니다.

2. 말씀을 밝히겠습니다
생명의 근본은 말씀입니다.
말씀을 밝혀 성도와 교회의 성장을 돕겠습니다.

3. 빛이 되겠습니다
시대와 영혼의 어두움을 밝혀 주님 앞으로 이끄는
빛이 되는 책을 만들겠습니다.

4. 순전히 행하겠습니다
책을 만들고 전하는 일과 경영하는 일에 부끄러움이 없는
정직함으로 행하겠습니다.

5. 끝까지 전파하겠습니다
모든 사람에게, 땅 끝까지, 주님 오시는 그날까지
복음을 전하는 사명을 다하겠습니다.

서점 안내

광화문점 서울시 종로구 새문안로 69 구세군회관 1층
02)737-2288 / 02)737-4623(F)

강남점 서울시 서초구 신반포로 177 반포쇼핑타운 3동 2층
02)595-1211 / 02)595-3549(F)

구로점 서울시 동작구 시흥대로 602, 3층 302호
02)858-8744 / 02)838-0653(F)

노원점 서울시 노원구 동일로 1366 삼봉빌딩 지하 1층
02)938-7979 / 02)3391-6169(F)

일산점 경기도 고양시 일산서구 중앙로 1391 레이크타운 지하 1층
031)916-8787 / 031)916-8788(F)

의정부점 경기도 의정부시 청사로47번길 12 성산타워 3층
031)845-0600 / 031)852-6930(F)

인터넷서점 www.lifebook.co.kr